★ ★ ★
"十三五"
国家重点图书出版规划项目

ISCRI
INTERNATIONAL SMART CITY RESEARCH INSTITUTE
国际智慧城市研究院

中国生产力促进中心协会
国际智慧城市研究院

智慧城市实践系列丛书

智慧旅游实践

SMART TOURISM PRACTICE

主　编　吴红辉
副主编　花　香　江　毅　江美亮

人民邮电出版社
北　京

图书在版编目（CIP）数据

智慧旅游实践 / 吴红辉主编. -- 北京：人民邮电
出版社，2018.10（2023.1重印）
（智慧城市实践系列丛书）
ISBN 978-7-115-49254-8

Ⅰ．①智… Ⅱ．①吴… Ⅲ．①旅游业发展－研究－中
国 Ⅳ．①F592.3

中国版本图书馆CIP数据核字(2018)第199653号

内 容 提 要

本书采用了两大篇设计模式：第一篇为理论篇，主要从智慧旅游概述、智慧旅游的技术
支撑、国外智慧旅游发展态势与经验借鉴、我国智慧旅游发展及对策进行探讨；第二篇为路
径篇，从智慧旅游顶层设计着手，以搭建基于三个维度的公共服务平台为核心，从智慧景区
建设、智慧酒店建设、智慧旅行社建设、智慧乡村全域旅游4个场景为入口进行详细阐述，结
合用户体验，在手机端构建人性化的App。本篇还把理论与实践有机融合，提供一些真实的案
例，为旅游企业及关连业务公司提供借鉴。

本书可供智慧旅游建设企业的相关从业人员，方案、设备提供商的管理者以及智慧旅游
的研究者阅读和参考，也可作为高等院校相关专业师生的参考书。

◆ 主　　编　吴红辉
　　副 主 编　花　香　江　毅　江美亮
　　责任编辑　李　静
　　责任印制　彭志环
◆ 人民邮电出版社出版发行　　北京市丰台区成寿寺路 11 号
　　邮编　100164　　电子邮件　315@ptpress.com.cn
　　网址　http://www.ptpress.com.cn
　　北京虎彩文化传播有限公司印刷
◆ 开本：700×1000　1/16
　　印张：19.25　　　　　　　　2018 年 10 月第 1 版
　　字数：390 千字　　　　　　2023 年 1 月北京第 10 次印刷

定价：98.00 元
读者服务热线：（010）81055493　印装质量热线：（010）81055316
反盗版热线：（010）81055315
广告经营许可证：京东市监广登字 20170147 号

智慧城市实践系列丛书

编 委 会

策　划　单　位：中国生产力促进中心协会国际智慧城市研究院

世界城市智慧工程技术（北京）研究院

总　策　划　人：刘玉兰（中国生产力促进中心协会理事长）

总　出　品　人：隆　晨（中国生产力促进中心协会副理事长）

丛　书　总　主　编：吴红辉〔中国生产力促进中心协会国际智慧城市研究院院长、

世界城市智慧工程技术（北京）研究院院长〕

丛　书　副　主　编：李　波　滕宝红

编　委　会　主　任：吴红辉

编委会执行主任：滕宝红

编　委　会　副　主　任：李树鹏　蔡文海　王东军　张云逢　胡国平　王文利

刘海雄　徐煌成　张　革　花　香　王利忠　江　毅

苏秉华　王继业　张燕林　廖光煊　易建军　叶　龙

王锦雷　张晋中　张振环　薛宏建　廖正钢　李东荣

吴鉴南　吴玉林　罗为淑　蔡海伦　董　超　匡仲潇

编　委　会　委　员：于　千　陈晓玲　钱泽辉　殷　茵　滕悦然

　　中国生产力促进中心协会策划、组织编写了《智慧城市实践系列丛书》（以下简称《丛书》），该《丛书》被国家新闻出版广电总局纳入了"'十三五'国家重点图书、音像、电子出版物出版规划"，这是一件很有价值和意义的好事。

　　智慧城市的建设和发展是我国的国家战略。国家"十三五"规划指出："要发展一批中心城市，强化区域服务功能，支持绿色城市、智慧城市、森林城市建设和城际基础设施互联互通"；中共中央、国务院发布的《国家新型城镇化规划（2014—2020）》以及科技部等八部委印发的《关于促进智慧城市健康发展的指导意见》均体现出中国政府对智慧城市建设和发展在政策层面的支持。

　　《智慧城市实践系列丛书》聚合了国内外大量的智慧城市建设与智慧产业案例，由中国生产力促进中心协会等机构组织国内外近 300 位来自高校、研究机构、企业的专家共同编撰。《丛书》一共 40 册（1 册《智慧城市实践总论》，39 册"智慧城市分类实践"），这本身就是一项浩大的"聚智"工程。该《丛书》注重智慧城市与智慧产业的顶层设计研究，注重实践案例的剖析和应用分析，注重国内外智慧城市建设与智慧产业发展成果的比较和应用参考。《丛书》还注重相关领域新的管理经验并编制了前沿性的分类评价体系，这是一次大胆的尝试和有益的探索。该《丛书》是一套全面、系统地诠释智慧城市建设与智慧产业发展的图书。我期望这套《丛书》的出版可以为推进中国智慧城市建设和智慧产业发展、促进智慧城市领域的国际交流、切实推进行业研究以及指导实践起到积极的作用。

　　中国生产力促进中心协会以该《丛书》的编撰为基础，专门搭建了"智慧城市研究院"平台，将智慧城市建设与智慧产业发展的专家资源聚集在平台上，持续推动对智慧城市建设与智慧产业的研究，为社会不断贡献成果，这也是一件十分值得鼓励的好事。我期望中国生产力促进中心协会通过持续不断的努力，将该平台建设成为在中国具有广泛影响力的智慧城市研究和实践的智库平台。

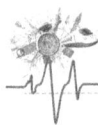

　　"城市让生活更美好，智慧让城市更幸福"，期望《丛书》的编著者"不忘初心，以人为本"，坚守严谨、求实、高效和前瞻的原则，在智慧城市规划建设实践中，不断总结经验、坚持真理、修正错误，进一步完善《丛书》的内容，努力扩大其影响力，为中国智慧城市建设及智慧产业的发展贡献力量，也为"中国梦"增添一抹亮丽的色彩。

　　　　　　　　　　　　　　　　中国科学院院士
　　　　　　　　　　　　　　　　科技部原部长

Foreword

China is now poised to become a technological and ecological leader in the world economy. Chinese leaders are laying out global development strategies with theirextremely wise vision and thinking. The "Book Series Smart City Practice" (hereinafter refferred to as "Book Series") are published as the key research achievements of the "Chinese National 13th Five–Year Plan". The project fills the gap in research of smart city worldwide. It is also the leading action to explore and guide the operation of smart cities and industrial practice. The publication of the "Book Series" proves that the vision of author and the leadership of CAPPC and the International Smart City Research Institute is very strong and focused.

In order to maintain China's ability to thrive and compete in the international marketplace, China must keep pace with a movement that is sweeping the globe. That movement is the evolution of what is being referred to as a Smart City. Chinese government, as well as the technology researchers and developers, have already started city innovation to avoid failing behind other countries.

The purpose of developing China's Smart City is to promote economic development, to improve environmental conditions and the quality of life of citizens in China. The goal of becoming a Smart Country can only be achieved by building the proper infrastructure in which to build upon. The infrastructure will improve interoperability, security and communication across all segments of Chinese communities. Building the infrastructure will result in an "Embrace and Replace" solution. The current aging infrastructures will become more efficient and China will be able to realize a lower Total Cost of Ownership (TCO) across all segments.

Once implemented, China will realize a significant increase in the ratio of discretionary budget. The savings created by improved efficiencies in using current infrastructure means leaping economic development can occur without the need for

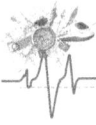

additional funds to the general budgets.

An essential element of China's development to becoming a Smart Country will be the cooperation between the public and private sectors. Each must share the common objective to reduce the carbon emission. Teamwork will be valued and community pride is instilled. Once this is accomplished, the end result will be an enhancement of the lives of citizens.

I commend the authors that produced this "Book Series", Mr. Wu Honghui, President of International Smart City Research Institute and Mr. Long Chen. By release of this "Book Series" , all cities will have a foundation to rely on that will work in unison and achieving the goals of lower carbon emissions, lower overall costs on infrastructure, reduced energy consumption, cleaner environment and a more sustainable life for all Chinese citizens. More importantly, this "Book Series" will be the reference for the smarty city industrial and technology development , as well as the model template for practitioners .

Setting a smart city vision and effectively moving towards it with a foundation-based strategy is essential. A systems-based approach is critical to ensuring resource efficiency and security all while maintaining socially and environmentally inclusive growth. With the Cooperation between the Government and Private Sectors throughout China, the rewards for China's initiative to transform into a Smart Country will span economic, environmental and social bounds.

The aforementioned efforts allow China to develop in a more Sound way and the ultimate benefit will be increased health and living Standards for all Chinese citizens. China will be the Beacon for the world to referred to when they also want a better life for all.

Michael Holdmann

IEEE/ISO/IEC - 21541 - Member Working Group
UPnP+ - IOT, Cloud and Data Model Task Force
SRII - Global Leadership Board
IPC-2-17 - Data Connect Factory Committee Member
Founder, Chairman & CEO of CYTIOT, INC.

中国正成为世界经济中的技术和生态方面的领导者。中国的领导人以极其睿智的目光和思想布局着全球发展战略。《智慧城市实践系列丛书》（以下简称《丛书》）以中国国家"十三五"规划的重点研究成果的方式出版，这项工程填补了世界范围内的智慧城市研究的空白，也是探索和指导智慧城市与产业实践的一个先导行动。本《丛书》的出版体现了编著者们、中国生产力促进中心协会以及国际智慧城市研究院的强有力的智慧洞见。

为了保持中国在国际市场的蓬勃发展和竞争能力，中国必须加快步伐跟上这场席卷全球的行动。这一行动便是被称作"智慧城市进化"的行动。中国政府和技术研发与实践者已经开始了有关城市的革命，不然就有落后于其他国家的风险。

发展中国智慧城市的目的是促进经济发展，改善环境质量和民众的生活质量。建设智慧城市的目标只有通过建立适当的基础设施才能实现。该基础设施将改善中国社会所有领域的互动操作性、安全性和通信情况。建立此基础设施将带来一个"融合和替代"的解决方案。通过此解决方案，目前已老化的基础设施将重新焕发活力，中国将能够实现在各个环节的更低的所有权总成本（TCO）。

一旦实施智慧城市建设，中国将实现自由支配预算的比例大幅增加。提高当前基础设施的利用率所带来的节余，意味着在无需向预算内投入额外资金的情况下，经济仍可能会实现飞跃性发展。

中国成为智慧国家的一个重要因素是加大国有与私有企业之间的合作。它们都须有共同的目标，以减少碳排放。团队合作将会被高度评价，社区荣誉也将逐步深入人心。一旦成功，民众的生活质量和幸福程度将得到很大的提升。

我对该《丛书》的编著者们极为赞赏，他们包括国际智慧城市研究院院长吴红辉先生及其团队、中国生产力促进中心协会的领导隆晨先生。通过该《丛书》

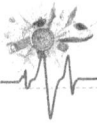

的发行，所有的城市都将拥有一套协同工作的基础，从而实现更低的碳排放、更低的基础设施总成本以及更低的能源消耗，拥有更清洁的环境，所有中国民众将过上更可持续发展的生活。更重要的是，该《丛书》还将成为智慧产业及技术发展可参考的系统依据以及从业者可以学习的范本。

设立一个智慧城市的建设愿景，并基于此有效地推进的战略是必不可少的。一个基于系统的方法是至关重要的，可以确保资源使用的效率和安全性，同时促进环境友好型社会的发展。随着中国政府和私有企业的合作，中国将跨越经济、环境和社会的界限，成为一个智慧国家。

上述努力会让中国以一种更完善的方式发展，最终的益处是国家不断繁荣，所有中国民众的生活水平不断提升。中国将是世界上所有想要更美好生活的国家所参照的"灯塔"。

迈克尔·侯德曼

IEEE/ISO/IEC－21451－工作组成员

UPnP+－IOT，云和数据模型特别工作组成员

SRII－全球领导力董事会成员

IPC-2-17-数据连接工厂委员会成员

CYTIOT 公司创始人兼首席执行官

现代旅游业始于19世纪中期，到20世纪50年代，世界旅游业开始具有一定的规模。从20世纪60年代开始，旅游业加速发展，成为世界上最重要的经济产业之一，行业收入增长速度远超过全球经济增长速度。到2020年，我国将成为全球第一大旅游目的地，旅游总收入将占国内生产总值的8%，旅游行业未来增长空间巨大。

近年来，我国旅游业发展突飞猛进，逐步发展成为世界旅游大国。为了满足个性化的旅行需求，在当代科技的推动下，智慧旅游应运而生，其目的是使传统的旅游消费方式向现代化的旅游消费方式转变，并引导游客产生新的旅游习惯。为此，原国家旅游局开展了智慧旅游城市试点工作，在全国范围内推动数字化、网络化和智能化等现代先进技术与城市旅游业的融合发展，使建设智慧旅游城市成为智慧城市建设中的重要组成部分，同时较好地促进传统旅游业向现代旅游业的转型升级。这是我国由世界旅游大国向世界旅游强国迈进的重要措施和必由途径。

智慧旅游不但能提高旅游运营企业的运营效益，而且能改善客户的满意度，实现政府、企业、旅游者三方收益的最大化。而智慧旅游工作的落地，应从服务智慧化、管理智慧化和营销智慧化三个维度着手。

1. 从服务维度理解，智慧旅游需要服务智慧化

旅游企业从游客角度出发，通过信息技术提升旅游体验和旅游品质。游客应能在旅游信息获取、旅游计划决策、旅游产品预订支付、旅游体验和旅游回顾的整个过程中都能感受到智慧旅游带来的全新的服务体验。

2. 从管理维度理解，智慧旅游需要管理智慧化

智慧旅游不仅是旅游运营企业自身的智慧化，还是旅游运营企业与公安、交通、工商、卫生、质检等部门形成的信息共享和协作联动，旅游运营企业应结合旅游信息数据形成旅游预测预警机制，提高应急管理能力，保障游客安全；同时还应实现对旅游投诉以及旅游质量问题的有效处理，维护旅游市场秩序。

3. 从营销维度理解，智慧旅游需要营销智慧化

智慧旅游通过旅游舆情监控和数据分析，挖掘旅游热点和游客兴趣点，引导

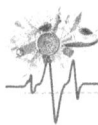

旅游运营企业策划对应的旅游产品，制订对应的营销主题，从而推动旅游行业的产品创新和营销创新。

智慧旅游三个维度的实现，需要旅游的运营流程与物联网、云计算、下一代移动通信网络、高性能信息处理、智能数据挖掘等技术的有效融合。智慧旅游应使旅游物理资源和信息资源得到高度系统化整合和深度开发激活，并让其服务于公众、企业、政府等。简单地说，游客未来将与网络实时互动，旅游行程安排将进入信息触摸时代。

通过阅读本书，读者会了解到智慧旅游建设的方方面面以及国内外智慧旅游的建设成果，以及我国在智慧旅游领域所做的努力及建设思路。

智慧旅游建设的管理者通过阅读本书，能系统全面地了解如何进行智慧旅游建设的架构设计和系统规划，以及如何将其落地。

智慧旅游建设企业及方案提供商、设备供应商的管理者通过阅读本书，可以更系统地了解智慧旅游建设各个方面的内容以及如何将其落实与应用。

智慧城市与智慧旅游的研究者通过阅读本书，可以系统地了解智慧旅游建设的最新实践成果。

相关院校、相关专业的大学生、研究生通过阅读本书，可以系统地学习智慧旅游的知识，了解目前国内外智慧旅游应用的最新动态。

在本书的编写过程中，我十分感谢编写团队成员的辛勤努力。在时间短、任务重的情况下，他们搜集了大量的资料，为本书的按时出版提供了有力的保障！

由于编者水平有限，加之时间仓促，错误疏漏之处在所难免，敬请读者批评指正。

作者于深圳南山　虚拟大学园

2018 年 5 月 12 日

第一篇　理论篇

第1章　智慧旅游概述 ……………………………………………………… 3

　1.1　智慧旅游的概念 …………………………………………………… 4

　　1.1.1　何谓旅游业 ……………………………………………………… 4

　　1.1.2　何谓智慧旅游 …………………………………………………… 4

　　1.1.3　与智慧旅游相关的概念 ………………………………………… 5

　　1.1.4　智慧旅游和智慧城市的关系 …………………………………… 6

　1.2　智慧旅游的三个方面 ……………………………………………… 6

　　1.2.1　旅游服务智慧化 ………………………………………………… 6

　　1.2.2　旅游管理智慧化 ………………………………………………… 9

　　1.2.3　旅游营销智慧化 ……………………………………………… 10

　1.3　参与智慧旅游的对象 …………………………………………… 10

　　1.3.1　主体分析 ……………………………………………………… 11

　　1.3.2　智慧旅游的客体 ……………………………………………… 13

第2章　智慧旅游的技术支撑 ………………………………………… 17

　2.1　云计算技术 ……………………………………………………… 18

　　2.1.1　云计算 ………………………………………………………… 18

　　2.1.2　智慧旅游的云计算建设 ……………………………………… 19

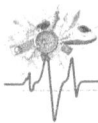

2.2　物联网技术 ··· 20
　　2.2.1　何谓物联网技术 ·· 20
　　2.2.2　物联网技术在旅游中的应用 ································ 21

2.3　大数据技术 ··· 25
　　2.3.1　何谓大数据技术 ·· 25
　　2.3.2　大数据对旅游业的影响 ······································· 26
　　2.3.3　大数据在旅游业主体中的应用 ····························· 28
　　2.3.4　大数据在旅游中的创新应用 ································ 29

2.4　移动互联网技术 ·· 32
　　2.4.1　什么是移动互联网 ··· 32
　　2.4.2　移动互联网的特点 ··· 32
　　2.4.3　移动互联网在旅游业的应用 ································ 33

2.5　移动通信技术 ·· 36
　　2.5.1　何谓移动通信技术 ··· 36
　　2.5.2　移动通信技术在旅游中的应用 ······························ 36

2.6　人工智能技术 ·· 36
　　2.6.1　何谓人工智能技术 ··· 36
　　2.6.2　人工智能技术在旅游中的应用 ······························ 37

第3章　国外智慧旅游的发展态势与经验借鉴 ··················· 39

3.1　国外智慧旅游的发展态势 ··· 40
　　3.1.1　美国智慧旅游发展情况 ······································· 41
　　3.1.2　澳大利亚的智慧旅游 ·· 42
　　3.1.3　韩国智慧旅游工程 ··· 43
　　3.1.4　新加坡智慧旅游计划 ·· 45
　　3.1.5　比利时"标识都市"项目 ····································· 46
　　3.1.6　英、德"智能导游"软件 ····································· 46
　　3.1.7　国外智慧旅游建设的特点 ···································· 46

3.2　国外智慧旅游发展经验借鉴 ·· 47
　　3.2.1　智慧旅游商务模式借鉴 ······································· 47
　　3.2.2　智慧旅游分销系统借鉴 ······································· 48

3.2.3　智慧旅游定位系统借鉴 ································· 49

第4章　我国智慧旅游的发展状况与对策 ·················· 51

4.1　我国旅游业的发展历程 ······························· 52
4.1.1　入境旅游的发展 ································ 52
4.1.2　国内旅游的发展 ································ 52
4.1.3　出境旅游的发展 ································ 52
4.1.4　现代旅游业的发展 ······························ 53

4.2　智慧旅游发展的必要性 ······························· 53
4.2.1　传统旅游业的发展主要面临的问题 ··········· 53
4.2.2　发展智慧旅游的意义 ···························· 54

4.3　我国智慧旅游的发展现状 ···························· 56

4.4　智慧旅游的未来发展趋势 ···························· 58
4.4.1　在旅游者方面的应用 ···························· 58
4.4.2　在政府方面的应用 ······························ 58
4.4.3　智慧旅游在旅游产业链上的应用 ·············· 58

第二篇　路径篇

第5章　智慧旅游顶层设计 ································· 63

5.1　何谓智慧旅游顶层设计 ······························· 64
5.1.1　什么是顶层设计 ································ 64
5.1.2　什么是智慧旅游顶层设计 ······················ 64
5.1.3　智慧旅游顶层设计的益处 ······················ 64

5.2　国家对智慧旅游的政策安排 ·························· 65
5.2.1　《关于实施"旅游+互联网"行动计划的通知》 ············ 65

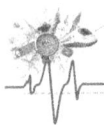

5.2.2 《关于印发2014中国旅游主题年宣传主题及宣传口号的通知》 …… 69

5.2.3 2011年全国旅游工作会议 …………………………………………… 70

5.2.4 《国务院关于加快发展旅游业的意见》 ………………………… 70

5.3 各省市旅游局支持智慧旅游的措施 ……………………………… **70**

5.3.1 浙江省旅游局的措施 …………………………………………… 70

5.3.2 江苏省旅游局的措施 …………………………………………… 71

5.3.3 福建省旅游局的措施 …………………………………………… 71

5.3.4 湖南省旅游局的措施 …………………………………………… 71

5.3.5 湖北省旅游局的措施 …………………………………………… 72

5.3.6 北京市旅游局的措施 …………………………………………… 72

5.3.7 四川省旅游局的措施 …………………………………………… 72

5.3.8 山东省旅游局的措施 …………………………………………… 72

5.3.9 河南省旅游局的措施 …………………………………………… 73

5.4 智慧旅游城市试点示范 …………………………………………… **73**

5.4.1 何谓"智慧旅游城市" …………………………………………… 74

5.4.2 18个"国家智慧旅游试点城市" ……………………………… 74

5.4.3 智慧旅游试点城市建设方案 ………………………………… 75

5.5 智慧旅游的总体架构设计要领 …………………………………… **78**

5.5.1 智慧旅游基本架构的分析 …………………………………… 78

5.5.2 智慧旅游建设的核心目标 …………………………………… 79

5.5.3 总体架构的设计理念 ………………………………………… 80

5.5.4 城市智慧旅游的总体架构 …………………………………… 80

第6章 **旅游公共服务平台建设** ……………………………………… **85**

6.1 何谓智慧旅游公共服务与公共服务平台 ……………………… **86**

6.1.1 公共服务 ………………………………………………………… 86

6.1.2 旅游公共服务 ………………………………………………… 86

6.1.3 智慧旅游公共服务平台 ……………………………………… 87

6.2 建设智慧旅游公共服务平台的益处 …………………………… **88**

6.2.1 为游客创造的价值 …………………………………………… 88

6.2.2 为旅游企业创造的价值 ……………………………………… 88

6.2.3 为政府创造的价值 …………………………………………… 89

6.3 智慧旅游公共服务平台的建设内容 ················· 91
 6.3.1 制度体系建设 ····························· 91
 6.3.2 基础设施体系建设 ····················· 92
 6.3.3 综合数据库系统 ····················· 93
 6.3.4 共享服务系统 ····················· 93
 6.3.5 应用体系 ····························· 93
 6.3.6 服务体系 ····························· 94
 6.3.7 标准规范体系 ····················· 94
 6.3.8 信息安全与运营管理体系 ··········· 94

6.4 智慧旅游城市公共服务平台功能介绍 ········· 94
 6.4.1 决策支持 ····························· 95
 6.4.2 行业服务 ····························· 97
 6.4.3 景区管理 ····························· 102
 6.4.4 游客服务 ····························· 106
 6.4.5 支撑服务 ····························· 114

第7章 智慧景区建设 ································· 121

7.1 何谓智慧景区 ································· 122

7.2 智慧景区的建设内容 ························· 122

7.3 智慧景区的总体规划 ························· 125
 7.3.1 智慧景区的建设原则 ················· 125
 7.3.2 智慧景区的需求分析 ················· 125
 7.3.3 智慧景区整体规划的体系建设 ········· 127

7.4 智慧景区基础层建设 ························· 136
 7.4.1 通信网络设施 ····················· 136
 7.4.2 网络信息安全系统 ················· 137
 7.4.3 基础软件平台 ····················· 139

7.5 智慧景区应用支撑层建设 ····················· 141
 7.5.1 环境监测系统 ····················· 141
 7.5.2 规划管理信息系统 ················· 143
 7.5.3 视频监控系统 ····················· 145

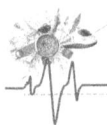

7.5.4　应急智能广播系统 ·· 147

7.5.5　信息展示系统 ·· 148

7.5.6　数字虚拟景区和虚拟旅游 ·· 149

7.5.7　LED大屏幕信息发布系统 ·· 149

7.5.8　电子票务系统 ·· 151

7.5.9　电子商务系统 ·· 154

7.5.10　客户关系管理系统 ·· 157

7.6　智慧景区用户应用层建设 ·· **159**

7.6.1　面向主管部门的景区应用 ·· 159

7.6.2　面向游客的智慧服务应用 ·· 163

7.6.3　面向企业的综合应用 ·· 164

7.6.4　景区游客服务中心 ··· 169

7.6.5　景区一卡通（含市民卡） ·· 170

7.6.6　专用数字助理 ·· 170

7.7　智慧景区数据中心建设 ·· **172**

7.7.1　数据中心建设的标准 ·· 172

7.7.2　数据中心的构成 ·· 172

7.8　智慧景区指挥调度中心建设 ··· **175**

7.8.1　数据中心与指挥调度中心的关系 ··································· 175

7.8.2　指挥调度中心的构成 ·· 176

第8章　智慧酒店建设 ·· **179**

8.1　智慧酒店概述 ·· **180**

8.1.1　智慧酒店的表现形式 ·· 180

8.1.2　智慧酒店的特点 ·· 181

8.1.3　智慧酒店应实现的功能 ·· 182

8.1.4　智慧酒店的建设内容 ·· 183

8.2　智慧酒店建设实施 ·· **184**

8.2.1　智慧酒店建设常规设施和基本服务 ······························· 184

8.2.2　智慧酒店智能系统建设 ·· 186

8.2.3　智慧酒店智能云服务建设 ··· 188

8.2.4　智慧酒店智慧管理建设 ·· 188

第9章 智慧旅行社建设 ································ **195**

9.1 智慧旅行概述 ································ **196**

9.1.1 何谓智慧旅行社 ································196

9.1.2 智慧旅行社的智慧表现 ························196

9.2 智慧旅行社的建设实践 ······················ **199**

9.2.1 智慧旅行社的建设理念 ························199

9.2.2 智慧旅行社建设应满足的功能 ··················200

9.2.3 智慧旅行社建设的基本要求 ····················200

9.2.4 智慧旅行社的对接要求 ························203

第10章 旅游电子商务 ····························· **207**

10.1 旅游电子商务概述 ························· **208**

10.1.1 旅游电子商务 ·······························208

10.1.2 旅游电子商务的主要类型 ·····················208

10.2 开展旅游电子商务的益处 ···················· **209**

10.2.1 对旅游企业的益处 ·························209

10.2.2 对消费者的益处 ···························210

10.3 智慧旅游电子商务平台建设 ·················· **213**

10.3.1 平台建设目标 ·····························213

10.3.2 电子商务平台的系统功能 ·····················215

10.3.3 智慧旅游电子商务平台构建 ···················224

第11章 智慧乡村旅游 ····························· **227**

11.1 乡村旅游概述 ····························· **228**

11.1.1 乡村旅游的内涵 ···························228

11.1.2 乡村旅游的模式 ···························228

11.1.3 乡村旅游的类型 ···························228

11.1.4 乡村旅游建设的原则 ·························230

11.2 发展智慧乡村旅游的必要性 ·················· **231**

11.2.1 乡村旅游产业转型升级的需求 ················232

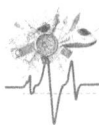

11.2.2　游客对乡村旅游市场需求的变化日益凸显 ······················232

11.3　智慧乡村旅游的建设要求 ·······································235

11.3.1　村级网站 ···························235
11.3.2　民俗旅游接待门户建设 ···············235
11.3.3　无线网络 ···························236
11.3.4　智慧应用 ···························236

11.4　智慧乡村旅游发展措施 ·······································237

11.4.1　建立乡村旅游网站，加强宣传 ············237
11.4.2　加强乡村旅游目的地的信息化建设 ·········238
11.4.3　政府提供配套支持 ····················239
11.4.4　发挥智慧旅游的整合优势 ···············239

11.5　乡村旅游企业的智慧化策略 ·····································240

11.5.1　发挥智慧旅游的技术优势 ···············240
11.5.2　发挥智慧旅游的信息优势 ···············240
11.5.3　加强企业网站的建设和网站宣传 ··········241
11.5.4　打造新型"VR+乡村旅游"的体验式营销模式 ···241

第12章　智慧旅游App方案 ·······································243

12.1　智慧旅游手机端App的发展状况 ·································244

12.1.1　手机在旅游业中应用的发展历程 ··········244
12.1.2　国内旅游类App的发展现状 ·············244

12.2　智慧旅游App的特征 ···244

12.2.1　可移动性 ···························245
12.2.2　可定位性 ···························245
12.2.3　核心功能突出 ·······················245
12.2.4　页面简洁 ···························246

12.3　智慧旅游手机端App的应用前景 ·································246

12.3.1　智慧旅游手机端App在不同主体之间的益处 ···246
12.3.2　旅游App营销促进智慧旅游发展 ··········247

12.4　旅游App的分类 ··248

12.4.1　预订类 ·····························248

　　12.4.2　导游类 ·· 248

　　12.4.3　分享类 ·· 249

　　12.4.4　工具类 ·· 249

12.5　旅游类App的基本功能 ·· 249

　　12.5.1　景点介绍 ·· 249

　　12.5.2　游玩线路规划 ··· 249

　　12.5.3　票类预订 ·· 250

12.6　智慧旅游App的开发 ··· 250

　　12.6.1　不同类型App的功能 ·· 250

　　12.6.2　旅游类App开发的关键 ····································· 252

第13章　智慧旅游发展的难点与对策 ································· 261

13.1　我国智慧旅游总体发展的问题与对策 ····················· 262

　　13.1.1　我国智慧旅游总体发展的问题 ···························· 262

　　13.1.2　我国发展智慧旅游的对策 ·································· 264

13.2　智慧酒店发展中存在的问题与对策 ························· 268

　　13.2.1　智慧酒店发展中存在的问题 ······························ 268

　　13.2.2　智慧酒店发展的对策 ·· 270

13.3　旅游电子商务的发展问题与对策 ···························· 272

　　13.3.1　我国旅游电子商务面临的主要问题 ······················ 272

　　13.3.2　发展我国旅游业电子商务的对策 ························· 273

13.4　智慧景区建设中存在的问题与对策 ························· 275

　　13.4.1　智慧景区建设中存在的问题 ······························ 275

　　13.4.2　智慧景区建设的对策 ·· 276

13.5　旅游类App发展的问题与对策 ······························· 277

　　13.5.1　旅游类App在用户体验方面存在的问题 ················ 277

　　13.5.2　旅游类App的发展对策 ····································· 279

参考文献 ·· 281

第一篇

理 论 篇

第1章　智慧旅游概述

第2章　智慧旅游的技术支撑

第3章　国外智慧旅游的发展
　　　　态势与经验借鉴

第4章　我国智慧旅游的发展
　　　　状况与对策

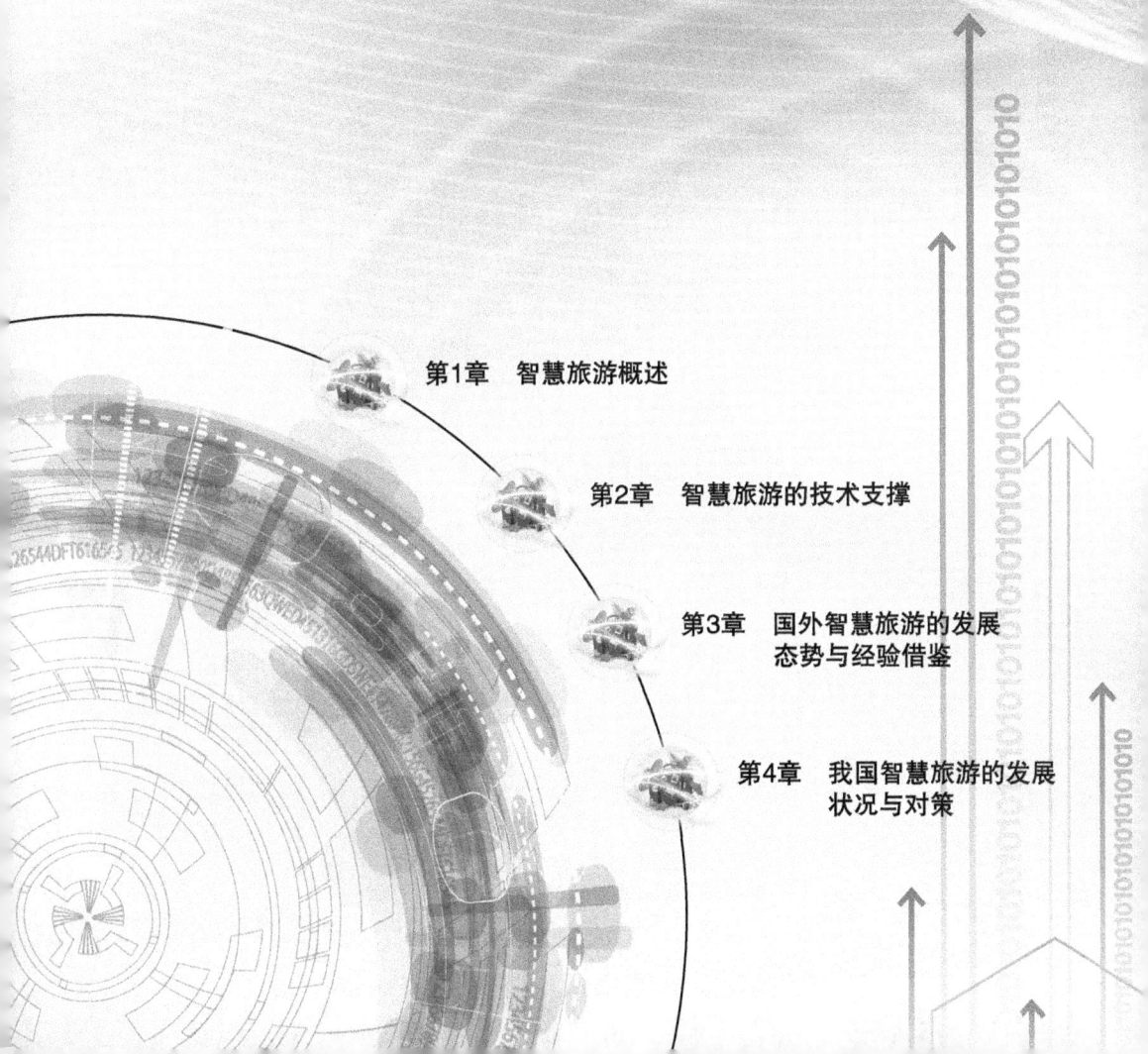

第1章

智慧旅游概述

　　智慧旅游是在智慧地球和智慧城市概念的基础上被提出的，是国内外旅游信息化的最新发展成果，也是智慧城市的重要组成部分。

　　智慧旅游是秉承城市旅游资源的可持续发展以及"以人为本"的理念，借助视频监控、移动通信、云计算、物联网等技术，整合不同的应用系统开创的新型旅游模式。智慧旅游的发展一方面可以大力丰富新型旅游模式，主动整合信息并及时发布，让人们能够及时了解这些信息，及时安排和调整工作与旅游计划；另一方面，可大力整合城市管理中与旅游密切相关的基础信息，提高信息化落后领域的信息化水平，消灭信息孤岛，保障各个环节中信息的无障碍流动，并通过信息充分流动，为景区和主管部门在掌握重要信息、平衡旅游资源、引导游客有序旅游、避免旅游商业的重复无序竞争、快速有力应对突发事件等环节提供有力保障。

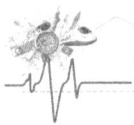

1.1　智慧旅游的概念

1.1.1　何谓旅游业

　　旅游是人在基本生活需求得到适度满足后拓展的一种新的消费行为，是一种带有浓厚文化内涵的群体活动，其是人们离开居住地到异地访问的旅行和暂时停留所引起的各种现象和关系的总和。

　　旅游业是以旅游市场为对象，有偿为旅游者的旅游活动创造便利条件，并为其提供所需商品和服务的所有行业和部门组成的综合性产业。旅游业主要由三部分构成：旅行社、交通客运部门和以旅馆为代表的住宿业。这三个部门的企业因而成为了三种类型的旅游企业：旅行社、旅游饭店和旅游交通。这三者构成了现代旅游业的三大支柱。

　　我国拥有丰富的旅游资源，疆域辽阔，既有风景秀丽的江南水乡，也有粗犷豪迈的西北风情；我国拥有悠久的历史文化，目前已经公布了 99 个国家级历史文化古城，长城、故宫、颐和园等已经被列入世界文化遗产名录；我国还是一个民族融合的国家，各个民族的习俗和风情很容易使人产生很强烈的向往之情。所有这些，都为我国旅游业的发展奠定了良好的基础。

1.1.2　何谓智慧旅游

　　“智慧旅游”一词已经成为业界的热词，很多地方把智慧旅游作为旅游业转型的标准和方向。智慧旅游是旅游信息化的最新发展，也是基于智慧地球与智慧城市基础上提出的新概念。2008 年，IBM 首先推出了“智慧地球”的商业计划，将“数字地球”的概念具体化和商业化。该计划的核心就是以一种更智慧的方法通过利用新一代信息技术来改变政府、公司和人们相互交互的方式，以便提高交互的准确性、效率、灵活性和响应速度。

　　智慧旅游就是利用云计算、物联网等新技术，通过互联网 / 移动互联网，借助便携的终端上网设备，主动感知旅游资源、旅游经济、旅游活动、旅游者等方面的信息，并整合后及时将其发布，让人们能够及时了解这些信息，方便人们及时安排和调整工作与旅游计划，从而实现对各类旅游信息的智能感知和方便利用。智慧旅游的实施，将提升游客在食、住、行、游、购、娱每个旅游消费环节中的附加值；旅游者在旅游前、旅游中、旅游后，都能够轻松地获取资讯、规划出行、预订票务、安排食宿、消费购物等，旅游体验得到极大改善。

智慧旅游是一个系统概念，涉及旅游管理者、景区、旅行社、酒店等多个相关主体。

从技术角度来说，智慧旅游是云计算、大数据技术的体现；对职能部门而言，智慧旅游是战略规划、公共服务平台；对旅游企业来说，智慧旅游是投资项目，是创新发展方式；而对游客来说，智慧旅游也许就是一个手机 App、一个二维码、一个触摸屏。

1.1.3 与智慧旅游相关的概念

近年来，除智慧旅游外，各地在旅游信息化方面都提出了自己的发展理念，包括数字景区、电子景区、智慧景区等。

1.1.3.1 数字景区

数字景区是一个新兴的名词，它是随着 3G 视频服务的应用而诞生的。简单来讲，数字景区就是为景区管理人员监控各景点提供远程及手机监控功能。该方式是通过在各具体景点安装视频采集设备，将现场的风景和游人的实时视频传送到监控中心，方便工作人员掌握景区情况以及满足游客的需求。

1.1.3.2 电子景区

电子景区是指以信息技术、通信技术、存储技术等现代数字化技术为基础，优化景区的业务流程与管理流程，从而为游客、景区和社会创造更多的价值。

1.1.3.3 智慧景区

智慧景区以计算机技术、多媒体技术和大规模存储技术为基础，以宽带网络为纽带，运用遥感、全球定位、地理信息、遥测、仿真—虚拟等技术，对景区进行多分辨率、多尺度、多时空和多种类的描述，使景区地理、资源、环境、基础设施、旅游咨询和各种社会服务等系统向数字化、网络化、虚拟仿真化和可视化的方向转变。智慧景区通过宽带多媒体信息技术、地理信息技术、虚拟现实技术等基础技术，整合景区信息资源，构建基础信息平台，建立电子政务、电子商务等信息系统和信息化社区，实现信息化、数字化的公众服务。

1.1.4　智慧旅游和智慧城市的关系

智慧旅游建设离不开智慧城市的基础环境。智慧旅游高度依赖所在区域的信息基础设施，其中包括3G、4G和Wi-Fi覆盖等。智慧城市的建设一般由地方政府推动，政府在基础设施的建设上应有完善的解决方案和对应的资金预算。智慧旅游设计者与实施者应该充分利用智慧城市的建设成果，避免重复建设。

智慧旅游是智慧城市的重要组成部分。几乎所有城市都具备旅游的条件，不考虑智慧旅游建设的智慧城市是不完整的，从政府部门职能角度看，智慧旅游应该从属于智慧城市，是智慧城市建设不可或缺的一个方面。

智慧旅游和智慧城市应该协调联动发展。旅游主管部门在游客的安全保障、紧急救援、景区环境保护、旅游行业监督执法等方面，很难独立采取行动，需要联合智慧城市的其他各部门，通过智慧城市平台实现联动协作。

智慧旅游的发展可以带动智慧城市的建设。部分城市特别是把旅游业作为支柱产业的城市，可以通过先开展智慧旅游建设，在打下一定基础、产生一定效益之后，再进一步开展智慧城市的建设。

1.2　智慧旅游的三个方面

智慧旅游的"智慧"体现在"服务智慧化""管理智慧化"和"营销智慧化"三大方面，如图1-1所示。

1.2.1　旅游服务智慧化

智慧旅游从游客出发，通过信息技术提升旅游体验和旅游品质。游客在旅游信息获取、旅游计划决策、旅游产品预订支付、旅游享受和旅游回顾评价的整个

管理智慧化	服务智慧化	营销智慧化	
·办公自动化 ·人员管理智慧化 ·资产管理智慧化 ·财务管理智慧化	·服务交互智慧化 ·金融管理智慧化 ·园区资源信息化 ·用户意见管理智慧化	品牌推广智慧化	销售智慧化
		·艺术化创意与传播智慧化 ·网络营销推广智慧化 ·舆情监控智慧化	·网络预订与电子商务 ·智慧化会员营销 ·智慧化促销

·控制管理成本　·提升顾客满意度　·提升品牌价值
·提升销售成本　·提升风险抗力

图1-1　智慧旅游的三个方面

过程中都能感受到智慧旅游带来的全新服务体验。智慧旅游通过科学的信息组织和呈现形式让游客方便快捷地获取旅游信息，帮助游客更好地安排旅游计划并形成旅游决策。

智慧旅游基于物联网、无线技术、定位和监控技术实现信息的传递和实时交换，让游客的旅游过程更顺畅，提升旅游的舒适度和满意度，为游客带来更好的旅游安全保障和旅游品质保障。智慧旅游还将推动传统旅游消费方式向现代化旅游消费方式的转变，并引导游客产生新的旅游习惯，创造新的旅游文化。

从使用者的角度出发，智慧旅游主要包括导航、导游、导览和导购（简称"四导"）4个基本功能。

1.2.1.1　开始位置服务——导航

智慧旅游将位置服务（LBS）加入旅游信息中，让游客可以随时知道自己的位置。位置的确定有许多种方法，如 GPS 导航、基站定位、Wi-Fi 定位、RFID 定位、地标定位等，未来还将有图像识别定位。其中，GPS 导航和 RFID 定位的位置更为精准，但 RFID 定位需要布设很多识别器，也需要移动终端（如手机）上安装有 RFID 芯片，因此离实际应用还有很大的距离。GPS 导航应用则要简单得多：一般智能手机上都有 GPS 导航模块，通过外接的蓝牙和 USB 接口的 GPS 导航模块，笔记本电脑、上网本和平板电脑就可具备导航功能，个别电脑甚至会内置有 GPS 导航模块。GPS 导航模块接入电脑后，可以将互联网和 GPS 导航完美

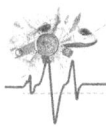

地结合起来，进行移动互联网导航。

传统的导航仪无法做到及时更新，更无法查找大量的最新信息，而互联网的信息量虽大，但无法导航。智能手机虽有导航，也可以连接互联网，但没有将两者结合起来，需要在导航和互联网之间不断地切换，不甚方便。

智慧旅游将导航和互联网整合在一个界面上，地图来源于互联网，而不是存储在终端上，因此无需经常更新。当 GPS 确定位置后，最新信息（如交通拥堵状况、交通管制、交通事故、限行、停车场及车位状况等）将通过互联网主动地弹出，除此之外，游客还可查找其他相关信息。与互联网相结合是导航产业未来的发展趋势。

通过内置或外接的 GPS 设备／模块，通过已经连上互联网的平板电脑在运动中的汽车上进行导航，位置信息、地图信息和网络信息都可以很好地显示在一个界面上。随着位置的变化，各种信息也会及时更新，并将实时显示在网页上和地图上，体现了直接、主动、及时和方便的特征。

1.2.1.2　初步了解周边信息——导游

在确定了位置的同时，网页和地图上也会主动显示周边的旅游信息，包括景点、酒店、餐馆、娱乐场所、车站、活动（地点）、朋友／旅游团友等的位置和大概信息：景点的级别、主要描述等，酒店的星级、价格范围、剩余房间数，活动（演唱会、体育运动、电影）的地点、时间、价格范围，餐馆的口味、人均消费水平、优惠等。

智慧旅游还支持在非导航状态下查找任意位置的周边信息，游客拖动地图即可在地图上看到这些信息。

周边的范围大小可以随地图窗口的大小而自动调节，游客也可以根据自己的兴趣点（如景点、某个朋友的位置）规划旅游路线。

1.2.1.3　深入了解周边信息——导览

游客点击（触摸）感兴趣的对象（景点、酒店、餐馆、娱乐项目、车站、活动等），就可以获得关于兴趣点的位置、文字、图片、视频、使用者的评价等信息，从而深入了解兴趣点的详细情况，最后再决定是否去游览。

导览相当于一个导游。我国许多旅游景点规定不许导游高声讲解，而采用数字导览设备，如故宫，游客需要租用这种设备。智慧旅游则更像是一种自助形式，它有比导游更丰富的信息来源，如文字、图片、视频和 3D 虚拟现实等，游客带上耳机就能让手机／平板电脑替代数字导览设备，无须再租用这类设备了。

导览功能还包括一个虚拟旅行模块，游客只要提交起点和终点的位置，即可获得最佳路线建议（也可以自己选择路线）、景点和酒店推荐等。如果游客认可某条线路，则可以将资料打印出来，或将其储存在系统里随时调用。

1.2.1.4 等着享受——导购

经过全面而深入的在线了解和分析，游客已经知道自己需要什么了，那么其可以直接在线预订客房或票务。游客只需在网页上自己感兴趣的对象旁点击"预订"按钮，即可进入预订模块，预订自己所需的项目。

由于该功能利用移动互联网技术，因此游客可以随时随地进行预订；同时，该系统安全的网上支付平台使游客可以随时随地改变和制订下一步的旅游行程，而不浪费时间和精力，也不会错过一些精彩的景点与活动，甚至能够在某地邂逅特别的人，如久未谋面的老朋友。

1.2.2 旅游管理智慧化

智慧旅游将实现传统旅游管理方式向现代化旅游管理方式的转变。旅游管理的智慧表现在以下几个方面。

① 通过信息技术，系统可以及时准确地掌握游客的旅游活动信息和旅游运营企业的经营信息，实现旅游行业监管从传统的被动处理、事后管理向过程管理和实时管理转变。

② 智慧旅游将系统与公安、交通、工商、卫生、质检等部门形成信息共享和协作联动机制，结合旅游信息数据构建旅游预测、预警机制，提高应急管理能力，保障游客的旅游安全，实现对旅游投诉以及旅游质量问题的有效处理，维护旅游市场的秩序。

③ 智慧旅游依托信息技术，主动获取游客信息，形成游客数据积累和分析体系，全面了解游客的需求变化、意见建议以及旅游运营企业的相关信息，实现科学决策和科学管理。

④ 智慧旅游还鼓励和支持旅游运营企业广泛运用信息技术，改善经营流程，提高管理水平，提升产品和服务竞争力，增强游客、旅游资源、旅游企业和旅游主管部门之间的互动，高效整合旅游资源，推动旅游产业整体发展。

智慧旅游管理的智慧特征如图1-2所示。

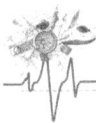

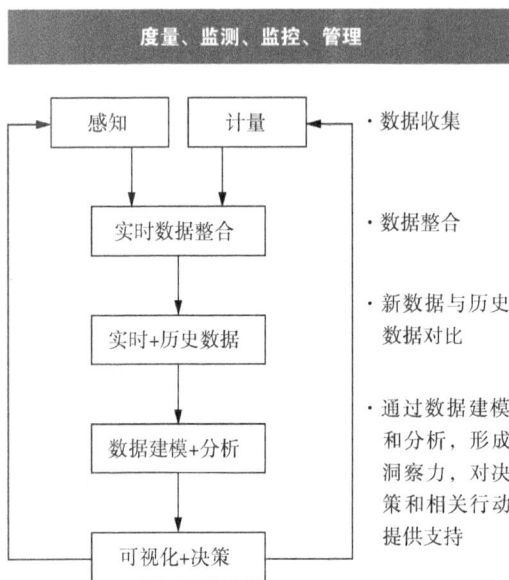

感知

将各类旅游运营企业、旅客、旅游管理部门、机构和社会的各种旅游业务、商务、服务、政务相关部门连接起来，形成所谓的"旅游物联网"

互联

通过高速网络，将"旅游物联网"与现在的互联网整合起来，实现旅游活动、人类社会与物理系统的融合

智慧

通过各种智慧应用系统的建设，实现旅游相关企业的智能自主管理；基于云计算、商业智能等技术，开展多维度的分析、预测和优化，实现面向旅游运营企业内外管理的智能决策

图1-2　智慧旅游管理的智慧特征

1.2.3　旅游营销智慧化

智慧旅游通过旅游舆情监控和数据分析，挖掘旅游热点和游客兴趣点，引导旅游运营企业策划对应的旅游产品，制订对应的营销主题，从而推动旅游行业的产品创新和营销创新。

智慧旅游通过量化分析，对营销渠道进行判断，筛选效果明显、可以长期合作的营销渠道。

智慧旅游还充分利用新媒体传播特性，吸引游客主动参与旅游的传播和营销，并通过积累游客数据和旅游产品消费数据，逐步形成自媒体营销平台。

1.3　参与智慧旅游的对象

参与智慧旅游的对象主要包括行业主管部门、旅游运营企业、旅游IT服

务提供商、游客等，但是，从智慧旅游的产生到消费的各环节来分析，这些对象既有提供者和需求者之分，也有建设者和使用者之分，更有管理者与被管理者之分。因此，我们在进行针对智慧旅游发展路径的研究时，首先要先明确主体和客体的区别，以便于进一步明确各对象在智慧旅游发展中所承担的角色和责任。

从行业广泛共识来说，行业主管部门和旅游运营企业是智慧旅游的投资主体，旅游 IT 服务提供商是智慧旅游的建设主体和运营主体，行业主管部门、旅游运营企业、游客是智慧旅游服务的客体，智慧旅游支撑系统将是整个智慧旅游体系的介体。

1.3.1 主体分析

通过对智慧旅游的概念进行分析，可以将智慧旅游服务的主体分为以下几部分，如图 1-3 所示。

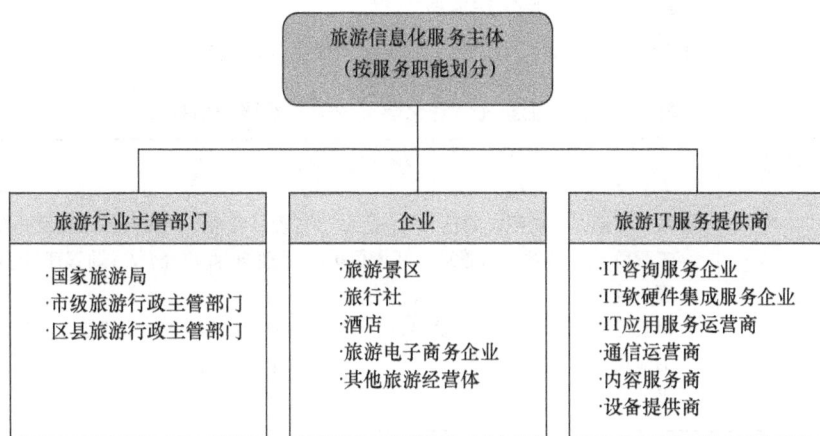

图1-3 智慧旅游服务主体分类

1.3.1.1 旅游行业主管部门

旅游行业主管部门是智慧旅游建设的牵头组织者，主要进行智慧旅游建设、运营以及服务的全程监管、资源整合和整体统筹工作，并通过积极有效的引导形成旅游的整体发展合力。

旅游行业主管部门在信息化建设中的主要服务目标如图 1-4 所示。

1	编制和规划智慧旅游建设框架,从建设内容、组织计划、运营投资政策、技术要求规范和建设标准及服务准则等方面建立指导
2	通过信息化建设,实现旅游行业管理部门之间的办公协同并提高业务审批和行政办公的效率;提高对旅游运营企业的行业监管水平,引导旅游行业健康发展,树立和提升城市旅游形象
3	推动智慧旅游建设发展过程中政府服务职能的转变;通过旅游资讯宣传、旅游信息公共服务以及信息监控等平台的建设,完善智慧旅游建设的智慧旅游公共基础设施和旅游公共支撑平台的建设,提高对游客的公共信息化服务水平

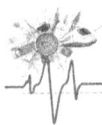

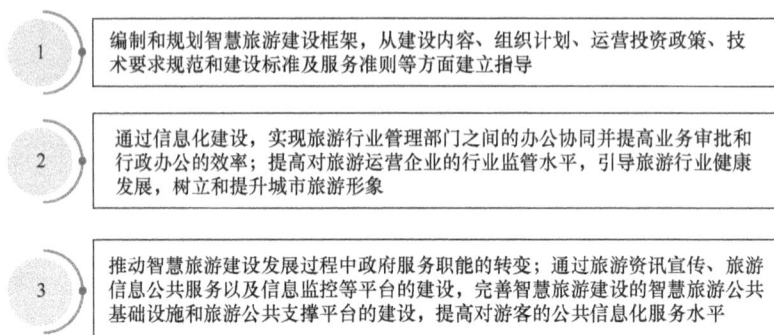

图1-4　旅游行业主管部门在信息化建设中的主要目标

1.3.1.2　旅游运营企业

　　旅游运营企业包括旅游景区、酒店、旅行社等旅游经营实体,旅游运营企业在向游客提供智慧旅游服务的同时,也积极通过企业信息化建设来不断提高企业的运营水平,降低运营成本,提高企业经营绩效。

　　旅游运营企业在信息化建设中的主要服务目标见表1-1。

表1-1　旅游企业在信息化建设中的主要服务目标

服务目标	信息化建设要求
旅游景区	① 需要考虑景区资源的建设、管理、景区管理经营水平的提升,如建设开发、工程管理、资源经营管理(环境保护/物业管理/商户经营/后勤管理/财务管理)等; ② 需要考虑电子票务、客流引导服务、电子导览服务等系统的部署,这些系统的应用和实践将有助于景区服务能力的塑造、服务品牌的提升、游客服务水平的提高
旅行社	① 要考虑旅行社业务管理和内部办公的需要,提高业务信息化水平,提高办事效率,降低运营成本; ② 通过信息化技术提高旅行社的营销宣传能力和精准化营销能力,提高对游客的服务水平,优化游客的消费体验
酒店	① 考虑酒店内部的优化管理和业务管理,优化酒店的内部环境,保证游客安全; ② 通过信息化技术提高酒店的营销推广能力和精准化营销能力,提高酒店对住店客人的服务水平,优化客人的住宿体验

1.3.1.3 旅游IT服务供应商

旅游 IT 服务供应商主要包括智慧旅游咨询服务企业、通信运营商、IT 软硬件集成服务企业、旅游 IT 应用服务运营商、内容提供商、设备提供商，具体如图 1-5 所示。

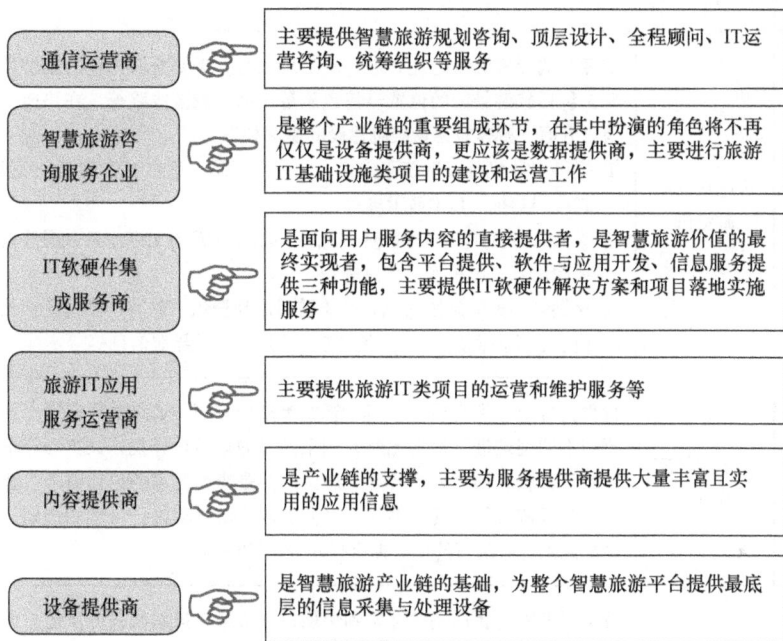

通信运营商	主要提供智慧旅游规划咨询、顶层设计、全程顾问、IT运营咨询、统筹组织等服务
智慧旅游咨询服务企业	是整个产业链的重要组成环节，在其中扮演的角色将不再仅仅是设备提供商，更应该是数据提供商，主要进行旅游IT基础设施类项目的建设和运营工作
IT软硬件集成服务商	是面向用户服务内容的直接提供者，是智慧旅游价值的最终实现者，包含平台提供、软件与应用开发、信息服务提供三种功能，主要提供IT软硬件解决方案和项目落地实施服务
旅游IT应用服务运营商	主要提供旅游IT类项目的运营和维护服务等
内容提供商	是产业链的支撑，主要为服务提供商提供大量丰富且实用的应用信息
设备提供商	是智慧旅游产业链的基础，为整个智慧旅游平台提供最底层的信息采集与处理设备

图1-5 旅游IT服务供应商及其业务范围

1.3.2 智慧旅游的客体

智慧旅游服务客体（服务对象）主要包括：以政府为代表的旅游行业管理部门、游客、旅游运营企业。

智慧旅游服务规划建设应面向这三大服务客体构建应用系统，既需要满足应用主体自身的需求，也需要满足应用主体之间的交互需求。

智慧旅游建设应该与智慧城市建设无缝衔接，即智慧旅游建设应在智慧城市外延下，实现不仅能够为旅游者提供服务，还能够使旅游管理、服务与目的地的整体发展相融合的目标。

1.3.2.1 游客

游客的主要需求见表 1–2。

表1–2 游客的需求

序号	需求	说明
1	快速获取旅游资讯	游客在选择旅游目的地和进行旅游决策时，需要获取大量的旅游目的地信息，包括旅游景区的位置、特色旅游产品、旅游线路等。在快速获取旅游信息方面，游客对智慧旅游建设的需求如下： ① 提供多种旅游资讯获取方式，如门户网站、手机WAP网站、手机App、二维码扫描、LED显示屏等； ② 提供旅游资讯的多种表现方式，如旅游要素的文字信息、图片信息、音视频信息、虚拟实景信息等； ③ 提供多种类的旅游资讯，如旅游目的地资讯、旅游产品信息、旅游交通信息、旅游酒店信息、旅游餐饮信息、旅游导航信息等
2	科学制订旅游行程	行程安排牵涉到交通、住宿、餐饮等多个方面。如果游客在网上预订，还要和不同网站进行价格比对，如果到目的地后再寻找，又担心订不上。快速制订行程和预订方便实惠的旅游产品是当前游客的迫切需求。智慧旅游通过建设旅游行程规划系统，对游客的旅游行程进行科学的规划，保证游客快速到达旅游目的地，拥有良好的旅游体验
3	尽情享受旅游过程	黄金周期间，我们经常会看到售票口和检票口排起长长的队伍，如何缩短售检票时间也是当前亟须解决的问题。电子售检票系统和电子商务平台的建设可以有效缓解这一现象。如何提升游客游览体验，如何避免以往"走马观花"式的游玩现象，也为智慧旅游建设提出了新的要求。景区自助导览系统建设应该充分考虑游客实际使用感受，为游客提供便捷的自助导游、导览服务
4	有效防范旅游风险	如何有效保障游客服务质量和解决游客投诉难的问题，是当前亟待解决的严峻问题。"黑导""黑车""黑一日游"等欺骗游客的现象时有发生，严重影响目的地旅游形象和游客旅游体验。智慧旅游通过旅游行业监管平台的建设，引导旅游行业健康发展，开展旅游执法，保障游客的权益；并通过建设多元化旅游投诉体系，有效解决投诉难的问题

1.3.2.2 旅游行业主管部门

旅游行业主管部门的需求如图 1–6 所示。

1 实现旅游信息互联互通

为了更好地为游客提供更全面的旅游信息和服务，北京旅游主管部门应该加强与横向部门和纵向部门的旅游信息共享交换和整合，形成各部门之间信息共享交换机制。为游客提供景区、交通、气象等更全面、更有深度的旅游信息服务；为旅游运营企业和涉旅运营企业提供游客的客流、喜好、客源地等营销数据服务

2 实现旅游行业协同办公

目前，旅游主管部门和旅游运营企业之间以及与各委办之间的政务协同办公方式有待进一步完善。旅游主管部门与横向部门之间还在采用传统方式进行业务交流、信息共享等，例如，旅游执法部门与工商、公安、交通等部门之间的案件转办还是通过线下方式进行，缺少相应的信息共享和联合执法机制；同时，其与纵向部门的数据报送和采集系统也有待完善。因此，旅游主管部门应该加强与横向部门联合执法和信息共享机制的建设，完善与纵向部门相关的数据报送与采集系统的建设

3 加强旅游行业监管

完善市级、区县的行业监管体系，建立与横向部门的协调联动机制，运用信息化技术优化行业监管体系，着力提升行业监管工作效率，缩短工作流程。例如，解决投诉案件报送与转办、案件证据采集与归档等问题

4 实现旅游行业整合营销和宣传

通过微博、微信、电子商务平台等多种新媒体营销方式，共同推动旅游形象的宣传推广，拓展行业营销方式，实现行业整合营销和宣传；创新海外营销方式，加强与海外线上旅游平台的营销合作

5 提升旅游的公共服务质量

以满足游客需求、提升旅游体验为目标，为游客提供旅游资讯、旅游产品推荐、旅游产品优惠促销活动、旅游行程规划、门票酒店预订、景区导游导览、虚拟旅游、旅游地理位置服务、互动评论等贯穿旅游全程的一体化旅游服务

6 保障游客的安全

建设旅游安全与应急管理平台，实时掌握景区客流情况，避免因客流过大引发的突发安全事件；继续协调接入景区的旅游安全监控系统，保证在突发情况发生时，能够快速进行资源协调和应急救援

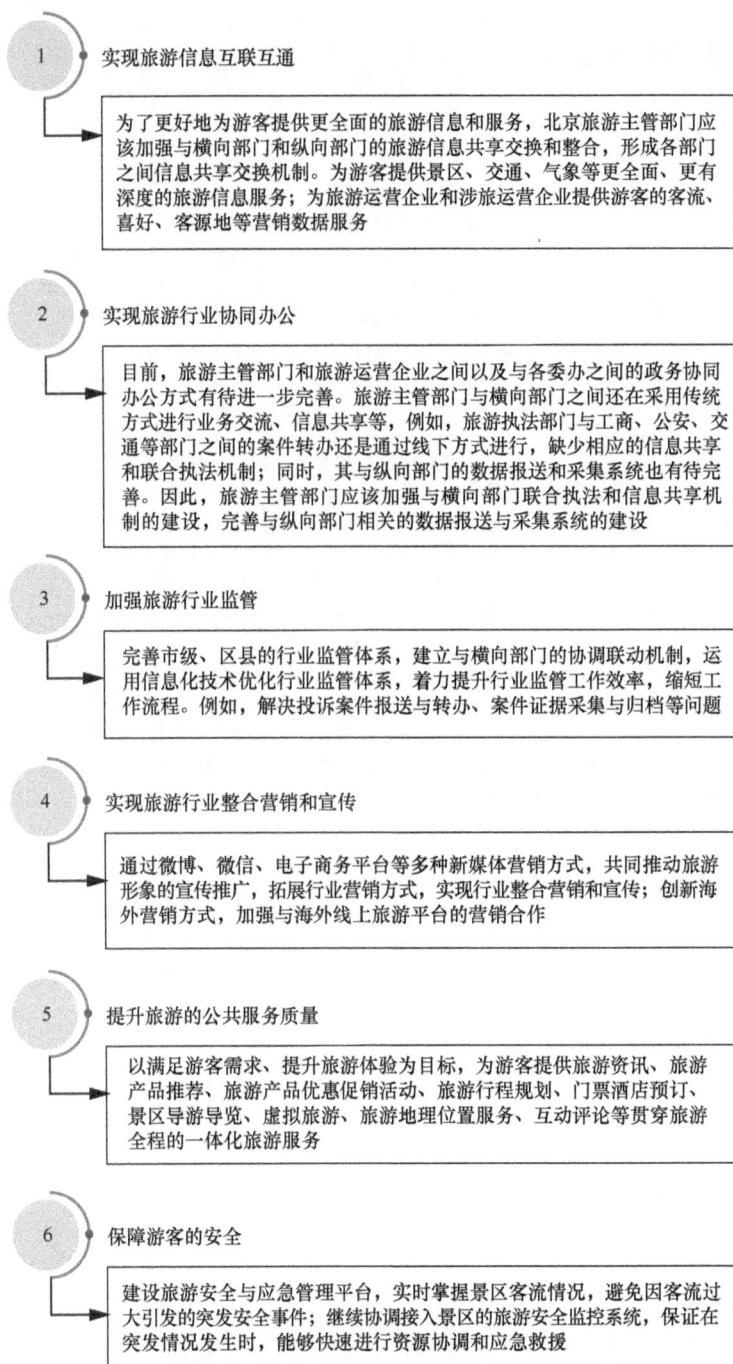

图1-6 旅游行业主管部门的需求

1.3.2.3 旅游运营企业

旅游运营企业的需求如图 1-7 所示。

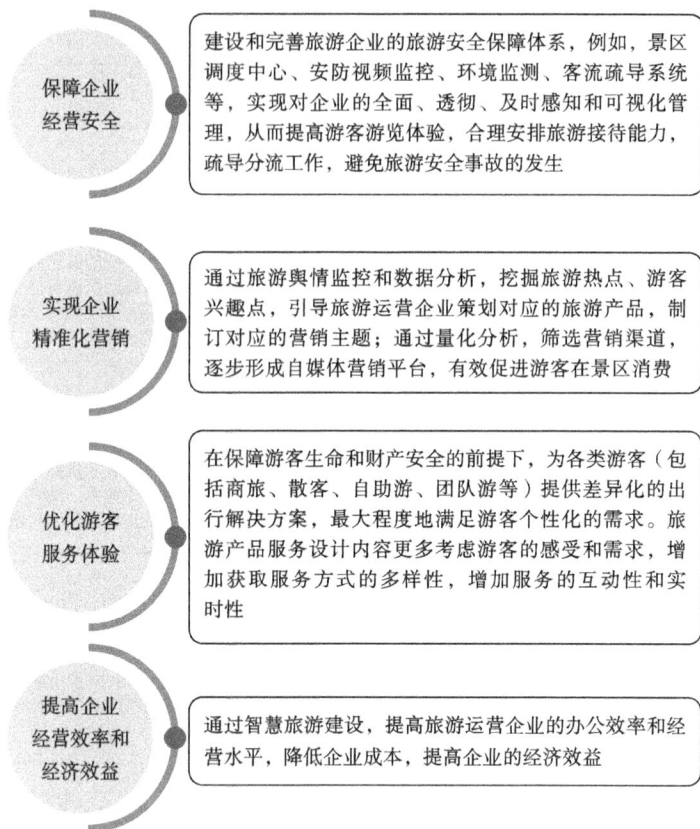

保障企业经营安全
建设和完善旅游企业的旅游安全保障体系，例如，景区调度中心、安防视频监控、环境监测、客流疏导系统等，实现对企业的全面、透彻、及时感知和可视化管理，从而提高游客游览体验，合理安排旅游接待能力，疏导分流工作，避免旅游安全事故的发生

实现企业精准化营销
通过旅游舆情监控和数据分析，挖掘旅游热点、游客兴趣点，引导旅游运营企业策划对应的旅游产品，制订对应的营销主题；通过量化分析，筛选营销渠道，逐步形成自媒体营销平台，有效促进游客在景区消费

优化游客服务体验
在保障游客生命和财产安全的前提下，为各类游客（包括商旅、散客、自助游、团队游等）提供差异化的出行解决方案，最大程度地满足游客个性化的需求。旅游产品服务设计内容更多考虑游客的感受和需求，增加获取服务方式的多样性，增加服务的互动性和实时性

提高企业经营效率和经济效益
通过智慧旅游建设，提高旅游运营企业的办公效率和经营水平，降低企业成本，提高企业的经济效益

图1-7 旅游运营企业的需求

第2章

智慧旅游的技术支撑

目前，支撑智慧旅游的技术逐渐成熟和完善，打造智慧旅游的时机已经到来。云计算（SaaS、PaaS、IaaS）、物联网（RFID 技术、传感器等）、互联网（Web2.0 技术、三网融合技术等）、大数据、移动通信、人工智能等技术是实现智慧旅游的必要条件，现在这些条件已经具备，智慧旅游进入建设阶段。智能手机和平板电脑的发展，为智慧旅游提供了强劲的硬件支撑。

智慧旅游是信息通信技术与旅游业融合发展的顶层设计。与某种信息技术在旅游业中的应用不同，智慧旅游是信息技术在旅游业中的应用创新和集成创新，是为满足游客个性化需求，提供高品质、高满意度的服务，而实现旅游资源及社会资源的整合共享与有效利用的系统化、集约化的管理变革。

2.1 云计算技术

确切地说，云计算不是指某项具体的技术或标准，而是一个概念，是一种计算模式和对于 IT 资源的应用模式。它对共享的可配置的计算资源（如网络、服务器、存储、应用和服务）提供无所不在的、方便的、随需的网络访问。终端使用者无须了解云计算的技术细节或相关专业知识，只需关注自己需要什么样的资源以及如何通过网络来得到相应服务，目的是解决互联网发展所带来的海量数据存储与处理问题。"云计算"的核心思想是计算、信息等资源的有效分配。

2.1.1 云计算

云计算包含两个方面的含义：一方面指用来构造应用程序的系统平台，其地位相当于个人计算机上的操作系统，我们称为云计算平台（简称云平台）；另一方面是建立在这种平台之上的云计算应用（简称云应用）。

云计算平台可按需动态部署、配置、重新配置以及取消部署服务器。这些服务器可以是物理的，也可以是虚拟的。

云计算应用指一种可以扩展至通过互联网访问的应用程序，它使用大规模的数据中心以及功能强劲的服务器来运行网络应用程序与网络服务，这使得任何用户通过适当的互联网接入设备与标准的浏览器就能够访问云计算应用。云计算的服务可以分为 3 个层面：云应用、云应用平台和云操作系统，如图 2-1 所示。

2.1.1.1 云应用

云应用是通过 Internet 配置和管理的即时计算基础结构。它提供给客户的服务是运营商运行在云计算基础设施上的应用程序。用户可以在各种设备上通过客户端界面访问。消费者不需要管理或控制任何云计算基础设施，包括网络、服务器、操作系统、存储等。

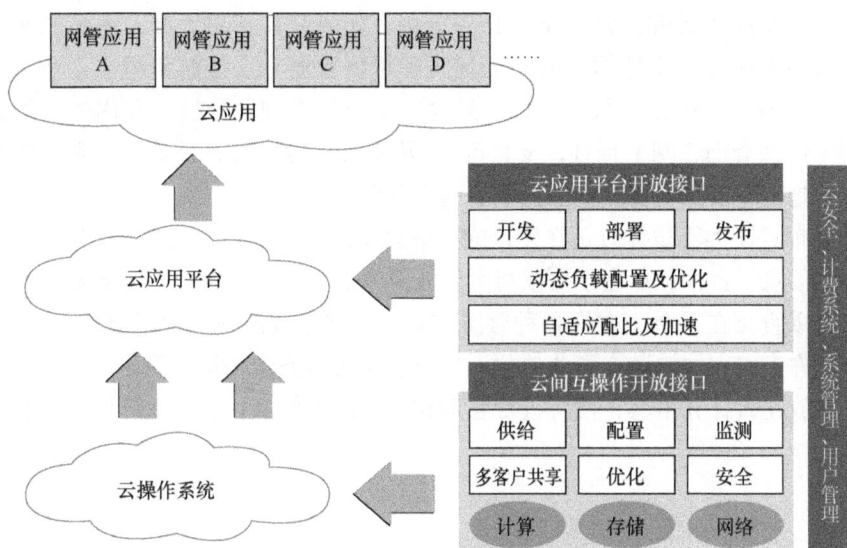

图2-1 云计算的服务模式

2.1.1.2 云应用平台

云应用平台提供给消费者的服务是把客户采用开发语言和工具（例如 Java、python、.Net 等）开发或收购的应用程序部署到供应商的云计算基础设施中。客户不需要管理或控制底层的云基础设施，包括网络、服务器、操作系统、存储等。

2.1.1.3 云操作系统

云操作系统提供给消费者的服务是利用所有计算基础设施，包括处理 CPU、内存、存储、网络和其他基本的计算资源。用户能够部署和运行任意软件，包括操作系统和应用程序。消费者不管理或控制任何云计算基础设施，但能控制操作系统、存储空间、部署的应用。

2.1.2 智慧旅游的云计算建设

智慧旅游的云计算建设包含云计算平台建设与云计算应用建设。目前，人们经常会把云计算平台与云计算应用的概念混淆，如"旅游云""旅游云计算""旅游云计算平台"等。实际上，云平台具有某种程度的应用无关性，因此智慧旅

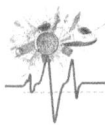

游的云计算应用研究应侧重于云计算应用，如研究如何将大量、海量的旅游信息进行整合并存放于数据中心，如何构建可供旅游者、旅游组织（企业、公共管理与服务等）进行获取、存储、处理、交换、查询、分析、利用的各种旅游应用（信息查询、网上预订、支付等）。从某种程度上讲，云计算在智慧旅游中体现的是旅游资源与社会资源的共享与充分利用。

目前，国内不少地方正在建设或准备建设云计算中心。旅游业运用云计算搭建旅游信息平台，优点在于可以将大量或海量的旅游信息存放于云计算中心，旅游者可以直接在平台上查询各种旅游信息，无需东找西找，使用起来十分方便。另外，许多中小型旅游企事业单位无需自己购买服务器和建立网站，它们只需将信息存放在云计算中心，便可进行管理和发布旅游信息，大大地降低了运营和管理成本。

2.2　物联网技术

2.2.1　何谓物联网技术

物联网（Internet of Things, IoT）的概念于 1999 年被美国麻省理工学院提出。物联网主要是依托射频识别（RFID）等信息传感技术与设备，将任何物品按照约定协议与网络进行连接和通信，从而构成"物物相连的网络"，实现物品信息的智能识别和管理。随着信息技术和应用的不断发展，物联网的内涵也不断扩展。目前，旅游业界和科学界普遍认可的物联网是指利用射频识别、全球定位系统（GPS），以及传感器、执行器等装置对物理世界进行感知识别，并依托通信网络进行传输和互联，利用计算设施和软件系统进行信息处理和知识挖掘，实现人与物、物与物的信息交互和无缝链接，从而达到对物理世界的实时控制、精确管理和科学决策。

物联网的体系构架由感知层（传感设备、识别技术）、网络层（无线通信技术、广域网技术、网关技术）和应用层（云计算、海量数据存储、数据挖掘与分析、人工智能）组成，如图 2-2 所示。

图2-2 物联网的体系结构

2.2.2 物联网技术在旅游中的应用

智慧旅游中的物联网可以理解为互联网旅游应用的扩展以及泛在网的旅游应用形式。如果我们称基于互联网技术的旅游应用为"线上旅游",那么基于物联网技术的旅游应用,我们则可称其为同时涵盖"线上"与"线下"的"线上线下旅游"。物联网技术突破了互联网应用的"在线"局限,这种突破是适应旅游者的移动以及非在线特征的。泛在网是指无所不在的网络,即基于个人和社会的需求,利用现有的和新的网络技术,实现人与人、人与物、物与物之间无所不在的,按需进行的信息获取、传递、存储、认知、决策及使用等的综合服务。其基于物联网的旅游应用的"线上""线下"融合体现了泛在网"无所不在"的本质特征,这种本质也是适应旅游者的动态与移动特征的。

物联网技术在旅游中的应用具体表现在以下几个方面。

2.2.2.1 在智能导游方面的应用

在智能导游方面,物联网的应用使导游活动更加个性化和人性化。智能语音导游系统"游务通"就是利用物联网技术的鲜活例证。它采用射频识别技术和单片机技术,实体由语音导游器和射频电子标签(Tag)组成。根据系统探测范围大小和特殊环境的需要,相关人员在每个景点或者游览区放置一个射频电子标签,在保

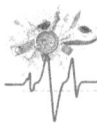

证接收范围尽可能大的同时，使景点信息不相互干扰。游客一旦进入该区域范围，随身携带的导游器会自动识别该景点的信号，并通过地址码识别出游客所处位置的区域，然后导游器根据区域识别的结果自动完成解说内容的切换功能。导游器全面实现了旅游数字化、手机票务系统、三维实景地图、手机游娱、数字化信息管理等在内的吃、住、行、游、购、娱信息化建设样板。游客在外出旅行前，得到自助游的建议和指导，完成景区门票订购和其他旅游产品的预订，利用"手机门票"进入景区，并在景区内享受"景区线路引导""手机导游"等全方位服务。

2.2.2.2 在智慧酒店中的应用

物联网技术应用到酒店管理中，建立能够智能感知客人需求，自动调节居住环境的"智慧房间"管理系统，该系统可以十分有效地提升酒店的整体服务水平和信息化程度。

"智慧房间"的智慧体现在客人入住的房间和整个酒店能够为每一位客人提供最符合其居住习惯和偏好的旅居环境，而整个过程全部自动化、智能化进行，无需人工过多干预，客人感受到的只是便捷与舒适。

每位客人入住酒店，都会获得属于自己的"电子钥匙"，即能够记录旅居信息的 RFID 识别卡，该卡将作为客人在酒店中的出入凭证（由安装在房间门口的识别设备和酒店中的门禁设备识别）和消费支付记录卡（可使用此卡在酒店中进行餐饮、购物、娱乐消费的支付与结算）。当客人办理入住手续时，"智慧房间"系统会自动在数据库中查找到（或新建）属于该客人的居住信息，根据之前记录的客人偏好为客人推荐特定的房间，并将对该房间的居住环境进行事先调整，具体包括以下几点。

① 激活该房间的电气设施（空调、电动窗帘、加湿器、热水器等），并将每个设备的工作配置初始化，即根据以往客户的个人习惯调节好房间内的温度、湿度、光照度、洗澡用水温度等，在客人入住前营造一个舒适的居住环境。同时客房服务人员会根据客人偏好习惯，选择进入房间打扫的时间。

② 该客人的居住环境被导入特定的信息服务系统。根据系统中记录的客人的职业、爱好、需求特点等信息为其提供专门的信息服务。例如，房间中的电视将自动播放最符合客人需求的节目；门厅、走廊、电梯中安装的电子展示屏幕将呈现最符合客人需求的资讯信息或者精准广告。

③ 安装在客人房间中的客户终端设备（即类似银行 ATM 那样的图形界面交互设备）被启动，客人可以通过该设备调节当前房间环境（温度、湿度等），查询和定制餐饮娱乐和交通票务信息等。在客人居住期间，"智慧房间"将会记录客人的居住习惯信息，并且不断调整现有的服务策略。

客人每一次对现有居住环境的调整都会触发系统对该客人选择偏好的更新，客人调节温度、改变照明亮度、调节水温、选择电视节目频道、定制餐饮娱乐服务、查询订票等行为都会被系统自动记录，作为今后调整服务策略的参考数据。

当客人临时离开房间时，"智慧房间"能够通过 RFID 识别获知当前房间内无人，经过一段时间的等待之后，自动控制系统将指示房间内的电器设施进入休眠状态（降低照明强度、降低空调工作强度、暂时关闭部分电器等）。当客人返回酒店或房间时，门禁识别又能告知"智慧房间"重新进入正常工作状态，从而可以有效降低能耗与碳排放污染。

当客人离开酒店时，"智慧房间"的服务配置将清空，回归初始统一默认配置。而在客人居住期间收集到的全部居住偏好信息，将写入数据库中该客人的存档位置。同时酒店回收"电子钥匙"，将其中信息消除之后留给未来的客人使用。

为了实现"智能"服务、管理和低碳环保，酒店应做到以下几点。

① 酒店需要建立客人信息管理系统，该系统支持对客人居住数据的存储、管理、查询与分析，同时向与其相连接的服务设施下达指令。

② 每个房间都需要配置客户终端设备（按键输入的可视设备，包含按键和电子屏），设备具有数据信息收集和指令发送功能，同时该设备与房间内电气设备控制单元相连接（用于下达控制指令），同时与酒店客人信息管理系统建立连接（用于上传收集到的信息数据），连接方式均为普通有线线路连接。

③ 建立 RFID 射频识别系统，包括设置酒店门禁与房间门锁识别设备、制作 RFID 识别卡、建立 RFID 识别系统到酒店客人信息管理系统的通信连接等。

④ 联络酒店周边餐饮、娱乐、服务设施以及火车、飞机等票务系统，建立商务合作，并为房间内的客人提供服务接口。

2.2.2.3　在旅游交通方面的应用

21 世纪，人们将要采用智能交通系统，它是一个基于现代电子信息技术面向交通运输的服务系统。它的突出特点是以信息的收集、处理、发布、交换、分析、利用为主线，为交通参与者提供多样性的服务。通过该系统，车辆可以在道路上智能行驶，交通流量也可以被调整至最佳状态。管理人员借助这个系统可以实时掌握道路、车辆的情况。

2.2.2.4　在游客容量控制方面的应用

在游客容量控制方面，影响旅游景区可持续发展的因素之一是景区内的游客数量超过了景区所能容纳的最大承载量，因此，必须对旅游景区的客流量进行控制。旅游景区的客流量控制包括景区内游客总量的控制和景区内各个景点的客流量控制，当前景区内的游客总数量可通过电子门票技术轻松获取，游客超过景区最大承载量时就可以采取停止售票、放缓售票等方式进行相应控制。根据景区内各个景点的分布情况，可以将景区划分为相对独立的小区域。相关人员在小区域的一些关键的位置点设置 RFID 读写器，在门或是其他关键点的位置配置多对天线，覆盖关键点。当游客通过关键点时，RFID 读写器通过不同的天线获取游客的 ID，这样经过位置点的所有 RFID 标签都可以通过读写器获取，并在第一时间将数据发送到数据中心。相关工作人员通过系统读取信息的结果判定游客的进出，实时了解景点的游客分布情况，并做到实时监控。一台高性能的 RFID 读写器能够每秒处理数百张的电子门票，完全可以满足大量的游客数据处理需求。

这样一来，工作人员可以通过景点游客的实时分布情况调整游客量，当景区内游客分布不均匀时，工作人员可以通过适当的引导来缓解那些"人气较高"的景点的流量压力。

2.2.2.5　在旅游安全方面的应用

在旅游安全方面，物联网技术的应用可以帮助景区形成一套完善的游客安全保障体系。根据不同类型的旅游景区，物联网在安全管理方面的应用形式也有所不同。森林公园、山岳等一些范围较大的景区，经常会出现游客走散、失踪等现象。对于这些地貌环境多变、复杂的地区，在人手有限的情况下，相关人员如何合理调配人员，以最快的速度进行现场的救护工作是非常重要的。当游客走失或遇到危险时，相关人员可以通过游客携带的电子门票利用 GPS 技术定位确定游客位置后，通知距离最近的救护人员配备一台带 GPS 的 RFID 手持设备第一时间前往现场救护。

2.2.2.6　在景区员工管理方面的应用

物联网在景区员工管理方面的应用原理与前面所提到的票务管理十分类似，只是应用形式有所差别。首先，RFID 标签具有唯一的 ID，通过给每位员工配备一个带有 RFID 的工作卡，就可以实现对员工的对点管理，为游客提供良好的服务。其次，利用 RFID 工作卡的读写功能与信息储存功能可以让游客直接对工作人员的服务进行打分评价，形成一套以游客满意度为基础的旅游景区员工评价体系，并以此作为发放员工薪酬的重要参考依据。

2.3 大数据技术

如今，数据已经成为一种重要的战略资产，在未来的商业竞争中占据重要位置。

2.3.1 何谓大数据技术

大数据，是指无法在一定时间范围内用常规软件工具进行捕捉、管理和处理的数据集合，是需要新处理模式才能具有更强的决策力、洞察发现力和流程优化能力的海量、高增长率和多样化的信息资产。

2.3.1.1 大数据的由来

大数据是继云计算、物联网之后 IT 产业的又一次技术变革，它对于社会的管理、发展的预测、企业和部门的决策，乃至对社会的方方面面都将产生巨大的影响。

大数据的概念最初起源于美国，是由思科、威睿、甲骨文、IBM 等公司倡议发展起来的。 大约从 2009 年以后，大数据成为互联网信息技术行业的流行词汇。事实上，大数据产业是指建立在互联网、物联网、云计算等基础上的数据存储、价值提炼、智能处理和分发的信息服务业。

大数据是一个不断演变的概念，它的兴起是因为从 IT 技术到数据积累都已经发生重大变化。仅数年，大数据就已成为决定我们未来数字生活方式的重大技术。2012 年，联合国发表大数据政务白皮书《大数据促发展：挑战与机遇》；EMC、IBM、Oracle 等跨国 IT 巨头纷纷发布大数据战略及产品；大多数知名互联网企业，都将业务触角延伸至大数据产业。大数据正由技术热词变成一股社会浪潮，影响着社会生活的方方面面。

2.3.1.2 大数据的特点

大数据具备 Volume、Velocity、Variety 和 Value 4 个特征，简称为 "4V"，即数据体量巨大、处理速度快、数据类型繁多和价值密度低，如图 2-3 所示。

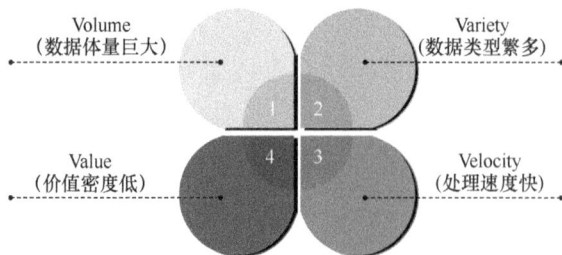

图2-3 大数据的4V特点

（1）Volume——数据体量巨大

数据集合的规模不断扩大，已从 GB 到 TB 再到 PB 级，甚至开始以 EB 和 ZB 来计数。比如一个中型城市的视频监控摄像头每天就能产生几十 TB 的数据。

（2）Variety——数据类型繁多

我们以往产生或者处理的数据类型较为单一，大部分是结构化数据。如今，社交网络、物联网、移动计算、在线广告等新的渠道和技术不断涌现，产生大量半结构化或者非结构化数据，如 XML、邮件、博客、即时消息等数据，这些都导致了新数据类型的剧增。企业需要整合并分析来自复杂的传统和非传统信息源的数据，其中包括企业内部和外部的数据。随着传感器、智能设备和社会协同技术的爆炸式增长，数据的类型包括文本、微博、传感器数据、音频、视频、点击流、日志文件等。

（3）Velocity——处理速度快

数据产生、处理和分析的速度持续加快，数据流量大。加速的原因是数据创建的实时性，以及需要将流数据结合到业务流程和决策过程中的要求。数据处理能力开始从批处理转向流处理。业界对大数据的处理能力有一个称谓——"1 秒定律"，这也充分说明了大数据的处理能力，它与传统的数据挖掘技术有着本质的区别。

（4）Value——价值密度低

大数据由于体量不断加大，单位数据的价值密度在不断降低，然而数据的整体价值在提高。有人甚至将大数据等同于黄金和石油，这都表示大数据蕴含了无限的商业价值。

2.3.2 大数据对旅游业的影响

有了大数据，工作人员可以准确预知客流趋向，进而采取相应的措施疏导客流；有了大数据，工作人员可以知道游客喜欢什么样的产品，进而开发建设适销对路的产品；有了大数据，工作人员还可以知道游客需要什么样的公共服务，进而提高旅游公共服务质量等，大数据对旅游业的影响主要体现在以下几个方面。

2.3.2.1 大数据使旅游管理智慧化

大数据一个明显的发展方向是数据可视化呈现，即通过把复杂的数据转化为可以交互的图形，帮助用户更好地理解分析数据对象，发现、洞察其内在规律，极大地突破认知壁垒，将复杂未知数据的交互探索变得可行。

①依托旅游大数据的可视化发展趋势，管理决策人员可以较直观地获取有价值的信息，以此能够做出精准决策。

②对旅游地管理机构来讲，旅游大数据可视化发展将促进旅游管理信息共享与协同发展，并为政府提供一系列数据分析支撑，为管理决策人员提供更加直观的决策依据，为挖掘更深层数据价值提供可能。

③在公共服务科学化推进进程中，旅游大数据将成为政府提升管理决策分析能力的重要工具。通过景区大数据与互联网、运营商等第三方大数据的整合，实现智慧管理，包括以下几点：

· 对未来一定时间内的人流量、车流量等数据进行预测，并根据游客属性对资源与服务提前进行准备；

· 结合景区监控系统对突发事件如踩踏、拥挤等进行实时监测；

· 通过监控系统及大数据分析，对景区人力、物力资源进行科学分配，并对市场违规行为加强管理。

2.3.2.2 大数据使旅游营销精准化

旅游大数据就像一张蜘蛛网，网上的任何一点动一下，蜘蛛马上就能感觉到。旅游服务供应链上的各方都紧密相联，起始端旅游需求量的变动，必然会引起下游各环节的变动，而大数据可以帮助我们判断一系列变动的规律。

数据挖掘是通过对企业的数据进行处理和分析，从中快速准确地找出企业所需要的信息，具体表现在以下几个方面。

① 依托旅游大数据对游客市场进行细分，重点客源市场可被数据识别，便于企业针对主要潜在客户人群的特点进行精准营销及广告投放，并最终确定适合的销售模式、客户关系及行销策略等。

② 企业可利用大数据对旅游市场洼地进行挖掘，培育并发展新的客户群体，诊断旅游营销和推演可行性项目，提升客源市场转化率，最终达到提升精准营销能力的目的。

③ 对于出现的游客抱怨、客源流失等不利因素，企业也可以通过旅游大数据（旅游评价、投诉记录等）进行原因分析，及时采取补救措施或开发新的旅游景点，

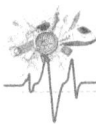

最终实现旅游智慧化营销。

2.3.2.3 大数据使旅游服务人性化

目前的旅游消费模式已由卖方市场转向买方市场，旅游方式也由传统的观光旅游模式转向观光、休闲、度假、户外健身等多元化旅游模式。旅游需求更加个性化、多元化，这对旅游信息获取的便利性要求更高，消费方式也更加多元化、个性化。依托旅游大数据，游客利用智慧旅游提供的终端工具，可以充分获取旅游目的地的交通、住宿、天气、旅游项目是否存在同质化、旅游服务质量及评价状况等内容，以便安排行程，制订旅游线路，具体如图2-4所示。

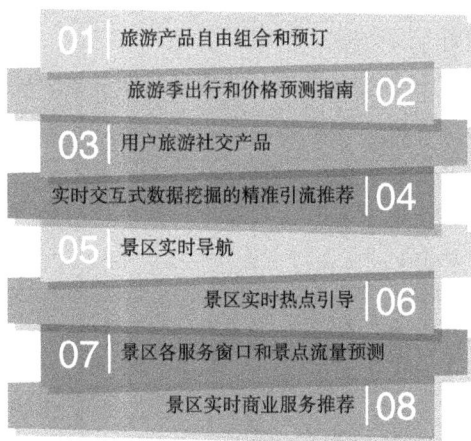

01	旅游产品自由组合和预订
旅游季出行和价格预测指南	02
03	用户旅游社交产品
实时交互式数据挖掘的精准引流推荐	04
05	景区实时导航
景区实时热点引导	06
07	景区各服务窗口和景点流量预测
景区实时商业服务推荐	08

图2-4 大数据使旅游更人性化

游客在任何渠道发布的针对服务的任何评价，都将作为旅游大数据被收集，继而旅游服务供应链上的各成员通过旅游大数据，实现对需求状况、生产要求、产品供应量、实时数据等信息的价值挖掘。通过对旅游大数据的分析，相关企业可以有效提高办事效率，实现链条上各环节间的无缝对接，为游客提供全链条的适时、适地和适量的智慧服务。

2.3.3 大数据在旅游业主体中的应用

2.3.3.1 旅游局和5A景区的应用

旅游大数据在旅游业的应用带动了其全面升级，旅游企业通过深挖大数据，研究分析游客心理和旅游产品体验，一切以游客的需求为关注点，通过数据分析了解旅游客源地域、消费者关注的产品，为旅游目的地品牌的提升、营销推广和舆情监测等提供可视化的数据服务。

2.3.3.2　旅行社和OTA（在线旅行社）的应用

通过分析大数据，旅行社和OTA可以准确地掌握游客来源，以及游客喜欢什么样的产品，从而开发迎合市场需求的产品和线路。

2.3.4　大数据在旅游中的创新应用

2.3.4.1　大数据有助于精确旅游行业市场定位

大数据有助于精确旅游行业市场定位，具体表现见表2-1。

表2-1　大数据有助于精确旅游行业市场定位的表现

序号	市场定位表现	说明
1	旅游品牌市场定位个性化	一个成功的品牌离不开精准的市场定位，而市场数据分析和调研是进行品牌定位的第一步。在旅游行业中充分挖掘品牌价值，需要运用大数据战略，拓宽旅游行业调研数据的广度和深度，从数据中了解旅游行业市场构成、细分市场特征、消费者需求和竞争者状况等众多因素。在科学系统的信息数据收集、管理、分析的基础上，旅游企业提出更好地解决问题的方案和建议，保证旅游品牌市场定位独具个性化
2	项目评估和可行性分析	旅游局和企业想开拓某一区域旅游市场，首先要进行项目评估和可行性分析。如果适合，那么这个区域人口是多少？游客的消费习惯是什么？客户对旅游品牌和旅游产品的认知度如何？当前的市场情况是怎么样的？游客的消费喜好是什么
3	构建满足市场需求的旅游产品	旅游行业市场调研的大数据是通过收集海量信息构成的，企业对这些大数据的分析就是市场定位过程。企业只有定位准确才能推出满足市场需求的旅游产品，使旅游品牌在竞争中立于不败之地

2.3.4.2　大数据成为旅游行业市场营销的利器

人们每天在Facebook、Twitter、微博、微信、论坛、新闻评论、电商平台等上分享各种文本、照片、视频、音频、数据等的信息高达几百亿甚至几千亿条，这些信息涵盖商家信息、行业资讯、产品使用体验、浏览记录、成交记录等海量的动态信息。这些数据通过聚类，可以形成行业大数据。

图 2-5 从两个方面阐述了旅游行业市场营销工作的重中之重。

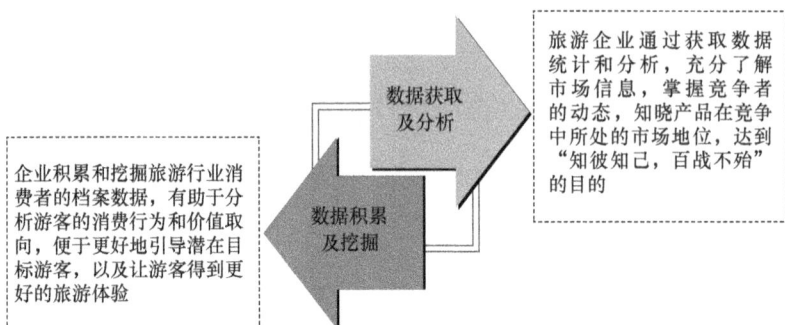

企业积累和挖掘旅游行业消费者的档案数据，有助于分析游客的消费行为和价值取向，便于更好地引导潜在目标游客，以及让游客得到更好的旅游体验

数据获取及分析

数据积累及挖掘

旅游企业通过获取数据统计和分析，充分了解市场信息，掌握竞争者的动态，知晓产品在竞争中所处的市场地位，达到"知彼知己，百战不殆"的目的

图2-5 大数据成为旅游行业市场营销的利器

我们以旅游行业对游客的消费行为和价值取向作为分析案例，收集和整理游客消费行为方面的信息数据。旅游企业收集到这些数据后，建立游客大数据库，由此便可通过统计和分析来掌握消费者的消费行为、兴趣偏好和产品的市场口碑，再根据这些总结出来的行为、兴趣爱好和产品口碑情况，制订有针对性的营销方案和营销战略，投游客所好，那么其带来的营销效应是可想而知的。

2.3.4.3 大数据支撑旅游行业收益管理

达到收益管理目标的 3 个重要环节：需求预测、细分市场和敏感度分析，如图 2-6 所示，这 3 个环节推进的基础就是大数据。

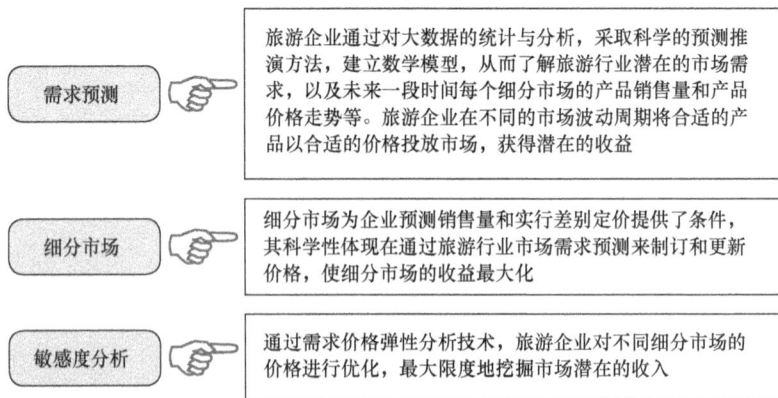

需求预测 ☞ 旅游企业通过对大数据的统计与分析，采取科学的预测推演方法，建立数学模型，从而了解旅游行业潜在的市场需求，以及未来一段时间每个细分市场的产品销售量和产品价格走势等。旅游企业在不同的市场波动周期将合适的产品以合适的价格投放市场，获得潜在的收益

细分市场 ☞ 细分市场为企业预测销售量和实行差别定价提供了条件，其科学性体现在通过旅游行业市场需求预测来制订和更新价格，使细分市场的收益最大化

敏感度分析 ☞ 通过需求价格弹性分析技术，旅游企业对不同细分市场的价格进行优化，最大限度地挖掘市场潜在的收入

图2-6 达到收益管理目标的3个环节

2.3.4.4 大数据创新旅游行业需求开发

随着论坛、博客、微博、微信、电商平台、点评网等媒介在 PC 端和移动端的创新和发展，公众分享信息变得更加便捷自由，而公众分享信息的主动性促使了网络评论这一新型舆论形式的发展。成千上亿的网络评论形成了交互性大数据，其中蕴藏了巨大的旅游行业需求开发价值。

旅游企业对互联网评论数据的搜集和分析，能有效地提高市场竞争力和收益能力，这也是大数据的价值所在。游客对旅游服务及产品简单表扬与评批演变得更加客观真实，他们的评论更趋于专业化和理性化，发布的渠道也更加广泛。旅游局和企业如果能对网上旅游行业的评论数据进行收集，建立网评大数据库，然后再利用分词、聚类、情感分析了解消费者的消费行为、价值取向、评论中体现的新消费需求和旅游品质中存在的问题，以此来改进和创新产品，制订合理的价格及提高服务质量，都会有效地提高市场竞争力和收益能力。

2.3.4.5 大数据在海外旅游行业中呈现的服务功能

大数据在海外旅游行业中呈现的服务功能见表 2-2。

表2-2 大数据在海外旅游行业中呈现的服务功能

序号	功能	说明
1	旅游传播数据分析	提供7×24小时实时、精准的多维度数据挖掘和分析，提供丰富直观的数据查询、分析和预测服务
2	竞品市场数据监测	通过深层次的数据挖掘，透析竞争格局；实现多种数据纬度的汇聚沉淀，准确展现宏观市场状态
3	海外用户市场调研	通过多种语言维度、多地域维度、多时间维度、多数据维度、多竞争维度、多平台维度的海外数据分析服务，从数据中了解目标市场构成、细分市场特征、游客特征和兴趣爱好等，形成完整的用户画像
4	旅游舆情监测服务	① 舆情监测：它是基于全球领先的互联网采集监控技术而研发的，具有发现快、信息全、分析准的优势。用户可"眼观六路耳听八方"，并在第一时间发现负面舆情，第一时间全面了解民意、民情动态，平台及时反映最新舆情信息，并自动收集呈现。 ② 口碑监测：论坛、微博、博客、新闻评论则是目前网民在网络上发表个人意见的载体，由于网民的数量庞大，相关信息传播速度极快，其形成的舆论力量可能改变网民的思想形态和社会面貌

（续表）

序号	功能	说明
5	旅游品牌影响力评估	从细分市场、营销策略定位、竞争定位、传播渠道等方面进行分析，分析的维度则可以围绕游客关注度、品牌美誉度、品牌影响力等展开。清晰了解品牌受到哪些用户群体的关注、关注度如何、关注的内容是什么等，多维度展现旅游品牌在不同地域、不同平台上的影响

2.4 移动互联网技术

移动互联网的发展促进了智能移动终端的蓬勃发展。其中，智能手机和平板电脑为智慧旅游提供了强劲的硬件支撑。

2.4.1 什么是移动互联网

移动互联网是互联网的技术、平台、商业模式和应用与移动通信技术结合并实践的活动的总称。它是一种通过智能移动终端，采用移动无线通信方式获取业务和服务的新兴业态，包含终端（如智能手机、平板电脑等）、软件（如操作系统、中间件、数据库和安全软件等）和应用（如旅游类、娱乐类、工具媒体类、商务财经类等）3 个层面。移动互联网有移动的优势，也有互联网的优势。移动的优势主要体现在随时随地，互联网的优势是开放的，可以进行分享和互动。移动互联网融合了两者的特色和优势，使得其应用于旅游业中时，可以顺势而为，为旅游业带来生机。另外，移动互联网有平台模式、免费模式、软硬一体化模式、专业化模式、O2O 模式、品牌模式、双模模式、核心产品模式和速度模式九大商业模式。

2.4.2 移动互联网的特点

移动互联网的特点如图 2-7 所示。

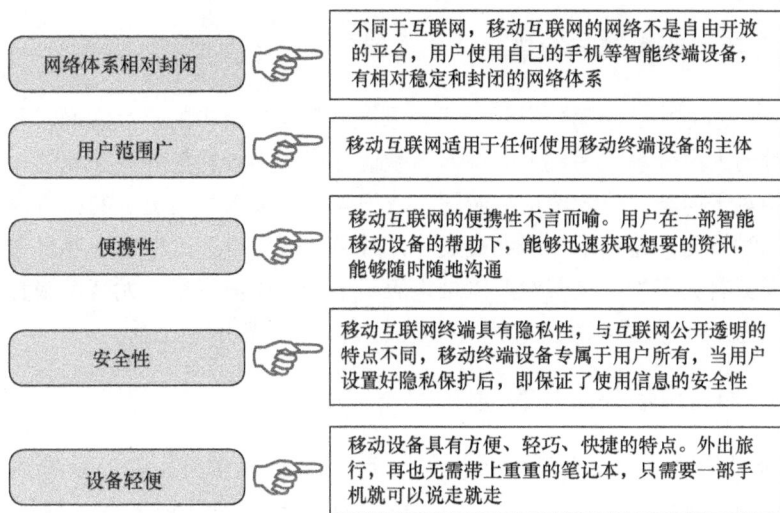

网络体系相对封闭	不同于互联网，移动互联网的网络不是自由开放的平台，用户使用自己的手机等智能终端设备，有相对稳定和封闭的网络体系
用户范围广	移动互联网适用于任何使用移动终端设备的主体
便携性	移动互联网的便携性不言而喻。用户在一部智能移动设备的帮助下，能够迅速获取想要的资讯，能够随时随地沟通
安全性	移动互联网终端具有隐私性，与互联网公开透明的特点不同，移动终端设备专属于用户所有，当用户设置好隐私保护后，即保证了使用信息的安全性
设备轻便	移动设备具有方便、轻巧、快捷的特点。外出旅行，再也无需带上重重的笔记本，只需要一部手机就可以说走就走

图2-7 移动互联网的特点

2.4.3 移动互联网在旅游业的应用

移动互联网技术在旅游中的应用呈现出多元化发展态势，覆盖了旅游的多个环节，如图 2-8 所示。游客旅行前的搜索、比价、预订服务大多是使用宽带互联网基于台式电脑或笔记本完成的；在旅途中，游客的 PC 处于"离线状态"，这时候手机端将发挥作用，可以进行机票、酒店查询、预订和支付，可以在旅程中分享照片和心得，可以查询附近的景点、交通、餐饮等。

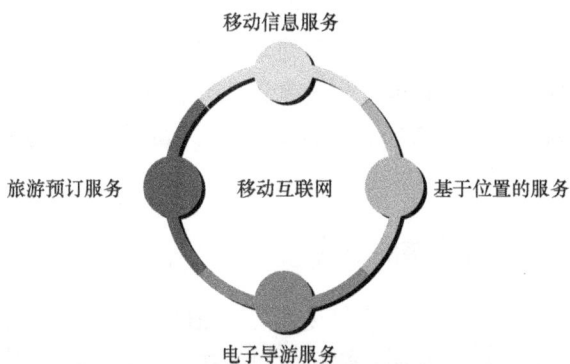

图2-8 移动互联网技术覆盖旅游的多个环节

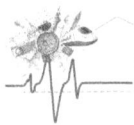

2.4.3.1　手机版微博与微信

在旅行过程中，游客可以用手机登录微博记录旅游中的点点滴滴，并将这些感受及时与大家分享，手机上的微博与微信都将成为游客与外界交流的一种重要手段。相对于博客、旅游论坛、游记、散记等，微博与微信提供的旅游信息更具动态性和时效性，特别是在遇到突发事件或重大事件时，近似于现场直播的朋友圈对网友更有吸引力。旅游专业网站也应尽早开设微博栏目，尤其是旅游景点和旅行社，均应将手机版微博视为一种服务、营销和监督的新工具。

2.4.3.2　加强微信公众号的宣传

如今微信已成为每台智能手机的"标配"。而微信推出的公众号则很好地为旅游企业、旅行社提供一个平台，一个展示自己的营销平台。旅行社可以在微信的公众号上发布自己最近的优惠活动，并贴出风景优美的图片激起潜在游客的购买欲。旅游企业可以定期地推出"最美的 N 个城市""冬季避寒圣地"等类似专题吸引潜在游客的眼球。企业要做的不是非要让游客购买你的产品，而是要让他关注你、"收藏"你，使得以后该游客想去旅游时，先想到你。

2.4.3.3　拍客

拍客是指利用移动数码设备拍摄图片或视频，然后上传到网上与他人分享的人群。与手机版微博使用者一样，每位游客均可以成为拍客。心理学研究表明，图片或动画比文字更具吸引力，旅游景点的图像比单纯文字描述更能吸引人的眼球。现在大部分人的手机上有高清晰摄像头，游客在旅游过程中，不仅可以拍摄图片，还可以录制简短视频，并通过移动互联网实现即拍即发。拍客或用稍纵即逝的机会捕捉旅游中的奇闻异事，或用镜头记录下自己的旅游心情，拍客提供的图片、音频、视频均为原创资料，更具真实性，对其他游客的影响也更加直接。各旅游专业网站都可以上传丰富的视频内容为网站聚集人气。

2.4.3.4　尝试开发语音导游的应用

电子商务的兴起，使人们在未来更倾向于自助游。由于不是每一个人都是导游，因此就很需要一个类似导游功能的应用出现。语音导游正处于起步阶段，要想脱颖而出，就要做出特色，要有针对性和具有人性化。比如，同一个景点有几个风格不同的演讲版本，或者可以让游客上传自己版本的导游词，增强与游客的交流与互动。

2.4.3.5 手机电子商务

手机电子商务是指利用手机上网办理的一切和商务有关的事项，包括手机购物、手机交易、手机支付、手机订票、在线股票管理、手机邮箱等。目前，手机电子商务在旅游业中的应用主要以酒店和机票的查询、预订、退订为主，景区门票、租车、旅游线路、特色商品的网上销售等尚待开发。

2.4.3.6 同步虚拟社区

同步社区更适用于旅游服务公司和旅行社。旅行社可以根据某一条线路或某个旅行团成立临时 QQ 群，旅行社的客服人员、随团导游、景区导游、游客均为社区成员，客服人员可以通过聊天室及时掌握旅游动态，或与游客直接用手机视频对话，对游客提供及时指导和帮助，随时处理游客的投诉。同时，游客还可以利用这种形式对导游进行有效监督，防止导游骗购。旅游结束后，原团游客可以随时退出，同时允许新团游客加入，而那些不退出聊天室的老游客对新游客会提出更多可信建议。这种方式可以极大地提升游客对旅行社的服务质量感知，为旅行社赢得更多的口碑和声誉。

2.4.3.7 移动医疗

出门旅行时，人们最担心的就是生病，或发生其他涉及身体安全的事故。但是就目前的众多移动设备来说，具有移动医疗功能的还不多。移动医疗将为人们的旅行保驾护航，通过专业信息平台，借助移动互联网，游客与专业医疗机构、保健服务提供商可以建立联系，当游客遇到问题时，随时可以获得专业医疗机构的帮助。

2.4.3.8 信息推送

旅游景区应与电信运营商紧密合作，当外地的手机号码移动到景区附近时，景区工作人员可将景区相关资料以短信或彩信形式发送给该号码用户。这种宣传推广方式具有较强的针对性，效果更佳，即使用户不会来该景区游览，也会对景区留有印象。铁路沿线的景区更适用这种方式，因为当人们乘坐火车长途旅行时，普遍会感到无聊，铁路沿线的地理风光、途经城市的概况等相关信息会减轻或消除乘客的无聊感。

2.5 移动通信技术

2.5.1 何谓移动通信技术

移动通信是物与物通信模式中的一种，它主要是指移动设备之间以及移动设备与固定设备之间的无线通信，以实现设备的实时数据在系统之间、远程设备之间的无线连接。

2.5.2 移动通信技术在旅游中的应用

移动通信技术自诞生以来发展迅猛。移动通信技术为智慧旅游应用的构建提供支持，基于该技术，游客可享受到全程（游前、在途、游后）信息服务、无所不在（任何时刻、任何地点）的移动接入服务、多样化的用户终端（个性化以及语音、触觉、视觉等多方式人机交互）服务以及智能服务等。移动通信技术的应用将极大改善游客的旅游体验，提升景区的管理水平与服务质量，使旅游管理与服务向着更加精细以及高质量的方向推进。

2.6 人工智能技术

2.6.1 何谓人工智能技术

人工智能（Artificial Intelligence，AI）是研究如何应用计算机的软硬件来模拟人类某些智能行为的基本理论、方法和技术，其涉及知识表示、自动推理和搜索方法、机器学习和知识获取、知识处理、自然语言理解、计算机视觉、智能机器人、自动程序设计等方面的研究内容。目前该技术已经被广泛应用于机器人、决策系统、控制系统以及仿真系统中。

2.6.2 人工智能技术在旅游中的应用

智慧旅游应用了以物联网与移动通信为核心的先进计算机软硬件以及通信技术，也应用了以云计算为核心的计算与信息资源的合理及有效分配技术；但是，旅游企业如何能够不断采集、存储及处理大量甚至海量的数据信息，使其能够在旅游服务及管理等方面发挥重要作用，是关系智慧旅游成败的关键问题。人工智能就是有效处理与使用数据、信息与知识，利用计算机推理技术进行决策支持并解决问题的关键技术。在旅游研究领域，人工智能更多地被用在旅游需求预测中；人工智能在智慧旅游中的作用不仅如此，它还将在游憩质量评价、旅游服务质量评价、旅游突发事件预警、旅游影响感知研究等诸多领域发挥作用。如果将物联网、云计算以及移动通信技术看成智慧旅游的架构技术，人工智能就是智慧旅游的内核技术。

第3章

国外智慧旅游的
发展态势与经验借鉴

　　虽然国外很少使用"智慧旅游"一词，但其却很早就开始开发与智慧旅游相关的项目。欧盟早在 2001 年就创建了"用户友好的个性化移动旅游服务"项目；韩国旅游局创建了"移动旅游信息服务项目"；日本 NTT DoCoMo 公司创建了"i-mode"手机服务项目；美国 2006 年在宾夕法尼亚州波科诺山的度假区引入射频识别手腕带系统。欧洲国家目前正在全面开发远程信息处理技术，计划在全欧洲建立专门的交通无线数据通信网，重点包括旅行信息系统及车辆控制系统等。

　　国外发展智慧旅游的相关部门不仅重视技术的发展，还将各种新的信息技术手段与当地特色旅游资源和游客需求紧密结合，开发出覆盖"食、住、行、游、购、娱"等全要素的智慧旅游系统，为游客提供更细致、贴心的服务，让游客的游览过程更加便捷舒适，提升游客的游览品质，提升游客游前、游中、游后的满意度。

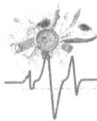

3.1 国外智慧旅游的发展态势

国外将信息技术应用于旅游业的研究和实践开展的比国内早。

欧盟早在 2001 年就创建了"用户友好的个性化移动旅游服务"项目。2005 年，美国科罗拉多州 Steamboat 滑雪场推出为游客配置的射频识别定位装置反馈系统——Mountain Watch，其能够实时监测游客的位置，为游客推荐滑雪路线，并反馈游客消费情况，为游客提供安全便捷的科技化服务。2006 年，美国宾夕法尼亚州 Pocono 山脉的度假区引入射频识别手腕带系统，开始尝试发展智慧旅游。游客佩带射频识别手腕带后不用携带任何现金和钥匙就可以在活动区内打开自己的房间门，购买食物和纪念品，进行收费的游戏活动等，同时，这个手腕带也是顾客的身份证明。

目前，欧洲也正在全面开发并应用远程信息处理技术，计划在全欧洲建立专门的交通无线数据通信网，通过智慧的交通网络系统实现交通管理、导航和电子收费等功能。该系统包括：旅行信息系统（ATIS）、车辆控制系统（AVCS）、商业车辆运行系统（ACVO）、不停车收费系统（ETC）等。

韩国首尔基于智能手机平台，开发了"i Tour Seoul"应用服务系统。该系统是首尔专为游客提供的掌上移动旅游信息服务平台。通过该平台，游客可实时获得其当前所在位置周边的各种旅游信息，如旅游景点、餐厅、酒店信息。该平台还可为游客提供从当前位置通过公交、私家车、步行方式前往目的地的方法。另外，该平台还提供 5 种语言的服务，对于不懂韩文或不了解首尔地理的国外游客来说，该平台非常便利。

2008 年以来，智慧城市的实践探索在世界各地展开，智慧旅游不仅意味着高效的智能化服务和管理，还意味着产业链的拓宽和延伸，其加速了新技术与日常生活的紧密融合，带领人们向更智能、更舒适的生活方式迈进。国外政府和企业认识到智慧旅游蕴含的巨大机遇，纷纷开始积极推动智慧旅游发展。

3.1.1 美国智慧旅游发展情况

3.1.1.1 波特兰智慧旅游发展分析

1. 智慧公交

波特兰以拥有良好的公共交通系统而闻名，短距离出行方式有公共汽车，长距离出行方式有轻轨。波特兰的公交票可联程使用，按时间分为全天票、两小时票、月票等，出行跨越的地区数目不同，票价也不同。公交车上的驾驶员代售纸质车票，轻轨站设有自动售票机，游客可根据需要，选择票种和跨越的区域，用现金或刷卡自动支付。同时，站前设有验票机，用以核对游客手中的票据是否在有效期内。此外，作为用户，无论是游客还是市民，都可以很方便地实时查询公交线路运行状态。一方面，他们可以登录互联网网站 Trimet 浏览波特兰公交信息系统网站内容，包括公交线路设计、公交时刻表、公交介绍等信息；另一方面，他们可以通过移动终端访问 Trimet 移动版网站，也可轻松查询各种信息。用户可以通过手机等移动终端很方便地登录系统主界面或点击公交地图，浏览多个查询功能选项：下一班车到达时间、公交换乘方案、即时公交信息、车次的站点和运行时刻表、公共交通地图及各车次运行地图；还可基于车站 ID（每个车次的每个站点已定义的唯一的 ID）或按照确定的车次站点查询列车到达的具体时间、车次的站点和行车时刻表等，系统将提示免费乘车区域，同时提供以查询地点作为起点或终点的公交换乘路线及运行时刻表。

2. 自助导航

智慧旅游绝不仅仅体现在旅游交通出行上，也体现在帮助游客解决到达目的地之后去哪里玩、具体怎么去的问题。结合 LBS 的 Yelp 应用，是游客自助导航的好帮手，现已广泛应用于美国各大城市，并在澳大利亚、奥地利、比利时、加拿大、丹麦、法国、德国、意大利、西班牙、瑞典、瑞士、荷兰、英国等国家广泛使用。

3.1.1.2 IBM的智慧酒店

IBM 公司利用系统集成方法，依托现代计算机技术，融合通信技术、现代控制技术以及现代建筑艺术，提出了智慧酒店的 4 个解决方案，即机房集中管理、桌面云、自助入住登记和退房、无线入住登记和融合网络。此外，智慧酒店还提供多种服务以满足客户智能化、人性化和信息化的需求，其具有的功能包括楼层导航、互动电视服务、智慧电话、IP 电话、电子猫眼、互动虚拟酒店展示和会议管理等。IBM 的智慧酒店带给客户全新的入住体验，极大地优化酒店管理流程，提高酒店的工作效率并降低管理运营成本。

3.1.1.3　美国的虚拟旅游

虚拟旅游建立在现实景观的基础上，通过计算机网络平台，利用虚拟现实技术模拟或超越现实景观，营造出虚拟旅游环境，使得参与虚拟旅游的游客能够根据需要通过多种交互设备来驾驭该环境，从而获得身临其境的体验。

目前，美国的虚拟型旅游网站占到了该国旅游网站数量的近六成，专门从事民众与互联网研究的机构 PewInternet American Life 调查显示，在当前美国所有的互联网用户中，45% 的成年网民曾在网上有过虚拟旅游的经历，其中城市市民和接受教育程度高的网民更乐意在网上进行虚拟旅游。

3.1.1.4　Steamboat滑雪场的Mountain Watch系统

2005 年，美国科罗拉多州 Steamboat 滑雪场推出为游客配置的射频识别定位装置反馈系统——Mountain Watch，其能够实时监测游客的位置，为游客推荐滑雪路线，反馈游客消费情况，为游客提供安全便捷的科技化服务。

3.1.2　澳大利亚的智慧旅游

澳大利亚是一个多彩多姿又充满神秘色彩的国度。蔚蓝的天空、金色的沙滩、灿烂的阳光和绿色的原野以及独有的珍禽异兽吸引着大批的海外观光客。几十年来，旅游业在澳大利亚的经济中一直占有着十分重要的地位。

3.1.2.1　绿心智慧城市计划

布里斯班（Brisbane）是澳大利亚第三大城市，拥有澳大利亚最大的海港，是被誉为"智慧之州"的昆士兰州的首府和该州的主要工商业中心。布里斯班市政府通过"绿心智慧城市计划"，以"气候变化和能源工作组"作为智囊团提供城市发展建议，推动绿色交通系统、绿色基础设施等绿色智慧城市建设行动，努力将布里斯班打造成为澳大利亚最节能环保的城市之一。此外，布里斯班每年举办全澳洲的"智慧城市创新节"，通过构建开放的绿色智慧城市建设创新网络，高效推进"绿心智慧城市计划"的实施。布里斯班市议会全面推行该计划，旨在 2026 年将布里斯班建设成为一座"无碳城市"。

3.1.2.2 智慧交通发展情况

澳大利亚交通十分发达，具有健全的公路网运输体系。目前，澳大利亚公路通车总里程约为 82 万千米，相当于每万平方千米公路里程为 1 040 千米，联邦政府负担国家公路在保养及改造上的费用，而其他公路的相关费用则由州和地方政府负责。澳大利亚在发展交通事业的过程中，将交通信息化、交通基础设施建设和交通政策有机结合，形成了一套较为完善的交通体系，其主要特点如下。

① 道路管理信息化水平高；

② 对路口普遍进行科学渠化（所有路口基本都进行了交通渠化，较大的路口采用导流岛、导流带渠化出左转、右转和直行的车道）；

③ 交通标志、标线和交通信号灯设置完善、规范、醒目；

④ 采用 ETC 收费模式，提高了道路通行能力并解决了道路瓶颈效应问题；

⑤ 交通控制智能化，道路运营更加安全、顺畅；

⑥ 交通应急预案全面、详细，能够快速地解决道路突发事件。

3.1.3 韩国智慧旅游工程

韩国政府充分利用科技增进游客体验，发展智慧旅游。首尔智慧旅游工程以人为本，分为以下几个部分。

3.1.3.1 后台的数据库

首尔的智慧旅游工程数据库主要包括两部分：一部分是官方网站——韩国观光公社，汇集了最核心的旅游资源以及特色旅游节庆活动，让游客可以全面了解首尔，了解首尔最具代表性的旅游资源和特色，它是游客体验的指示灯；另一部分是姐妹网站，这个网站主要提供深度的旅游信息，比如如何进行城市漫游、如何在山地滑雪、哪里有 SPA 温泉项目等，以满足游客更高层次的需求。

3.1.3.2 针对前端的智能手机应用

与首尔智慧旅游相关的手机应用实现了前端和后端信息的即时更新和沟通，保障了信息的即时化。如果游客没有手机，也可以很便捷地租赁一个手机，方便在韩国的旅行。该应用基于智能手机平台，开发了"i Tour Seoul"（"i"包括多种含义，不仅指"i"——旅游主体的"我"，还表示"internet——网络"和"information——信息"）应用服务系统，这是一个专为游客提供旅游信息服务的

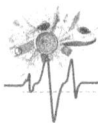

移动掌上平台。通过这一平台,游客可实时获得当前所在位置周边的各种旅游信息,如旅游景点、餐厅、酒店信息等,该平台还提供了从当前位置通过公交、私家车、步行前往目的地的方法。为了便于游客理解,平台还提供5种语言的服务,即使不懂韩文或不了解首尔地理的国外游客也可以轻松使用该平台。"i Tour Seoul"服务系统功能如图3-1所示。

图3-1 "i Tour Seoul"移动旅游信息服务系统的功能

该系统的主要应用有以下几种。

(1)定位服务

游客可通过智能手机下载定位软件,以所处位置为基点,免费下载周边景区的信息应用程序。

(2)智能信息服务

观光网站、二维码以及手机App提供全面的旅游信息;游客可通过"tripplanner"制订行程线路;系统提供住宿、演出、电影等文化活动的网络预订服务,游客可用海外银行卡进行预订,并可选择心仪的座位;系统提供预约服务;通过App,游客可在没有网络的情况下,获取旅游相关信息。App通过图文并茂的形式展示景区周边信息,游客也可查看选定景区的详细情况;iPhoto Mosaic应用程序帮助游客处理旅行照片,游客可直接将照片分享至visitseoul.net。

(3)丰富的附加服务

系统为时间充裕的游客提供深度游路线,以及各种优惠券、电子书、电子报等。机场的SHOW漫游中心还提供iPhone租借服务。

3.1.3.3 智能交通体系

通过智能交通平台,游客可以方便地了解到所在站点都有哪些线路以及如何到达目的地等。针对散客,电子屏还会显示几点几分哪一班车从这里经过,比如半小时内哪一班车即将到哪里,游客通过扫二维码就可以在手机上查询这些信息。通过智能交通平台，首尔的游客完全可以享受到智慧旅游带来的快乐。

3.1.4　新加坡智慧旅游计划

旅游业是新加坡经济发展的重要组成部分，整个产业链包括餐饮业、酒店业、零售业、会展业、娱乐业、交通运输业等多个领域，从业人员约占当地劳动力总数的 7%，对新加坡 GDP 的贡献率达到 10%。

2006 年，新加坡资讯通信发展管理局（IDA）推出"智慧国 2015 计划"，确立"智慧化立国"发展理念，全面实施"从传统城市国家向'智慧国'转型"的发展战略。

旅游业需要与智慧城市的发展深度融合，从而促进自身发展方式的转变，运用现代科技特别是信息技术提升整体发展质量。旅游业是服务业的重要组成部分，跨越多个行业，是交通、餐饮、娱乐、住宿、购物等诸多传统服务业的集成，旅游业向现代服务业的转型，不仅是其自身的要求，而且还会带动相关产业的优化升级。因此，旅游业逐步建立信息和知识相对密集的现代服务业框架变得愈加重要，这也是时代赋予的重任。在"智慧国 2015 计划"的推动下，新加坡开始将旅游业的发展与智慧城市的建设融合在一起。

新加坡智慧旅游计划的主要措施和推进项目如图 3-2 所示。

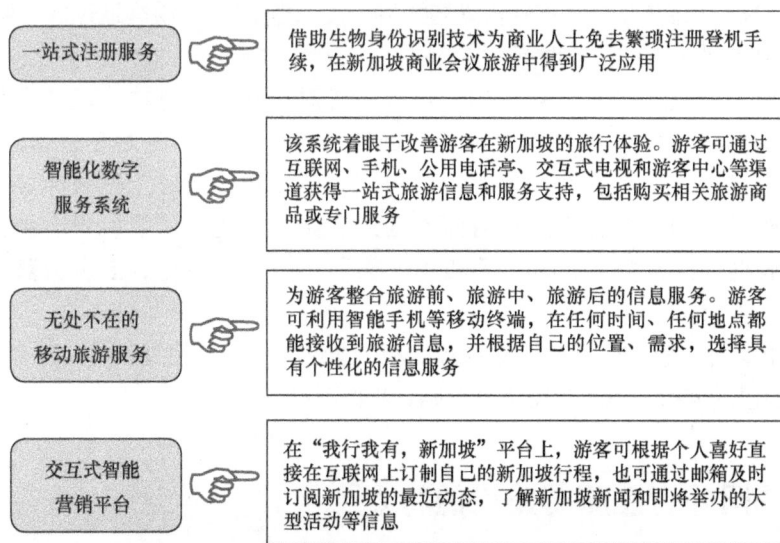

一站式注册服务	☞	借助生物身份识别技术为商业人士免去繁琐注册登机手续，在新加坡商业会议旅游中得到广泛应用
智能化数字服务系统	☞	该系统着眼于改善游客在新加坡的旅行体验。游客可通过互联网、手机、公用电话亭、交互式电视和游客中心等渠道获得一站式旅游信息和服务支持，包括购买相关旅游商品或专门服务
无处不在的移动旅游服务	☞	为游客整合旅游前、旅游中、旅游后的信息服务。游客可利用智能手机等移动终端，在任何时间、任何地点都能接收到旅游信息，并根据自己的位置、需求，选择具有个性化的信息服务
交互式智能营销平台	☞	在"我行我有，新加坡"平台上，游客可根据个人喜好直接在互联网上订制自己的新加坡行程，也可通过邮箱及时订阅新加坡的最近动态，了解新加坡新闻和即将举办的大型活动等信息

图3-2　新加坡智慧旅游计划的主要措施和推进项目

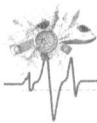

3.1.5 比利时"标识都市"项目

比利时首都布鲁塞尔于 2012 年 6 月正式推出基于智能手机的微电子旅游大全——"标识都市"（TAGCITY）项目。该项目的推出使布鲁塞尔成为世界上第一个数码移动旅游城市。

该电子数码旅游大全采用近距高频无线通信芯片，制作了不干胶条码，布鲁塞尔大街小巷的博物馆、名胜古迹、商铺及餐馆均贴有该条码。来自全球各地的游客只需用智能手机在网站下载条码扫描器，即可在布鲁塞尔随时随地扫描"标识都市"不干胶条码，方便地获取相关历史文化、购物优惠以及线路导航信息。

目前该系统收录了比利时城市近 600 个旅游景点，而且继续保持每周增加 50 个旅游景点、商家的速度。

"标识都市"开通了英语、法语、荷兰语、德语 4 个版本，并于 2012 年 9 月 21 日推出中文版。

3.1.6 英、德"智能导游"软件

2009 年，英国和德国有两家公司在欧盟资助下协作开发了一款智能导游软件，用于促进文化旅游的发展。该软件以增强现实技术为基础，让游客通过声光与影像，"亲身"体验被遗忘的历史时光。

当游客身处某地时，只需用手机摄像头对准眼前古迹或废墟，手机里的全球定位系统和图像识别软件就能判断其所在位置，从而站在游客的视角，在手机上显示这处古迹在全盛时期的样貌，还能展示遗址上残缺部分的虚拟重构过程。例如，游客来到科洛西姆圆形竞技场，就能从手机里看到角斗士格斗的画面，游客如果走动，手机上的画面还能自动变化，游客会获得身临其境的体验。

除此之外，该软件还有路线规划功能，通过交互路线规划工具，游客可获得专属于自己的旅行方案，远离大众线路，独辟蹊径。

3.1.7 国外智慧旅游建设的特点

综上所述，国外智慧旅游建设具有以下四大特点，如图 3-3 所示。

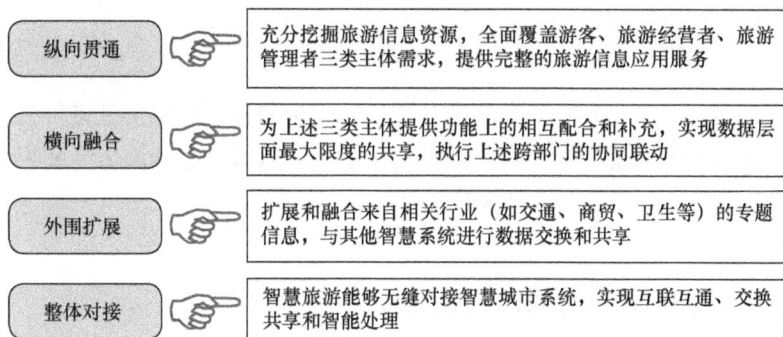

图3-3 国外智慧旅游建设的特点

3.2 国外智慧旅游发展经验借鉴

3.2.1 智慧旅游商务模式借鉴

3.2.1.1 Priceline模式

美国旅游网站 Priceline 以"客户自我定价系统"而名噪一时。传统旅游销售过程是商家提供价格，消费者在进行选择后购买产品；Priceline 网站则采用消费者定价的模式，消费者完成定价后，网站再根据当时的具体情况，如淡旺季、航班等因素来决定成交的可能性。Priceline 的运营模式属于典型的网络经纪，它在为买卖双方提供信息平台的基础上提取一定佣金。

3.2.1.2 Home Away模式

美国旅游网站 Home Away 建立平台让旅行者相互交换度假房屋，目前该网站已成为全球最大的假日房屋租赁在线服务提供商，在全球 145 个国家拥有超过 50 万个假日租赁房源，从城市到山村，覆盖范围极广。通过该平台，不同游客都能够方便地找到满足自己需求的度假房屋。

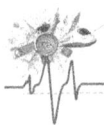

3.2.1.3　TripIt模式

美国旅游网站 TripIt 将游客通过各种渠道产生的预订记录信息进行整合，从而给游客提供一份完整的电子行程计划，包括可选航班信息和酒店奖励积分追踪等，互动性很强。游客还可以将其行程与其他人分享。

3.2.2　智慧旅游分销系统借鉴

欧美国家已越来越多地将信息技术应用于旅游业，并在不断发展的过程中形成了许多先进的经验和模式。近年来，随着移动互联网的发展，App 模式在智慧旅游系统中的角色越来越普及，海外的很多景区也通过射频识别、二维码、移动App 客户端、无线智能覆盖等系统逐步提升景区的智能化水平。

相关知识

机票预订系统（GDS）

机票预订系统是随着世界经济全球化和游客需求的多样化，由航空公司、旅游产品供应商形成联盟，集运输、旅游相关服务于一体，从航空公司航班控制系统（Inventory Control System，ICS）、计算机订座系统（Computer Reservation System，CRS）演变而来的全球范围内的分销系统。它通过庞大的计算机系统将航空、旅游产品与代理商连接起来，使代理商可以实时销售各类产品组合，从而使最终消费者（游客）拥有最透明的信息、最广泛的选择范围、最强的议价能力和最低的购买成本。

GDS营销通路的特色如下。

① 为全球超过2000个旅游网站提供销售房间的服务；

② 全世界超过60万旅游从业者帮助其客人预订房间；

③ 全球四大航空订位系统（Sabre、Amadeus、Galileo、Worldspan）互联销售；

④ 全球每年有超过50亿美元的交易平台；

⑤ 餐厅可以增加国际曝光，提升形象，有效开拓国际市场，吸收国外客源等。

目前，全球分销系统主要包括Sabre（原美国航空公司的Sabre系统）、Worldspan（由原美国环球航空公司的Pars系统和达美航空公司的Datasii系统于1990年合并而成）、Galileo（由原美国联合航空公司的Apollo系统和欧洲的Galileo系统于1993年合并而成）和Amadeus（由原美国大陆航空公司的"系统一"和欧洲的Amadeus系统于1995年合并而成）四大系统。

这四大系统包揽了全球所有的GDS预订业务，并各有侧重，如Amadeus就是欧洲最大的GDS，其业务占整个欧洲市场的51%。

在欧洲，有40%左右的旅行社都拥有GDS，法国已有85%的旅行社拥有GDS。近期，AXESS和SAVRE系统联网后，日本和欧洲的6100个系统用户已经可以通过美国航空公司系统预订机票、饭店，并可进行租车。

3.2.3　智慧旅游定位系统借鉴

GPS意为导航星测时与测距全球定位系统，简称为全球定位系统。GPS是以卫星为基础的无线电导航定位系统，具有全能性（陆地、海洋、航空和航天）、全球性、全天候、连续性、高精度和实时性的导航、定位和定时的功能，能为各类用户提供精密的三维坐标、速度和时间。

在欧美、日本等国家，GPS已经广泛应用于多个行业，其在旅游业中的发展十分迅速，新的技术手段和经营模式不断出现。

日本技术服务信息公司设计了一种利用微型只读光盘（CD-ROM）和GPS接收机的"风景导航"系统。该系统如被安装在旅游车上，旅游车的位置便可被计算出来，另外通过CD-ROM还可查询该区域的信息。当GPS接收机指示旅游车接近某处景点时，一台电视监视器就能将光盘中的信息以画面和声音的形式播放出来；旅游车经过一座建筑物时，电视监控器还能播放其内部景物；旅游车接近一座山时，电视监控器就能显示该地各个季节的风光。如果光盘中没有某一地区的资料，那么显示屏仅仅显示旅游车在一张地图上的行驶图。

在更广泛的旅游市场上，小巧玲珑的手持型GPS接收机已被那些徒步旅行、森林荒漠探险、狩猎的游客视为"护身符"，这也推动了与其相关的行业发展。

第4章

我国智慧旅游的
发展状况与对策

在国家旅游局推出的"金旅工程""旅游信息化"工作的支撑下，我国旅游业已经逐步由传统的人工、纸质管理向电子旅游和数字旅游过渡。随着在线旅游和信息技术的发展，旅游产业发展要求有更高的自由度、更强的个性化、智能的协同化和动态的信息共享，旅游信息化建设呈现智能化、应用多样化的发展趋势，现代信息技术和智能化应用已交叉渗透到旅游行业的各个领域，全面智慧旅游时代已经来临。

智慧旅游越来越受到游客、政府及旅游企业的重视，并成为旅游产业转型升级的发展方向。国内各旅游大省均对"智慧旅游"响应热烈，在2013年已有百余个"国家智慧旅游试点城市"。

4.1 我国旅游业的发展历程

4.1.1 入境旅游的发展

20世纪50～60年代，旅游接待活动的对象主要是友好国家的团体和友好人士，并为其提供民间交往的便利条件，这也就是现在所说的入境旅游。

20世纪80年代，我国入境游的主要线路有京、西（部）、沪、桂、广。到90年代中期，国家旅游局推出了一些新的旅游线路，都非常有代表性。

4.1.2 国内旅游的发展

1992年以后，入境旅游逐渐成熟，目前已进入平稳发展阶段。随着国民经济的发展，我国居民所拥有的可自由支配收入和假期增多，人们的旅游愿望被激发出来，国内旅游开始发展起来。

国内旅游业的高速发展不但成了中国旅游产业的主要经济增长点，也已经成了许多地方的新的经济增长点。它不但促进了资源综合利用和区域经济开发，还带动了一大批相关产业的发展。

4.1.3 出境旅游的发展

1997年3月，《中国公民自费出国旅游管理暂行办法》发布，并于1997年7月1日正式实施，这标志着我国正式开办中国公民自费出国旅游。2002年接待海外旅游者达到9791万人次，跃居世界第五大旅游吸引国、亚洲首位旅游大国。2002年，中国公民出国（境）人数达1 660.23万人次，成为亚洲地区令人瞩目的新兴客源输出大国。2002年中国国内旅游人数达到8.78亿人次，成为世界上数量最大、增速最快、潜力最强的旅游市场。国际旅游组织预测在2020年以前，中国出境旅游人数将达1个亿。出境旅游使我国成了新兴的客源国。

旅游业经历了从单一入境旅游到入境旅游、国内旅游两个市场和到入境旅游、国内旅游、出境旅游三个市场的发展过程，旅游业逐渐加大了其在国民经济总值的比重，旅游已成为具有相当规模的经济产业。

4.1.4　现代旅游业的发展

现代旅游业的快速发展离不开现代科学技术的全面推动，现代科技的进步是产生旅游活动的基础，科技投入的增加是繁荣旅游市场的基本途径，现代高新技术手段的运用全面推动了旅游业的快速发展；同时，科学技术的发展对旅游业提出了更新、更高的要求。

全球定位系统是一种卫星无线电定位、导航、报时系统。在旅游资源开发与规划中主要用来确定某个旅游景点的精确位置，指导旅游线路规划，还可以精确地计算出旅游规划的区域面积的大小。

交通技术的发展如航空、高速铁路等使得旅游者的出行更加便捷。声控技术和光学技术在旅游人造景观上的运用，强化了模拟功能，增加了旅游景点对游客的吸引力。

现代科技发展带来的交通工具的突飞猛进，有力地促进和保障了现代旅游业的发展。

4.2　智慧旅游发展的必要性

4.2.1　传统旅游业的发展主要面临的问题

传统旅游服务业的发展主要面临以下 5 大问题。

4.2.1.1　旅游信息与供求信息不对称

由于各类旅游信息发展不及时，其存在严重的信息不对称，导致每逢节假日旅游人群都往一处挤，出现了某些旅游景点人群十分拥挤，交通严重拥堵，宾馆住宿过度紧张等局面，而某些景点由于对外宣传力度不够，虽然景观非常优美，但是游客却寥寥无几。

4.2.1.2 尚未完全实现一站式旅游服务

由于旅行社、宾馆、旅游车辆租赁企业、旅游电子商务网站之间缺乏互联互通和信息共享，大部分旅游电子商务网站缺乏对其他旅游服务提供商的服务统一整合的能力，致使线上服务和线下服务存在中间环节脱节现象。尤其是针对个人自助游，旅游者由于无法在网上预先实现"一站式"预订，致使线下交通、餐饮、购物、游玩等环节的不同服务提供商的服务不能有效对接起来，存在脱节的现象，旅游过程中出现耗费等待时间和浪费行程的现象。目前国内许多城市建设智慧旅游，都把为游客提供"一站式"服务作为发展智慧旅游的重点核心。

4.2.1.3 景点旅游服务智能化不完善

目前，国内大部分景区已经完成了钢筋＋水泥改造，但由于缺乏信息化建设的投入，大部分景点的免费 Wi-Fi、自动导游讲解系统、景观虚拟演绎系统、景区人流、车流疏导系统、停车电子化管理系统等各类信息系统建设不完善。

4.2.1.4 旅游信息资源开发利用不足

由于各类旅游服务企业信息系统不能互联互通，导致了各类旅游信息资源只能沉淀在各个分散的系统内部，形成一个个信息孤岛。信息化的本质在于信息流动，只有信息系统积累的数据资源在不同系统之间充分流动，信息化的效应才能充分显现出来。各类旅游信息资源沉淀在一个个系统孤岛内，信息不能充分流动，信息资源也就无法被开发和利用。

4.2.1.5 各类旅游资源需要整合优化

目前，国内从事旅游服务的企业主体众多，服务能力、服务标准、服务水平都有很大差异，不同旅游服务企业之间的服务难以有效对接，严重地阻碍了整个行业水平的提升。旅游行业亟需利用信息化的手段促进业务流程再造和组织流程变革，整合和优化各类资源。

4.2.2 发展智慧旅游的意义

4.2.2.1 智慧旅游可促进旅游业转型升级

随着信息技术和旅游业的飞速发展，旅游信息化已成为提升旅游产业竞争力，促进旅游产业要素合理配置和融合，推动多层次旅游产业服务圈形成，实现旅游产业转型升级的重要手段。智慧旅游作为旅游信息化发展的高级阶段和战略方向，对于旅游产业的发展具有如下重要的意义。

（1）智慧旅游促进旅游要素配置与产业结构转型升级

智慧旅游作为旅游业与现代信息产业融合的一种新形态，是提升旅游产业素质的关键环节，也是旅游产业调整的推动力量。智慧旅游不仅是技术、服务的概念，也是促进旅游业内资源重新整合与细分，带动与智慧旅游相关的产业发展的动力。越来越多的企业进入旅游行业，这也使更多的剩余资本进入旅游市场；同时旅游行业的原有企业开始拓展行业内的业务，旅游市场，尤其是在线旅游市场，被进一步细分；基于云计算的智慧旅游应用体验使游客更加注重个性化的旅游体验及信息享用方式，这要求相关企业改变经营方式、重组和细分相关旅游资源、开发和实施相应服务。智慧旅游将网络应用更深入地植入旅游基本要素当中，开辟了旅游的新方式，促进了旅游产业结构的优化与发展。

（2）智慧旅游促进旅游营销创新升级

从整个旅游产业来说，智慧旅游通过舆情监控，挖掘游客的兴趣点，企业可有的放矢地进行营销创新和产品创新。智慧旅游通过量化分析，筛选出可以长期合作的营销渠道，充分利用新媒体传播特性，吸引游客主动参与旅游信息的传播和营销，并通过积累游客数据和旅游产品消费数据，逐步形成自媒体营销平台。

智慧旅游使旅游企业提高管理水平，降低运营成本，提高旅游服务能力和产品竞争力，形成旅游经济新的增长点。

（3）智慧旅游推动旅游企业管理模式和组织架构转型升级

智慧旅游在为游客服务的同时，也将实现传统旅游管理方式向现代管理方式的转变。首先，通过智慧旅游信息技术，旅游企业可以对旅游业务实现更加及时的监督管理和实时控制。其次，智慧旅游可以更好地维持旅游秩序，加强政府、旅游企业、游客、景区和当地居民的联系，对旅游资源进行有效整合，实现科学旅游管理。智慧旅游通过其特有的技术平台，促使旅游企业以电子商务为核心，重新构建起新的组织架构，从原有的组织僵化、管理流程复杂、决策过程较长的传统旅游企业组织架构，朝向轻型组织、流程简洁、决策快速的敏捷型企业的方向发展。

（4）智慧旅游是旅游服务模式创新和提升服务满意度的重要支撑

智慧旅游面向自动化、智能化，为旅游产业服务创新提供技术平台。首先，智慧旅游综合平台主要包括政府或权威旅游组织发布的最新公告、政策，旅游企业更新发布的最新优惠策略、旅游目的地相关信息的图片视频展示、最佳旅游线路设计、信用评价系统、预订支付服务、投诉建议系统、人工服务等。这些均为

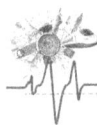

旅游产业提供了自动化的服务系统和管理系统，实现了旅游公共管理和旅游公共服务的无缝结合。其次，随着大众旅游时代的到来，游客的需求也呈现出个性化、便利化、大众化、散客化、年轻化等特点，特别是散客。而智慧旅游实现了对游客的个性化定制，更好地满足了广大民众海量的个性化旅游需求。总之，智慧旅游为旅游产品及服务创新、旅游企业管理、旅游要素优化等提供了技术支撑。

4.2.2.2　智慧旅游有利于更好地为游客服务

智慧旅游为旅游产业提供了自动化的服务系统和技术平台，包括政府发布的最新公告、旅游企业更新的优惠策略、旅游目的地的信息展示、最佳旅游线路、预订支付系统等。首先，智慧旅游的发展使游客足不出户就可以掌握旅游目的地的海量信息，消除游客、旅游企业和旅游管理部门之间的信息障碍，有效解决旅游活动中的信息不对称问题。其次，智慧旅游可以辅助游客进行消费决策并提供更丰富的旅游公共产品，使游客获得更好的旅游感受和旅游体验。再次，智慧旅游还将改变旅游产品预订及支付方式，使游客能够及时获得更丰富的产品信息，并结合自身需求进行个性化定制，满足个性化旅游需求，并通过在线支付实现旅游产品的不间断销售，感受更加优质的旅游服务。

4.2.2.3　智慧旅游有利于促进智慧城市建设

智慧旅游从属于智慧城市，它是智慧城市建设的重要组成部分。智慧旅游与智慧医疗、智慧交通、智慧公共安全等其他智慧系统密切联系、相互协作，共同促进智慧城市的建设和发展。智慧旅游可以增加收入，带动相关行业，助推区域经济稳步增长。在创造经济效益的同时智慧旅游还带来了社会价值，其还可以扩大就业，促进和谐社会建设，提升城市品牌和知名度。智慧旅游体系的建设体现了科学发展、创新城市的思想，可以进一步促进智慧城市的可持续发展。

4.3　我国智慧旅游的发展现状

镇江于2010年率先引入"智慧旅游"的理念，开展了相关项目建设，建立了挂靠国家旅游局的"国家智慧旅游服务中心"，试水智慧旅游设备、软件、应用模式的研制、开发、试点与推广活动，为全国的智慧旅游建设与发展提供示范。此后，镇江、苏州、无锡、常州、扬州、南通和南京等江苏省的7个地市结成"智慧旅游联盟"，将个别城市的智慧旅游开发，向跨区域的长三角智慧旅游城市群迈进，实现了点、线、面、网的发展态势。

截至2012年10月，我国已有多个省市开展了智慧旅游的试点和建设。同时，移动通信运营商充当了智慧旅游市场的主体。在线电子商务企业，如淘宝、去哪儿、携程；航空企业，如国航、东航等也纷纷尝试智慧旅游业务，不断改变自身运营模式、颠覆既有的市场格局，具体情况见表4-1。

表4-1 智慧旅游在我国一些省市与企业的发展现状

地区	计划目标	实施内容	预期效果
江苏	2015年初步实现智慧旅游	"1256"工程：1个云计算与云数据存储中心，提供查询、预订、结算和评价服务；2个项目，12301服务热线、旅游服务管理系统；5个工程，智慧旅游城市、研发企业、数字景区、智慧酒店、购物点；6个平台，数字营销平台、智能终端App、旅游电子商务平台、质量保障平台和一卡通	旅游前，游客通过营销、体验、商务平台，游客实现信息查询、游程设计、产品选择和产品购买；游览中，智能终端身份认证，游客体验智慧酒店、数字景区，智能购物服务；结束后，游客通过智能终端反馈意见和点评
北京	智慧旅游城市	编制智慧旅游行动计划纲要、智慧旅游数字业态（酒店，景区，旅行社，乡村）建设规范；开发自助导游讲解、城市自助导览、网络虚拟旅游系统；在景区、酒店、机场、车站开通无线宽带网、旅游信息触摸屏	游客通过触摸屏或手机登录旅游信息网，随时进行旅游信息查询、服务预订、旅游投诉等；游客可制订个性化行程，携带电子导览机自助旅游
福建	智能旅游省	"三个一"工程，一网：网上超市；一套卡：旅游银行卡、储值卡、二维码卡、目的地卡；一中心：由公共服务和增值预订服务热线组成的呼叫中心；"三个一"项目：景区电子门票、自助导览，智能景区，智能酒店	以智能旅游引领旅游业发展，游客改善旅游体验
淘宝	智能手机旅游服务	发布智能手机淘宝旅行客户端，为用户提供查询、预订、购票、支付等服务	使客户端成为真正意义的一站式移动服务平台
去哪儿	智慧旅游数字服务	遵循消费者从搜索、预订，支付到评价旅游产品的使用流程，按机票、火车票、酒店、度假、景区、租车等横向产品或产品组合形态，互联网、手机、多媒体终端等纵向服务渠道两个维度，设计网格状服务流程，追求标准化、高效化、专业化、数字化的服务	满足消费者在旅游产品搜索、预订、支付及评价的一站式服务需求

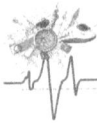

4.4 智慧旅游的未来发展趋势

未来，智慧旅游模式将成为一种必然。尤其是在能源消耗日益受限，旅游需求逐渐增加的当今社会，智慧旅游更是满足了旅游者的个性化需求，同时也为旅行社带来了丰厚的利润，促进其可持续发展。智慧旅游将在旅游者、旅游企业和政府几个方面有着广泛的应用。智慧旅游将以提供娱乐和基础设施两个方面来体现其作用。

4.4.1 在旅游者方面的应用

旅游者可通过智慧旅游模式获得旅游前行程的信息，包括线路设计、预订、优惠等。智慧旅游的信息化特征使其更关注旅游者的安全问题，它体现在提供全面的旅游在线信息，以及紧急救援服务，甚至包括相关理赔措施。电子商务同样也是智慧旅游发展的一个趋势之一。

4.4.2 在政府方面的应用

政府作为监管机构，也从中获得了公共信息，了解现代旅游市场现状，对政府决策和管理起到积极作用，从而确保旅游市场监管的稳定性。未来，政府应关注智慧旅游中存在的问题，致力于完善智慧旅游的相关条例，确保其满足我国旅游业的发展。政府应通过新时代智慧旅游的推广扩大旅游产业和旅游行业的影响力。实现智慧旅游创新，扩大旅游业的范围，建设智慧城市，树立"智慧"理念。智慧旅游涉及多个领域，因此其未来应从大领域视角进行发展，实现移动梦网、物联网构建以及信息网的三网合一，做到完美的结合。

4.4.3 智慧旅游在旅游产业链上的应用

智慧旅游的建设不是一蹴而就的，它不仅需要相关政府部门在未来很长的一段时间坚持旅游信息化发展之路，同时还需要众旅游产业链上的各企业的积极参与，才能切实让智慧旅游更加智能化和大众化。具体见表4-2。

表4-2 智慧旅游在旅游产业链上的应用

名称	应用
旅游信息平台	相当于一位陪伴随行的"智慧导游"。游客出行前在旅游信息平台的虚拟旅游社区系统中进行旅行前体验，确定旅程安排。旅行过程中通过便携终端上网设备登录信息平台获取权威可靠的旅游资讯和攻略，其包括三维网络虚拟导游导览、自助导游讲解、景点大全、旅游线路推荐、演出、娱乐、美食、购物、住宿、优惠促销、机票预订、路况信息、紧急救援呼叫、旅游服务寻呼、多种语言翻译等，也可以集成旅游管理部门的投诉建议和反馈处理系统，及时有效维护自身权益。旅游信息平台的核心是互动性体验、个性化定制和一站式服务
智慧景区	电子门票系统、景区动态信息平台、自助导游讲解软件、虚拟实景的旅游应用、虚拟旅游的体验式营销、基于无线位置服务的应用、电子地图，景区对外智能化管理系统以及景区内部的智能化管理系统等
在线旅游企业	如以携程、艺龙为代表的在线旅行社，为游客提供旅行预订、旅游度假、商旅管理等服务；以去哪儿网、芒果网为代表的旅游垂直搜索引擎，为游客提供及时的旅游产品价格查询和信息比较服务，帮助游客做出更好的旅行选择。一些在线旅游企业开辟了旅游类产品团购直销平台以及微博营销平台，还利用微博与网友在线共享旅途中关于交通、住宿、美食、风景、见闻等各个环节的互动体验
智慧旅行社	在线商务运营只是传统旅行社经营业务中的一部分，还应与当地旅游管理部门、景区、酒店、交通、餐饮、购物等多部门进行广泛的信息化合作。比如与酒店和交通部门互通信息，把握旅游淡旺季的销售和价格，建立精准、快捷、高效的旅程服务；同时通过旅游信息平台，把酒店、交通、餐饮，购物等信息组合成实时旅游产品，给游客提供精准旅游线路信息，并进行在线预订和支付确认。另外，旅行社运用新技术平台可以监控旅游团队的实时状况，确保旅游团队的质量和安全
智慧酒店	整合集成酒店办公软件、信用卡收费、ATM机、无线制卡等系统，形成智能化解决方案，实现酒店预订、入住、消费、收费、退房等环节的全程智能化服务。客人仅需一张智能RFID卡，身份自动识别，无需办理任何手续，房间随需而动，商务办公实时便捷，这就是全新的智慧酒店入住体验
智慧旅游交通	建设旅游行程设计系统，为游客提供个性化和一站式的旅行交通信息、路线选择、价格比较和预订支付等交通服务。同时依托智慧城市的智慧交通、智慧环境等系统，帮助游客做好即时出行决策，为游客提供智能化的旅行交通服务

　　智慧旅游的建设和运用是将游客、旅游经营者及旅游管理者，整条产业链上涉及的各相关行业和部门相互贯通。同时需要注意的是，基于旅游行业的特性，智慧旅游必须建立在为游客提供服务的思想上，智慧旅游就是一种更趋于完美的旅游服务。

第二篇

路 径 篇

第5章　智慧旅游顶层设计

第6章　旅游公共服务平台建设

第7章　智慧景区建设

第8章　智慧酒店建设

第9章　智慧旅行社建设

第10章　旅游电子商务

第11章　智慧乡村旅游

第12章　智慧旅游App方案

第13章　智慧旅游发展的难点
　　　　与对策

第5章

智慧旅游顶层设计

　　我国智慧旅游大发展的序幕已经全面拉开，它也得到了国家旅游局及各级地方政府和旅游管理部门的高度重视，并取得了不斐的成绩。但智慧旅游作为一个伴随着技术发展而不断演变的经济形态，在理论体系、运营模式、产业关系、建设标准等方面还有不少需要不断完善的地方。这些问题的出现，既有我国智慧旅游建设和发展缺乏可借鉴的成熟经验的原因，也有缺乏对智慧旅游这一综合性生态系统的组织和设计，这也导致了部分地区智慧旅游的各项建设任务推进缓慢，重复建设、信息孤岛等现象的出现。

　　因此，如何"因地制宜，结合实际，做好智慧旅游的顶层设计，进行统筹规划、系统布局"，已经成为各地方政府和旅游管理机构开展智慧旅游建设的首要任务。

5.1 何谓智慧旅游顶层设计

5.1.1 什么是顶层设计

"顶层设计"原意是指为完成某一大型项目,必须实现理论一致、功能协调、结构统一、资源共享、标准统一的设计。"顶层设计"是介于规划和工程实施之间的设计,其理念和方法已经渗入各行各业,各个领域,特别是运用于信息系统和电子政务设计和建设中。

5.1.2 什么是智慧旅游顶层设计

智慧旅游顶层设计是用系统论的方法,对智慧旅游建设的各个方面、各个层次、各种参与力量、各种正面的促进因素和负面的限制因素进行统筹考虑,理解和分析影响智慧旅游建设的各种关系,从全局的视角出发,对智慧旅游的基本问题进行总体的、全面的设计,确定长期的建设目标,制订实现目标的路径和战略战术,并建立智慧旅游建设发展的保障措施,将建设的风险降至最小。顶层设计关系旅游业全局,是方向性的举措。

5.1.3 智慧旅游顶层设计的益处

智慧旅游顶层设计对智慧旅游的各项建设任务给予系统的部署,有利于具体项目落地,最大程度地避免因建设标准、技术体系、数据接口等多元主体而导致信息孤岛化。

通过智慧旅游顶层设计有助于完善智慧旅游整体建设环境,在政府及旅游主管机构的政策引导下,在机制允许的范围内,相关人员有节奏地推进新兴技术应用、管理规范建立和产业体制形成,实现"智慧的旅游公共服务、智慧的旅游行业监管和智慧的旅游业态运营"的均衡发展。

通过智慧旅游的顶层设计,相关人员能确定"投资主体、建设主体、运营主体",

合理设计建设模式和运营模式,实现建设阶段与运营阶段的有效衔接,切实转变"重建设、轻运营"的传统发展思路,有效保证智慧旅游建设项目的持续应用和发展。

5.2 国家对智慧旅游的政策安排

5.2.1 《关于实施"旅游 + 互联网"行动计划的通知》

2015 年 9 月,国家旅游局下发《关于实施"旅游 + 互联网"行动计划的通知》(征求意见稿)(以下简称《通知》)。《通知》指出,旅游业是国民经济的综合性产业,是拉动经济增长的重要动力。以互联网为代表的全球新一轮科技革命正在深刻改变着世界经济发展和人们的生产生活,对全球旅游业发展正带来全新变革,旅游与互联网的深度融合发展已经成为不可阻挡的时代潮流。

《通知》强调,为认真贯彻落实《国务院关于积极推进"互联网 +"行动的指导意见》(国发〔2015〕40 号)和《国务院办公厅关于进一步促进旅游投资和消费的若干意见》(国办发〔2015〕62 号),充分发挥旅游业的综合优势和带动作用,积极运用互联网推动旅游业产品业态创新、发展模式变革、服务效能提高,提升实体经济创新力和生产力,促进旅游业转型升级、提质增效,为稳增长、促改革、调结构、惠民生发挥重要作用。

《通知》的主要内容包括基本思路及发展目标两大项。行动要求,到 2020 年,旅游业各领域与互联网达到全面融合,互联网成为我国旅游业创新发展的主要动力和重要支撑;在线旅游投资占全国旅游直接投资的 15%,在线旅游消费支出占国民旅游消费支出的 20%。

5.2.1.1 行动要求

(1)基本思路

准确把握我国旅游业的发展规律和发展趋势,充分发挥我国互联网的规模优势和应用优势,推动旅游与互联网融合发展的广度和深度,提高旅游创新能力和创新优势,挖掘旅游发展潜力和活力,培育新业态,发展新模式,构筑新动能,加速提升我国旅游业发展水平。

基本思路如图 5-1 所示。

坚持市场导向	☞	遵循市场规律，尊重市场主体，突出企业的主体作用，发挥市场在资源配置中的决定作用，完善市场机制，激发市场活力，积极引导市场需求发展
坚持开放共享	☞	以开明的态度、开放的精神，将旅游作为互联网深入融合的重要领域，将互联网作为旅游创新发展的重要动力，积极营造旅游与互联网的相互开放、相互包容、融合发展的良好环境，最大限度地优化资源配置，加快形成以开放共享为特征的"旅游+互联网"运行模式
坚持引领变革	☞	发挥互联网对旅游产业创新升级的平台作用，以旅游与互联网融合创新为突破口，推动大众创业、万众创新，引导要素资源向旅游实体经济集聚，推动旅游生产方式和发展模式变革
坚持安全有序	☞	完善旅游与互联网融合发展的标准规范和规章制度，增强安全意识，强化安全管理，防范安全风险，保障网络安全。建立科学有效的旅游与互联网融合发展的市场监管方式，促进旅游市场公平竞争、有序发展

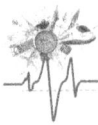

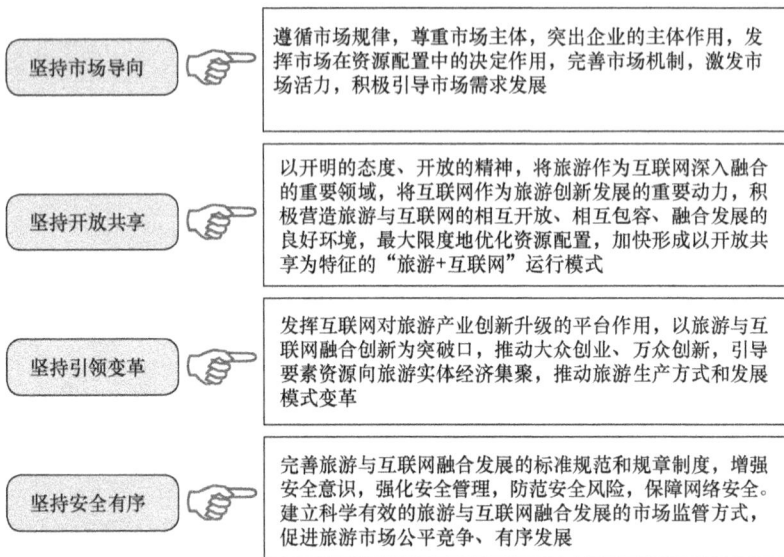

图5-1　"旅游+互联网"行动计划的基本思路

（2）发展目标

到 2018 年，我国旅游业各个领域与互联网深度融合发展；互联网成了我国旅游产品创新和业态创新的重要动力，成了我国旅游公共服务和行业监管的重要平台；在线旅游投资占全国旅游直接投资的 10%，在线旅游消费支出占国民旅游消费支出的 15%。

到 2020 年，旅游业各领域与互联网达到全面融合，互联网成为我国旅游业创新发展的主要动力和重要支撑，网络化、智能化、协同化国家智慧旅游公平服务平台基本形成；在线旅游投资占全国旅游直接投资的 15%，在线旅游消费支出占国民旅游消费支出的 20%。

5.2.1.2　重点行动

重点行动包括以下几个方面，具体见表 5-1。

表5-1　"旅游+互联网"行动计划的重点行动

序号	重点行动	行动说明
1	推进旅游区域互联网基础设施建设	加快推进机场、车站、码头、宾馆、景区、旅游购物店、主要乡村旅游点等旅游区域及重点旅游线路的无线网络、3G/4G等基础设施的覆盖，保障"旅游+互联网"基础条件。到2020年，3A级以上旅游景区和3星级以上宾馆要实现无线网络全覆盖

（续表）

序号	重点行动	行动说明
2	推动旅游相关信息互动终端建设	在机场、车站、码头、宾馆、景区、旅游购物店、游客集散中心等主要旅游场所提供PC、平板电脑、触控屏幕、SOS电话等旅游信息互动终端，使游客更方便地接入和使用互联网信息服务和在线互动
3	推动旅游物联网设施建设	到2020年，全国所有旅游大巴、旅游船和4A级以上旅游景区的游客集中区域、环境敏感区域、旅游危险设施和地带，实现视频监控、人流监控、位置监控、环境监测等设施的合理布设，将旅游服务、客流疏导、安全监管纳入互联网范畴
4	支持在线旅游创业创新	① 鼓励各类创新主体充分利用互联网，开展以旅游需求为导向的在线旅游创业创新。 ② 支持旅游创新平台、创客空间、创新基地等旅游新型众创空间发展。鼓励有条件的地区建立"旅游+互联网"创业园区，给予资金和政策支持，国家旅游局每年认定一批国家级"旅游+互联网"创客基地，推出一批国家级"旅游+互联网"创客示范项目
5	大力发展在线旅游新业态	① 支持企业利用互联网平台，整合私家车、闲置房产等社会资源，规范发展在线旅游租车和在线度假租赁等新业态。 ② 创新发展在线旅游购物和餐饮服务平台，积极推广"线上下单、线下购物"的在线旅游购物模式和手机餐厅服务模式。 ③ 积极推动在线旅游平台企业的发展壮大，整合上下游及平行企业资源、要素和技术，推动"旅游+互联网"的跨界融合
6	推动"旅游+互联网"投融资创新	① 大力推广众筹、PPP等投融资模式，引导社会资本介入"旅游+互联网"领域，加快"旅游+互联网"创新发展。 ② 鼓励旅游企业和互联网企业通过战略投资等市场化方式融合发展，构建线上与线下相结合、品牌和投资相结合的发展模式
7	开展智慧旅游景区建设	加快制订出台国家智慧旅游景区标准。到2018年，推动全国所有5A级景区建设成为智慧旅游景区。到2020年，推动全国所有4A级以上景区实现免费Wi-Fi、智能导游、电子讲解、在线预订、信息推送等功能全覆盖
8	推动智慧乡村旅游建设	① 运用互联网和移动互联网，全面提升乡村旅游的管理、服务、营销水平。 ② 积极支持社会资本和企业发展乡村旅游电子商务平台，推动更多优质农副土特产品实现电子商务平台交易，带动农民增收和脱贫致富。 ③ 支持有条件的地方通过乡村旅游App、微信等网络新媒体手段宣传推广乡村旅游特色产品。 ④ 支持有条件的贫困村发展成为智慧旅游示范村。 ⑤ 鼓励各地建设集旅游咨询、展示、预订、交易于一体的智慧乡村旅游服务平台

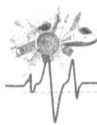

（续表）

序号	重点行动	行动说明
9	完善智慧旅游公共服务体系	① 加大旅游公共信息的互联网采集和运用，推动旅游公共信息数据向社会开放。 ② 建设好国家智慧旅游公共服务平台，完善统一受理、分级处理的旅游投诉处置机制，健全旅游公共产品和设施、旅游投诉和旅游救援等公共信息网络查询服务。 ③ 运用互联网，建立旅游诚信信息交流平台，加强对旅游企业信用的监管。 ④ 运用互联网开展文明旅游引导，定期发布游客不文明旅游行为记录。 ⑤ 积极运用互联网开展旅游应急救援
10	创新旅游网络营销模式	① 积极发展旅游电子商务平台，鼓励各地利用互联网开展旅游营销信息发布、旅游产品在线预订和交易支付。 ② 支持旅游目的地利用旅游大数据挖掘分析手段，建立广播、电视、报纸、多媒体等传统渠道和移动互联网、微博、微信等新媒体渠道相结合的旅游目的地营销体系。 ③ 支持旅游企业与OTA平台合作，利用平台优势，扩大企业产品销售规模。鼓励旅游企业加强与门户网站、搜索引擎、旅游网站等的合作，进行产品和服务营销。 ④ 鼓励旅游企业通过微博、微信等网络新媒体方式，培育黏性客户，提升企业精准营销能力，激发市场消费需求

5.2.1.3 保障措施

保障措施包括以下几个方面，具体见表5-2。

表5-2 "旅游+互联网"行动计划的保障措施

序号	重点行动	行动说明
1	构建开放包容的"旅游+互联网"环境	① 率先实行旅游行业互联网准入零负面清单制度，允许各类互联网主体依法平等进入旅游行业。 ② 鼓励各类互联网资本和市场主体平等开展市场竞争，依法开展参股并购，支持培育互联网旅游龙头企业发展。 ③ 落实国家放宽在线度假租赁、旅游网络购物、在线旅游租车平台等新业态的准入许可和经营许可制度。 ④ 贯彻国家大数据战略，积极推进政府旅游公共信息资源开放共享

（续表）

序号	重点行动	行动说明
2	提升"旅游+互联网"创新能力	① 鼓励构建以企业为主导、产学研用合作的"旅游+互联网"产业技术创新联盟，支持中国"互联网+旅游目的地"联盟建设。 ② 加快制订和实施国家智慧旅游城市、智慧旅游景区、智慧旅游企业、智慧旅游乡村标准。 ③ 加大对互联网旅游新产品、新业态、新模式等创新成果的知识产权保护力度，严厉打击侵权假冒行为
3	开展"旅游+互联网"创新成果试点示范和推广运用	稳步推进中国"旅游+互联网"创新示范城市试点建设，鼓励支持国家旅游综合改革示范城市开展"旅游+互联网"先行先试，鼓励"旅游+互联网"创新成果推广和学术交流，办好每年一届的"旅游+互联网"大会
4	支持引导"旅游+互联网"发展政策创新	① 积极争取将旅游列入国家"互联网+"重大工程包，争取相应资金、政策支持。 ② 鼓励有条件的地区积极开展"旅游+互联网"创新政策试点，破除影响互联网旅游市场准入、数据开放、行业政策障碍，研究适应互联网旅游新兴业态发展的税收、保险政策。 ③ 鼓励各级旅游部门加大对云计算服务的政府采购力度。 ④ 支持有条件的旅游企业打造在线旅游第三方支付平台，拓宽移动支付在旅游业的应用。 ⑤ 推进旅游与互联网金融合作，发行实名制国民旅游卡，落实相关优惠政策
5	支持互联网旅游企业拓展海外合作	① 充分发挥我国旅游市场优势和互联网比较优势，结合"一带一路"等国家重大战略，鼓励支持国内互联网旅游企业通过海外并购、联合经营、设立分支机构等方式，率先走出去开拓国际市场，培育一批具有全球影响力的中国互联网旅游企业，在海外提供旅游产品和服务。 ② 发挥驻外旅游办事处作用，支持旅游行业协会、产业联盟与互联网旅游企业共同在海外推广互联网旅游中国品牌和中国服务，构建跨境旅游产业链体系，增强中国旅游全球竞争力

5.2.2 《关于印发2014中国旅游主题年宣传主题及宣传口号的通知》

2013年11月，国家旅游局发布了《关于印发2014中国旅游主题年宣传主题及宣传口号的通知》，将2014年旅游宣传的主题确定为"美丽中国之旅——2014智慧旅游年"。

该通知指出，各地要结合旅游业发展方向，以智慧旅游为主题，引导智慧旅游城市、景区等旅游目的地建设，同时要求全国各旅游部门围绕"智慧旅游"来展开一系列的旅游推广宣传和旅游营销活动。智慧旅游是旅游业发展到现阶段出现的一种旅游新形态，是旅游业与科技创新融合发展的典范，是旅游业未来发展的趋势。智慧旅游发展的直接受益者将是游客，它将使游客享受到更多的智慧旅游服务。比如游客通过手机、iPad等工具，到网上查询观光信息、网上订票，还

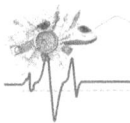

可以订制私人旅游线路，合理安排个人日程，最大化地利用旅游时间。

5.2.3　2011年全国旅游工作会议

2011年全国旅游工作会议指出。

（1）要抓住三网融合快速推进、移动互联网快速发展等机遇，推动旅游业广泛运用现代信息技术，以信息化带动旅游业向现代服务业转变。

（2）要大力发展旅游电子商务，鼓励和支持旅游部门和旅游企业开展网络营销、网上预订、网上支付，发展在线旅游业务，鼓励各类旅游信息化发展模式创新。

（3）选择一批有条件的旅游城市，开展"智慧旅游城市"试点，大力推进宾馆、景区和各类旅游接待单位信息化建设。

5.2.4　《国务院关于加快发展旅游业的意见》

2009年11月3日，国务院颁布《国务院关于加快发展旅游业的意见》（国发〔2009〕41号），意见指出，旅游业是战略性产业，资源消耗低，带动系数大，就业机会多，综合效益好，在扩内需、调结构等方面起到了积极带动作用。旅游是城市的第一名片，它不仅是现代服务业的重要支柱，同时对促进城市的品牌提升具有重要作用。在这种背景下，充分借助互联网和物联网等信息科技的力量，创建崭新的智慧旅游模式，大力推动城市旅游的协调发展。

5.3　各省市旅游局支持智慧旅游的措施

各省市为了配合国家的政策也积极地出台了地方性的政策来推动智慧旅游的发展。

5.3.1　浙江省旅游局的措施

浙江省旅游局是较早在全省范围内启动智慧旅游建设的省份，并制定了智慧旅游总体规划。"十二五"期间，浙江省旅游信息化工作将围绕智慧旅游展开，以旅游信息交换中心、智慧旅游服务、智慧旅游管理和智慧旅游营销四大板块进行建设与运作，其利用云计算、物联网、人机交互、地理信息技术和异构融合技术，重点打造一个统一的超级门户、两个优化平台、五大示范项目和七大新建工程。2015 年已初步在全省范围实现智慧旅游。

5.3.2 江苏省旅游局的措施

镇江市旅游局于 2010 年 3 月率先启动对智慧旅游的研究，形成了初步的建设框架。2010 年 12 月，镇江市初步完成中国智慧旅游服务中心的总体建设方案，相关建设迅速展开。2011 年 1 月，江苏省省政府正式发函国家旅游局，请支持在镇江市设立中国智慧旅游服务中心。2011 年 5 月，国家旅游局函复江苏省政府，正式同意江苏省在镇江市建设"国家智慧旅游服务中心"。国家智慧旅游服务中心作为国家级、服务全国范围内的智慧旅游产业的平台和窗口，是智慧旅游的数据交换中心、运营维护中心、呼叫服务中心，它还是以承担智慧旅游共性服务为目标、采用市场化方式运作的股份制公司，负责整个智慧旅游项目的管理、运营和服务。

苏州市旅游局组织编制的"苏州智慧旅游行动计划"于 2011 年 12 月通过专家评审。苏州市将通过推进智慧旅游工作，力争率先建成与智慧城市无缝衔接，与城市旅游优势地位相匹配，实现智慧的旅游服务、智慧的旅游管理和智慧的旅游营销三大体系。苏州市智慧旅游首批项目包括基于智能手机终端的移动导游系统、基于旅游电子沙盘的旅游信息资源库建设和官方旅游资讯手机应用。

5.3.3 福建省旅游局的措施

福建省旅游局于 2010 年 9 月提出建设"智能旅游"的概念，其全力实施智能旅游信息化"三个一"工程，即一网（海峡旅游网上超市）、一卡（海峡旅游卡，包括银行联名卡、休闲储值卡、手机二维码的"飞信卡"，以及衍生的目的地专项卡等）、一线（海峡旅游呼叫中心，包括公益服务热线和商务资讯增值预订服务热线）。为了推进"智能旅游"建设，福建省旅游部门已经初步选定武夷山主景区、厦门鼓浪屿、福州三坊七巷作为首批智能旅游示范景区试点单位。

5.3.4 湖南省旅游局的措施

湖南省旅游局于 2011 年 7 月在全市旅游局长座谈会上提出将重点推进旅游

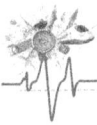

信息化工作，抓紧编制湖南省旅游"十二五"信息化发展规划，着力创建"智慧旅游城市"和"智慧旅游景区"。湖南省旅游局支持长沙、张家界等城市和重点景区率先出台有关措施，加快智慧旅游城市和智慧旅游景区建设，支持旅游企业经营活动全面信息化。湖南省将先在长沙和张家界、韶山试点智慧旅游城市和景区的创建。

5.3.5　湖北省旅游局的措施

湖北省旅游局于 2011 年 9 月提出未来 5 年湖北将大力发展旅游科技、智慧旅游产业，推动知识性强、科技含量高的主题公园、文化旅游创意产品、旅游综合体的建设。游客持一张信用卡可走遍联网景区，用手机或电脑即可购买景区门票、预订酒店。2012 年 2 月 16 日，湖北省旅游工作会议在武昌区召开，会上提出要着力实施智慧旅游工程，推进旅游项目建设，培育旅游精品名牌，加强旅游标准管理，彰显"灵秀湖北"魅力，建设旅游经济强省。

5.3.6　北京市旅游局的措施

北京市旅游局于 2010 年 10 月宣布启动北京市智慧旅游城市建设及首批建设项目，拟用 3 年时间，配齐一张屏（触摸屏），建好两个网（无线宽带网和北京旅游信息网），开发三个系统（自助导游讲解系统、城市自助导览系统、网络虚拟旅游系统），推进四个数字（数字景区、数字酒店、数字旅行社、数字乡村），推出一卡一亭（一卡通和北京礼物网上特色商亭），唱响一台戏（北京旅游游戏软件）。

5.3.7　四川省旅游局的措施

四川省旅游局于 2011 年 11 月正式发布《四川省"十二五"旅游业发展规划》（以下简称《规划》），按照《规划》，成都将率先建成西部首个"智慧旅游城市"，包括打造旅游数据中心，进一步提高熊猫卡的使用功能和打造手机自助旅游客户端。

5.3.8　山东省旅游局的措施

山东省旅游局于 2012 年 2 月 15 日召开山东省旅游系统工作会议，山东省旅游局表示将大力推进企业信息化建设，扶持和培育 100 家"智慧旅游信息化示范企业"。

5.3.9 河南省旅游局的措施

2012 年，《中原经济区规划（2012—2020 年）》（国函〔2012〕194 号）中指出："实施乡村旅游富民工程。完善旅游基础设施和公共服务，建设智慧旅游服务网络。"2012 年，河南省旅游局联合河南省工业和信息化厅下发的《关于加快推进河南省旅游信息化建设和发展的意见》中提出"基本形成旅游电子政务功能完备、旅游行业系统普及应用、公共信息服务水平显著提高、企业在线营销能力明显增强、旅游电子商务诚信体系初步确立、信息技术在旅游服务各环节广泛应用的旅游信息化发展新格局，构建一套符合我省旅游产业发展的综合信息服务体系。"2013 年，河南省旅游局《关于加快发展乡村旅游意见的通知》提出"利用信息技术、网络技术等手段，推进乡村旅游智能化，逐步建设河南省乡村旅游网、公共信息服务云平台、公共信息数据库及电子商务系统。"河南省人民政府《关于加快推进信息化促进"四化"同步发展的意见》（豫政〔2013〕68 号）中提出"以大幅提升信息化水平为目标，推动信息消费、智能产品跨越发展，打造全国重要的信息网络枢纽、区域电子商务中心和全球重要的智能终端产业基地，建设以数字化、网络化、智能化为主要特征的智慧河南。"郑州市人民政府《关于加快建设智慧城市的实施意见》（郑政文〔2013〕180 号）中提出"大力实施智慧旅游工程；大力推动智慧景区建设，加快推进游客、景区、旅行社以及宾馆住宿、交通出行"五位一体"的综合信息服务与市场监管平台建设；大力推动智慧旅游电子商务平台建设，建立健全智慧化的旅游产品、旅游服务、旅游营销、旅游管理和旅游消费的现代产业体系。"

5.4 智慧旅游城市试点示范

智慧旅游城市是智慧城市建设的重要组成部分，智慧旅游城市建设是促进旅游产业化、信息化、服务现代化和新型城镇化同步发展的综合性载体。为推动智慧旅游城市建设和发展,国家除了出台多项支持政策之外,也积极地推进试点示范。

5.4.1 何谓"智慧旅游城市"

智慧旅游城市是在智慧城市背景下，围绕旅游产业，综合利用物联网、云计算等信息技术手段，结合城市现有信息化基础，融合先进的城市运营服务理念，建立广泛覆盖和深度互联的城市信息网络，其对城市的食、住、行、游、购、娱等多方面旅游要素进行全面感知，并整合构建协同共享的城市信息平台。该平台对信息进行智能处理并对其利用，从而为游客提供智能化旅游体验，为旅游管理和公共服务提供智能决策依据及手段，为企业和个人提供智能信息资源及开放式信息应用平台的综合性区域信息化发展过程。

智慧旅游城市是将智慧旅游从理念到实际落地在城市的举措。智慧旅游城市是智慧城市的有机组成部分，智慧城市得以满足居民需求以及与城市发展相关的市政建设、公共管理、商业服务等需求为主，智慧旅游城市建设的重点是在与旅游密切相关的方面，以满足游客、旅游企事业单位及旅游主管部门需求为主。

智慧旅游城市是城市发展与旅游发展协调一致的结果。智慧旅游城市以旅游公共管理与服务部门、游客、旅游企业以及城市居民为主要的应用主体。智慧旅游城市的建设是利用信息技术不断满足各个相关利益方需求的开放性动态过程。

5.4.2 18 个"国家智慧旅游试点城市"

为积极引导和推动全国智慧旅游发展，北京等 18 个城市成了"国家智慧旅游试点城市"。

国家旅游局有关负责人表示，为贯彻落实《国务院关于加快发展旅游业的意见》精神，积极引导和推动全国智慧旅游发展，在自愿申报和综合评价的基础上，经认真研究和遴选，确定了我国 18 个智慧旅游试点城市，包括北京市、武汉市、成都市、南京市、福州市、大连市、厦门市、苏州市、黄山市、温州市、烟台市、洛阳市、无锡市、常州市、南通市、扬州市、镇江市和武夷山市。

国家旅游局要求各试点城市将智慧旅游作为一项重点工作来抓。政府要在整合资源、组建机构和配套服务方面发挥主要作用，积极引导民间资本参与建设智慧旅游，建立统筹发展的体制机制，探索科学有效的发展模式。

5.4.3 智慧旅游试点城市建设方案

总体来说，我国智慧旅游大发展的序幕已经全面拉开，也得到了国家旅游局及各级地方政府和旅游管理部门的高度重视，并取得了不斐的成绩。但智慧旅游作为一个伴随着技术发展而不断演变的经济形态，其在理论体系、运营模式、产业关系、建设标准等方面还有不少需要不断完善的地方。这些问题的出现，既有我国智慧旅游建设和发展缺乏可借鉴的成熟经验的原因，也有缺乏对智慧旅游这一综合性生态系统的组织和设计，这些导致了部分地区智慧旅游的各项建设任务推进缓慢，重复建设、信息孤岛等现象出现。因此，如何"因地制宜，结合实际，做好智慧旅游的顶层设计工作，进行统筹规划、系统布局"，已经成为各地方政府和旅游管理机构开展智慧旅游建设的首要任务。

对此，国家旅游局也相继于2012年5月、9月就智慧旅游试点城市制订和报送《智慧旅游试点城市建设方案》提出具体要求。截至目前，我国已有62个省市（19个省+43个市）提出智慧旅游发展计划，其中16个省市出台了相关规划，分别是浙江省、福建省、四川省、吉林省、河南省、青海省、北京市、上海市、南京市、苏州市、温州市、奉化市、无锡市、佛山市、宜兴市等。

表5-3列举了部分智慧旅游城市建设方案及进展状态。

表5-3 部分智慧旅游城市建设方案及进展状态

省/市	规划方案	进展
北京	拟用3年时间，配齐一张屏（触摸屏），建好两个网（无线宽带网和北京旅游信息网），开发三个系统（自助导游讲解系统、城市自助导览系统、网络虚拟旅游系统），推进四个数字（数字景区、数字酒店、数字旅行社、数字乡村），推出一卡一亭（一卡通和北京礼物网上特色商亭），唱响一台戏（北京旅游游戏软件）。 A级以上景区将在3年内实现无线宽带（即Wi-Fi）覆盖；建立旅游目的地风险评估预警办法。利用4年时间，建设智慧旅游公共服务体系、旅游业态智慧旅游服务体系、智慧旅游政务管理体系；建立旅游公共服务信息系统、电子商务系统、便民服务系统、电子政务系统和旅游应急指挥系统等九个"智慧旅游"系统；完成虚拟景区旅游平台、景区自助导游平台、城市自助导览平台等六十个"智慧旅游"建设项目，将制订和出台四个智慧旅游业态建设的评定办法和奖励、补贴、扶持等政策	① 3星以上饭店、A级以上景区建设开通无线宽带网、装配旅游信息触摸屏。 ② 丰富推出北京旅游手机报。 ③ 完善北京旅游网，拓展服务功能。 ④ 提供手机短信服务。 ⑤ 开展旅游企业与科技企业产业对接，组织了十多项智慧旅游项目（产品）评选。 ⑥ 编制《北京智慧旅游行动计划纲要（2012—2015）》和"智慧景区""智慧饭店""智慧旅行社""智慧旅游乡村"四个业态建设规范以及"景区自助导游系统""城市自助导览系统""旅游信息终端""虚拟旅游系统"四个专业建设规范系统。 ⑦ 景区自助导游系统建设成立智慧旅游联盟

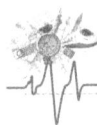

（续表）

省/市	规划方案	进展
江苏	重点打造一个统一超级门户、两个优化平台、五大示范项目、七大新建工程。建立七市智慧旅游联盟；编制一批规划（江苏"十二五"智慧旅游总体规划，城市智慧旅游规划，无锡智慧旅游示范方案，苏州智慧旅游行动计划，智慧扬州行动计划）；建设一个中心（镇江"国家智慧旅游服务中心"）；打造一批基地（城市智慧旅游软件园，镇江智慧旅游产业谷等）；开展一批试点	① 南京、苏州、常州、无锡、镇江、扬州和南通7市已建立"智慧旅游联盟"。 ② "国家智慧旅游服务中心"落户镇江。 ③ 南京市完成智慧旅游中央管理平台——全市GIS数据库及旅游资源数据库建设，上线运行"南京游客助手"手机客户端、旅游执法e通，投放近百台与市旅游园林局官方网站和微博实时互动的新型游客体验终端
浙江	《浙江省智慧旅游建设工作方案》提出主导型项目、引导型项目和示范型项目建设，包括智慧旅游云计算中心，智慧旅游公众信息服务平台（协作导航式官方旅游信息网站、协同答复式旅游咨询服务热线），智慧旅游数字互动营销平台、旅游数据监测分析系统、智慧旅游服务卡、景区电子商务系统、目的地官方手机应用。	①象山县完成ITRAVELS象山手机导航平台、手机WAP网站平台、电子商务平台、呼叫中心和咨询中心平台、旅游电子触摸屏平台、旅游信息数据库的基础建设。 ②宁波打造智慧旅游中央管理平台和旅游资源数据库，推出了"虚拟旅行社区"，布置宁波旅游公众查询系统终端设备
福建	旅游信息化"三个一"工程，即一网（海峡旅游网上超市）、一卡（海峡旅游卡，包括银行联名卡、休闲储值卡、手机二维码的"飞信卡"，以及衍生的目的地专项卡等）、一线（海峡旅游呼叫中心，包括公益服务热线和商务资讯增值预订服务热线）。选定武夷山主景区、厦门鼓浪屿、福州三坊七巷作为首批智能旅游示范景区试点单位	① 福建海峡旅游网上超市、呼叫中心平台已正式运营。 ② 海峡旅游银行卡面向福建省内外游客发行，目前发卡量已突破100万张。 ③ 鼓浪屿网络票务系统、"智游鼓浪屿"手机客户端开通并正式投入使用。 ④ 福建省内多个景区启用了电子门票
上海	《上海市旅游业发展"十二五"规划》提出构建智慧型的旅游公共服务体系。2013年，浦东基本建成"无处不宽带"的无线城区，建成各类室外无线基站2400个，Wi-Fi热点3000个，移动宽带用户数达360万。实现区内热点商圈、重要公共场所无线宽带全覆盖，主要区域无线宽带覆盖率达80%以上，80%以上家庭能够享受3MB以上无线宽带接入能力，创建"无线金融城、无线科技城、无线旅游城"	① 旅游气象智能终端系统开发。 ② 2012年4月，9家旅行社试点电子旅游合同。 ③ 第一代手机导游iTravels上线
湖南	启动"10大旅游区"建设，并重点支持完善提升旅游服务中心、旅游停车场、旅游厕所、旅游标识标牌和"智慧旅游"5个旅游公共服务体系。推行"智慧旅游城市"和"智慧旅游景区"试点工作	① 推出"数字湖南无线城市"免费Wi-Fi热点建设活动。 ② 在长沙市黄花机场、武广长沙南站、株洲市九华商场等33个公共区域铺设免费Wi-Fi热点

（续表）

省/市	规划方案	进展
安徽	2009年启动"数字合肥地理空间框架建设"项目。"十二五"规划的重要项目："智慧黄山"精品旅游信息化项目，它主要由"智慧黄山·精品旅游"官方门户网站平台及旅游指挥调度中心两部分构成，建成后的中心将包含综合布线、计算机网络、一卡通、公共信息发布等14个子系统。《黄山风景区数字化建设总体规划（2011—2015）》专门对物联网在风景名胜区的应用作了详细的规划	① "数字合肥"上线。 ② "智慧黄山·精品旅游"官方门户网站平台上线。 ③ 数字景区"平台系统，项目一期投入使用，实现对风景区200辆车与森林防火员和稽查人员的实时监控、调度
河南	《河南省"十二五"旅游产业发展规划》提出建设数字化景区工程、智能化饭店工程、电子旅行社工程、旅游企业创新工程以及大力发展旅游电子商务。《河南省国民经济和社会信息化发展"十二五"规划》将"数字旅游"纳入全省重大信息系统建设工程，构建面向省内外的多元化旅游宣传推广平台和标准统一的多媒体旅游数据库，形成资源互补的旅游资源信息库。建设旅游目的地营销、公共信息服务和旅游电子商务三大平台	① 第一家智慧景区万仙山智慧景区建成。 ② 洛阳市在全市旅游景区推行二维码手机电子门票，且创造性地建设虚拟博物馆。 ③ 焦作市先后投资6200万元在景区全面实施了数字化景区建设工程，建成了国内领先的IC卡指纹门禁验票系统、智能监控、GPS车辆定位、LED信息发布、网上预订等多个系统
广东	《佛山市旅游业发展"十二五"规划》提到要围绕"四化融合，智慧佛山"战略目标，结合"三着力，一推进"的工作部署，以旅游资源为基础，以市场需求为导向，以产品开发为中心，深入实施"旅游即城市"的战略，落实"智慧佛山"规划	① 2012年5月首条"景区智慧旅游快速服务通道"在中国科学院华南植物园正式启用。 ② 2012年推出广东自驾旅游公众服务平台
吉林	《吉林省旅游业发展"十二五"规划》要求按照打造"数字化吉林旅游"的总体要求，建立旅游信息化领导小组和工程专家咨询小组；规划完成《吉林省数字旅游规划》，大力开展政务信息化建设，积极推进电子政务；建立健全各级旅游局及旅游管理部门的电子政务门户网站体系，建设全省旅游数字综合服务平台，建立全省景区景点、基础设施、服务设施等十个数据库和旅游资源的智慧管理、服务、政务管理、应急指挥、决策五个子系统，建立全省旅游声讯服务平台	① 完成《吉林省数字旅游规划》。 ② 2012年长春、吉林两市把智慧旅游作为旅游一体化系统工程正式启动，5A及4A级重点景区借助智慧旅游平台实现景区的数字化管理，推广"全国旅游团队服务管理系统"的应用
江西	启动"江西智慧旅游"工程，打造江西智慧旅游网，与淘宝网合作推广销售江西旅游产品；强化旅游景区、城市和旅游企业移动互联网的应用，开发"江西风景独好"手机客户端；南昌市将继续实施滕王阁景区改扩建工程，基于云计算建立滕王阁景区数字化综合服务平台，打造数字化景区	① 启动"江西智慧旅游"工程，与淘宝网合作推广销售江西旅游产品。 ② "江西智慧旅游网"上线。 ③ 上饶市"智慧旅游信息化项目"启动

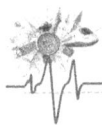

（续表）

省/市	规划方案	进展
山东	在全省全面推广应用863旅游信息化项目，推动市、县（市、区）目的地数字旅游服务系统建设；以山东旅游资讯网为载体，通过整合旅游信息资源，以互联网、电视终端和移动终端三网融合为平台，构建集旅游宣传营销、旅游指南服务、旅游产品预订、旅游服务保障、旅游市场监管等多功能于一体的旅游信息化服务体系；以目的地数字旅游服务系统为重点，以旅游企业为主体；对市县（市、区）目的地数字旅游服务系统建设工作进行奖励，扶持培育100家"智慧旅游信息化示范企业"	① 完成中国旅游业第一个863项目，即《基于高可信网络的数字旅游服务系统开发及示范》。 ② "863"旅游信息化在日照市实施
天津	制订了智慧旅游"1369"工程：1个智慧旅游综合数据中心；3个数字平台（行业智能管理平台、公共信息服务平台、目的地营销体验平台）；6个载体（互联网、移动互联网、12301旅游服务热线、旅游一卡通、遍布全市的电子触摸屏和人工咨询服务网点）；9个智能系统（智能OA管理系统、旅游景区智能管理系统、旅行社智能管理系统、饭店智能管理系统、旅游超市系统、智能行程规划系统、智能信息管理系统、旅游目的地展示营销系统、旅游产业分销系统）	① 智慧旅游"1369"工程启动。 ② 建立覆盖全市范围的旅游地理信息系统公共服务平台。 ③ 在重点酒店、旅游景区等地安装1500台终端设备。 ④ 编制完成《天津市智慧旅游总体规划》，启动智慧景区建设，建立天津智慧旅游综合数据中心

5.5 智慧旅游的总体架构设计要领

5.5.1 智慧旅游基本架构的分析

智慧旅游基本架构应该是以创新融合的通信与信息技术为基础，直接在云计算平台进行建构。以游客互动体验为中心、以一体化的行业信息管理为保障、以激励产业创新、促进产业结构升级为特色，四个体系相互渗透、互为支援、互为动力,从而有机地建设一体化、敏捷化、数字化、交互式的旅游发展新模式,推动旅游业现代化的发展。

城市智慧旅游的基本架构的设计重点应落实在以下3个方面,如图5-2所示。

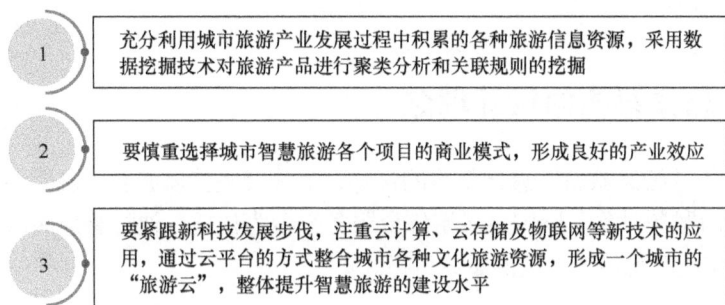

图5-2 城市智慧旅游基本架构的设计重点

5.5.2 智慧旅游建设的核心目标

武夷山"智慧旅游"的建设是要促进武夷山旅游业整体的提升,其通过智慧旅游的建设,让游客智慧旅游,让旅游经营者智慧经营,让旅游管理部门智慧管理。

5.5.2.1 智慧旅游

游客能够智慧旅游是智慧旅游建设的核心任务和目标。智慧旅游要通过智慧旅游网站建设、智慧旅游手机随身游平台的建设来满足游客出行前、出行中、出行后的导行、导住、导游、导食、导购、导娱的旅游需求。

5.5.2.2 智慧经营

完善智慧旅游电子商务平台,使电子商务平台具备金融结算、物流配送、票务服务、信息产业等功能,通过构建信用体系,制订交易规则,建立基于物联网、互联网、传感网技术的交易平台,为游客提供订票、订车、订房、订餐、购物等多种旅游产品与服务的网上交易,方便旅游企业的经营管理。

5.5.2.3 智慧管理

各级旅游主管部门利用建立的智慧化技术应用平台,提高政府的管理能力

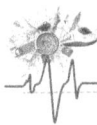

和效率。信息化旅游管理平台被构建，实现旅游饭店、旅游景区、旅行社等单位网上的旅游经营实时监测，实施网上对旅游经营单位的数字化、智能化和精细化管理，实现网上阅文、审批、办件等功能，全面提高管理水平，提高管理效益。

5.5.3 总体架构的设计理念

武夷山"智慧旅游"总体架构的设计，始终要坚持以游客、旅游经营者、旅游管理者为服务对象，以智慧旅游综合服务平台为依托，通过智慧旅游信息流载体的流动实现智慧旅游建设的总体目标。

5.5.3.1 智慧旅游的建设宗旨始终以服务对象为目标

智慧旅游建设的目的是为游客、旅游经营者、旅游管理者服务，对于所有智慧旅游建设的项目设置、建设的内容都以能为游客旅游活动的顺利开展、旅游经营者的经营管理、旅游管理者的管理活动能顺利执行为根本目的。

5.5.3.2 以智慧旅游综合服务平台为依托

智慧旅游建设目标的顺利完成需要依托智慧旅游综合服务平台。综合服务平台成了智慧旅游的信息中枢，游客、旅游经营者、旅游管理者需要的信息都从综合服务平台获得，同时，又把相应的信息通过综合服务平台发布给需要的人。

5.5.3.3 以智慧旅游信息流为载体

智慧旅游建设的根本目的就是把相应的信息传递给需要的人，因此，智慧旅游建设必须以信息流为载体。智慧旅游的建设必须保证信息流的正常流动，方便需求者迅速获得自己需要的信息。

5.5.4 城市智慧旅游的总体架构

城市智慧旅游的总体架构主要分为前端应用体系和后端支撑体系两大层次。如图 5-3 所示，虚线上方为前端应用体系，虚线下方为后端支撑体系。

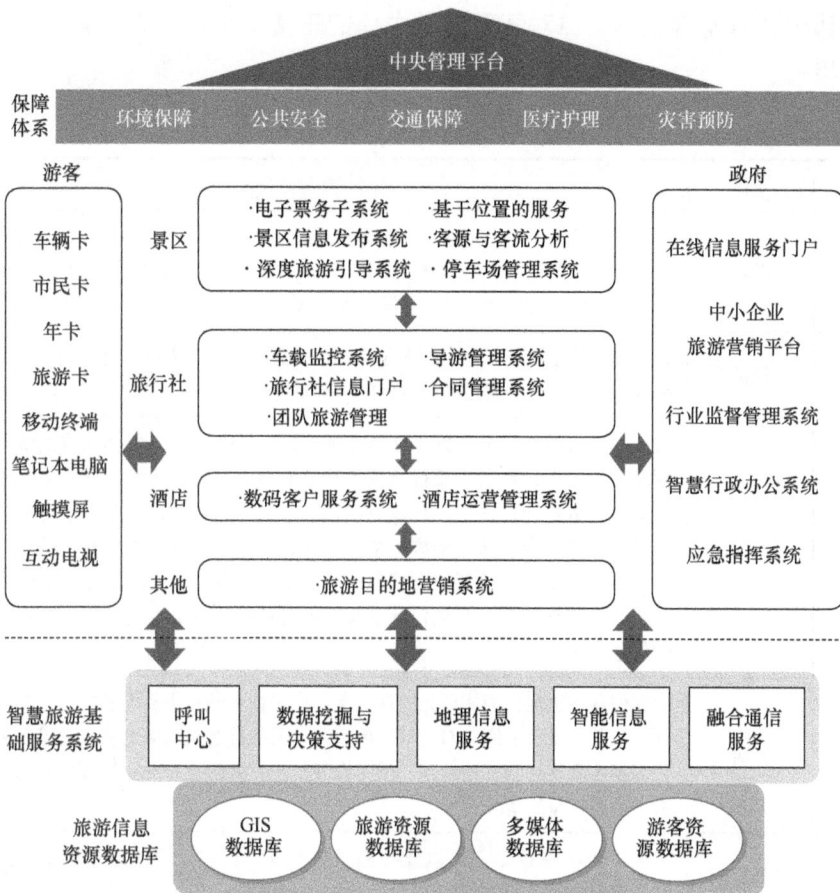

图5-3　智慧旅游总体规划架构图

5.5.4.1　前端应用体系

在智慧旅游总体规划架构中，前端应用体系包含游客、景区、旅行社、酒店、其他从业者、政府部门6个实体以及一套保障体系。具体见表5-4。它们是智慧旅游的实际组成部分，各自扮演着不同的角色。其中"游客"与"政府"位于体系的两端，着重体现了智慧旅游中的旅游体验和政府管理的智能服务，是智慧旅游的两条主线。景区、旅行社、酒店以及旅游在线服务商等其他从业者共同组成智慧旅游的服务业者，它们是游客体验与政府管理的实际载体。旅游业各个实体之间融会贯通，共同构成无缝的智慧旅游主体。保障体系则包含环境、公共安全、交通、医疗护理、灾害防护5个方面，保障体系虽不直

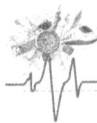

接隶属于智慧旅游主体，但对智慧旅游主体的正常、有序运作起着非常重要的作用。

表5-4　前端应用体系的组成

序号	实体	应用说明
1	游客	指使用智慧旅游平台的游客，游客可通过车辆卡、市民卡、年卡、旅游卡、移动终端、笔记本电脑及触摸屏等多种方式接入并访问智慧旅游系统，通过本系统获取旅游信息，享受旅游信息化服务
2	景区	景区的系统主要包括电子票务子系统、景区信息发布系统、客源与客流分析系统、基于位置的服务和深度旅游引导系统等
3	旅行社	通过整合各种相对分散的旅行社业务信息、各类资源，将其集成到统一的管理系统之上，给所有旅行社提供统一的界面、工作环境，并提供一种快速安全的数据交换标准，创造及时汇总、更新的条件，使各个旅行社之间通过该系统整合起来，形成一个有机的、紧密联系的、高效的、共享的整体。旅行社信息系统要整合现有的旅游企业信息资源，包括业务管理、相关产品和延伸信息，为旅行社及其服务对象构建一个无缝拼接、统一融合的信息系统
4	酒店	酒店信息系统提供酒店信息查询服务、住房饮食预订服务等基本服务和评论打分、服务投诉、服务对比等扩展服务。系统通过对酒店的信息化管理来强化基本信息管理和诚信管理，消除虚假信息，并防止部分恶劣酒店利用系统损害游客权益的情况发生
5	其他旅游从业者	主要以旅游在线服务商以及各种服务业者为代表。他们通过智慧旅游系统，获取精确的旅游资源信息，更好地服务于旅客。涉及的系统有旅游目的地营销系统等
6	政府部门	主要是指旅游行业管理部门。这些部门通过智慧旅游系统获取精确的旅游资源信息，提高旅游行业管理水平，宣传当地旅游品牌，带动当地旅游经济。政府部门的智慧旅游子系统主要应用于：在线信息服务、中小企业旅游营销、行业监督管理、智慧行政办公、应急指挥等几个方面
7	保障体系	保障体系包括环境保障、公共安全、交通保障、医疗护理以及灾害防控等旅游涉及的各种配套保障应用。该部分要将智慧旅游与正在建设的"智慧城市"有机结合和紧密衔接，构建畅通的信息交互和管理协同

5.5.4.2　后端支撑体系

后端支撑体系主要由旅游信息资源数据库和智慧旅游基础服务系统两部分组成，如图5-4所示，它们统一为前端应用体系提供全面、强大的支撑服务。

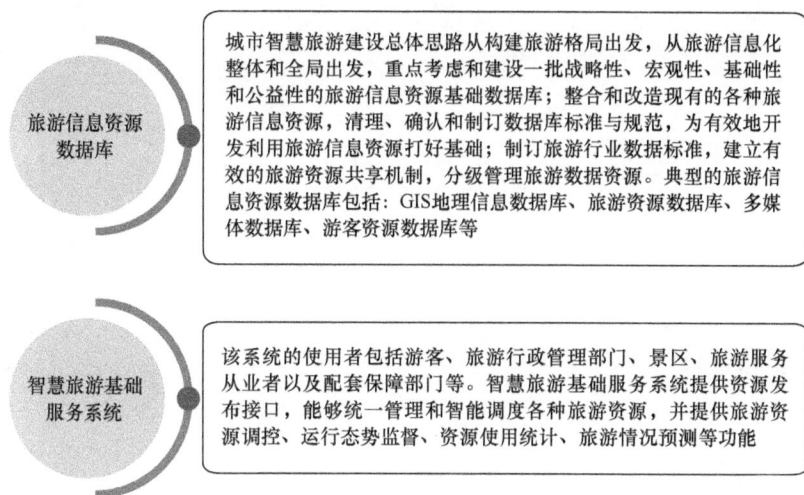

城市智慧旅游建设总体思路从构建旅游格局出发，从旅游信息化整体和全局出发，重点考虑和建设一批战略性、宏观性、基础性和公益性的旅游信息资源基础数据库；整合和改造现有的各种旅游信息资源，清理、确认和制订数据库标准与规范，为有效地开发利用旅游信息资源打好基础；制订旅游行业数据标准，建立有效的旅游资源共享机制，分级管理旅游数据资源。典型的旅游信息资源数据库包括：GIS地理信息数据库、旅游资源数据库、多媒体数据库、游客资源数据库等

该系统的使用者包括游客、旅游行政管理部门、景区、旅游服务从业者以及配套保障部门等。智慧旅游基础服务系统提供资源发布接口，能够统一管理和智能调度各种旅游资源，并提供旅游资源调控、运行态势监督、资源使用统计、旅游情况预测等功能

图5-4 后端支撑体系的组成

5.5.4.3 智慧旅游综合管理平台

智慧旅游综合管理平台作为城市智慧旅游的大脑和枢纽，在整个智慧旅游体系架构中起到匹配、整合、协调、联动各个前端应用体系和管理系统的作用，平台在实现智慧旅游各子系统相关高层业务数据统一抽取、融合共享的基础上，并与多种配套保障体系相互配合，对景区、酒店、旅行社等旅游应用系统进行统一协同管理，实现多系统间的信息共享、协同联动，并为旅游行政管理人员提供统一的入口，以进行旅游行业监控与管理。

第6章

旅游公共服务平台建设

现代信息技术是推动旅游业由传统服务业向现代化服务业转变的重要途径，国家旅游局已经将发展智慧旅游作为一项重点工作，积极开展智慧旅游城市、智慧旅游景区、智慧旅游企业的创建试点，并运用市场化机制建立全国智慧旅游公共服务平台。

各省市也在加大对智慧旅游服务、智慧旅游管理、智慧旅游营销的工作力度和整合力度，支持发展在线旅游，大力发展网上预订、网上支付和网上旅游咨询服务，逐步建立全国统一的网上旅游公共信息服务平台。

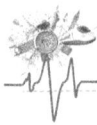

6.1 何谓智慧旅游公共服务与公共服务平台

6.1.1 公共服务

公共服务是指由政府和其他组织共同提供的有形和无形的、可供社会全体成员使用和享受的公共产品和服务。公共服务的内容主要包括增强社会公共设施建设，发展社会保障服务和教育、社会就业、科技文化、卫生等社会公共事业，并向公众及时发布公共信息，目的是保障社会公众的生活质量和生活水平，并为其参与社会政治、经济、文化活动创造有力的条件。

6.1.2 旅游公共服务

旅游业是众多国家和地区重点发展的产业，旅游公共服务的建设和旅游业的发展紧密相关，这是由旅游业的自身性质和新一代信息技术发展所决定的。提供旅游公共服务，已经成为政府进行有效引导、企业高效经营的一种强有力手段。

旅游业是典型的"公共服务"产业，具体表现在四个方面：第一，旅游业面向全体社会成员提供服务，直接关系人民的生活质量，具有服务对象公共性；第二，旅游业的发展和服务依托公共服务设施，具有设施和服务的公共性；第三，旅游业涉及较多参与者，如政府、企业、游客、当地居民等不同利益主体，其涉及面广，具有参与对象公共性；第四，旅游业涉及众多产业，辐射范围广泛，具有旅游效应公共性。虽然目前旅游公共服务的定义尚未达成一致，但是旅游公共服务作为一类特殊的公共服务是不可否认的，可以从比较公共服务和旅游公共服务的关系来探讨旅游公共服务的内涵，如图6-1所示。

公共服务是由政府和其他组织共同提供的有形和无形的、可供社会全体成员使用和享受的公共产品和服务，所以也包括旅游企业和旅游者。公共服务提供诸多的设施和项目。旅游公共服务以游客和旅游企业为主要服务对象，旅游的公共服务建设也是针对不同区域特征或景点特征来定的，具有较强的特指性，而公共服务设施一般不具备地域差异特征，因此，旅游公共服务不能简单地纳入公共服务中。由此可以看出，旅游公共服务是公共服务在旅游领域的特殊表现，它既具有公共服务的普遍特点，又具备旅游业自身的特殊性，而公共服务是旅游公共服务实现的重要前提和基础。

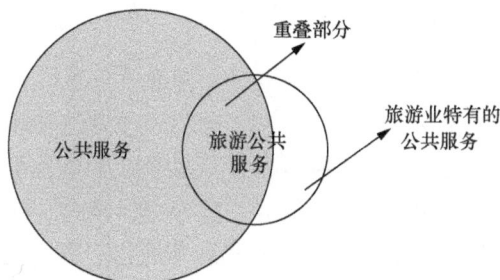

图6-1 公共服务与旅游公共服务之间的关系

6.1.3 智慧旅游公共服务平台

智慧旅游的目的是通过智能化的手段，提高旅游的信息服务水平，以满足游客、企业和政府各自的需要。公共服务建设迫切需要解决政府管理部门、企业机构和旅游产品等相关信息实现共享，避免出现信息不对称和"信息孤岛"现象。在智慧旅游背景下，相关机构或部门建立一个公共服务平台是解决这一问题的强有力措施。旅游公共服务平台是政府为游客和旅游企业提供公共产品和公共服务的一个平台，它是一个开放的服务系统，可以向广大游客，旅游企业、政府管理部门及公众提供全面、高效、方便的一站式旅游服务，从而提升旅游体验，促进旅游产业的良性发展。

智慧旅游公共服务平台是指集成海量旅游信息资源，实现各项服务和管理职能的综合性平台。智慧旅游公共服务平台建设的核心是建设一个多元渠道的旅游产业数据中心，其不仅是所有数据整合的中心，还是支撑智慧旅游产业服务体系的基础，其面向游客、政府、企业提供包括电子政务平台、旅游营销平台、预订支付平台、电子商务平台等诸多方面的应用，该平台涵盖了各类业务项目，是促进智慧旅游健康发展的强有力手段，能够全面提升政府旅游管理部门的管理能力和公共服务水平，引领旅游业更好更快地发展。

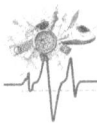

6.2 建设智慧旅游公共服务平台的益处

智慧旅游的建设是一个复杂的系统工程，其涉及海量信息的处理，包括多行业、多对象、多层次的综合应用和服务，多个应用服务系统之间存在着信息共享和交互的需求。我们纵观全国各地智慧旅游建设的实际情况，普遍存在信息不对称、"信息孤岛"的现象，要全面实现智能化、集约化、高效能的智慧旅游管理，就必须借助云计算、物联网等技术打造智慧旅游公共服务平台。从宏观建设来讲，这不仅能够推动旅游产业结构的调整，还能降低区域旅游信息化建设的总成本。综上所述，完善的智慧旅游公共服务平台对于智慧旅游的健康和可持续发展起到至关重要的作用，从旅游业参与者的角度来看，可以从以下 3个方面来诠释。

6.2.1 为游客创造的价值

在旅游前，游客通过使用智慧旅游公共服务平台可以高效率、低成本地选择适合自己的优质信息和产品服务，避免使用多个平台而陷入复杂繁多、良莠不齐的信息陷阱，导致自己做出错误的决定。在旅游中，游客可以直接利用移动设备或智能终端登录该平台，并随时随地获取自己所需的信息，并实时调整自己的行程；在旅游后，游客可以使用该平台对本次旅游进行评价、提供建议，一方面实现旅游信息的共享，另一方面督促旅游企业改善服务，从而提高游客体验，促进旅游业良性发展。

6.2.2 为旅游企业创造的价值

旅游企业可以从平台中提取有用信息，开展精准营销，还可根据游客的评价、建议，有针对性地改进服务，提高服务质量，以此提高旅游企业的美誉度和品牌知名度，从而招揽更多游客。另外，该平台还可以为旅游企业提供透明的竞争环境，避免不正当竞争带来的不良影响。

6.2.3 为政府创造的价值

当地政府或旅游管理部门可以通过该平台，做好本区域的旅游形象宣传。同时充分发挥平台服务旅游企业、旅游业从业人员的作用，使其成为旅游产业转型升级的助推器。实现政府旅游管理部门的旅游管理和公共服务职能的信息化，全面提升政府旅游管理部门的管理能力和服务水平，引领各地旅游业更好更快地发展。

他山之石

新加坡智慧旅游公共服务平台

新加坡发展智慧旅游始终遵循"以游客为本"的理念，通过信息技术在智慧旅游中的深入应用，探索出了具有鲜明特色的智慧旅游发展道路。

一、交互式智能营销平台

新加坡交互式智能营销平台旨在能为游客提供个性化的旅游定制服务，提供包括中文、英文、日语、韩语等在内的10种语言服务平台。在"我行由我，新加坡"平台上，游客可根据自己的喜好和需要，直接在互联网上完成一系列旅游活动，如定制自己的旅游行程，包括旅游签证、旅游线路规划、交通选择、酒店预订、活动选择等，交互式智能营销平台系统主要功能架构如图6-2所示。

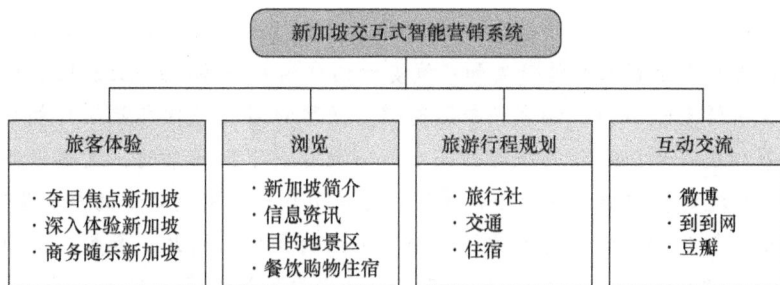

图6-2 新加坡交互式智能营销平台系统功能架构

交互式智能营销平台通过一系列服务和应用，为游客、酒店、旅行社、

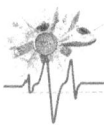

签证机关等提供了一个全面的公共服务平台，有效地整合了搜索营销引擎、电子商务、手机游以及各类社交网站。游客通过该平台，可依据不同的旅游身份，比如家庭、商务等，在线全面体验新加坡的旅游观光景点、特色餐饮、特色活动、购物、住宿等生活文化，游客还可自主订阅新加坡最新动态新闻、最近大型活动等相关信息，这些信息将会按期及时发送到游客邮箱。更体现人性化的是，游客可通过该公共服务平台，实时记录与分享各自的旅途和感受，并通过社交网络，传送给自己的好友，这就意味着向更多潜在的旅游群体传递了大量有价值的旅游信息，这不仅使新加坡旅游形象和知名度得到进一步提升，还能够提高其他潜在游客对新加坡之旅的兴趣，而这也正体现了新加坡旅游局与社交网络平台合作进行旅游营销推广的成功之处。

二、智能化数字服务系统

该系统着眼于提升游客在新加坡的旅游体验，为向游客提供智能化的行程安排，新加坡专门开发了"智能化数字服务系统（The Digital Concierge Service）"。该系统将旅游产业服务供应商的所有内容整合到一起，通过全覆盖的无线网络，把信息传递给游客。旅游者可利用智能手机、PC、互动电视、电话亭以及游客服务中心等诸多途径来获取旅游服务支撑，比如旅游行程选择、餐饮信息、购物商店信息等。游客还可基于该平台订购所需的产品以及个性化服务。该系统不仅为游客旅游全程提供多样化、个性化的信息服务，还为相关旅游企业提供营销和服务平台，旅游企业可通过这一平台开展精准营销，既提高成功率，又节省营销成本。游客通过该系统安排好旅游行程，通过在线方式提前预订支付旅途中的多项业务，以提升新加坡之旅的乐趣。

三、无处不在的移动旅游服务

新加坡政府推出的移动旅游信息服务项目，同样为游客和旅游企业提供了一个移动旅游服务平台。众所周知，游客对于出行前利用互联网等途径在各类平台上获取所需信息和在线支付预订相关旅游产品已经习以为常，而在旅游活动过程中，游客仍想随时随地获取旅游相关信息就显得相对困难，新加坡移动旅游信息服务就是在这样的背景下提出来的，这项服务让游客在旅游过程中通过智能手机等移动终端下载出行前制订好的旅游路线，随时获取精确的位置和智能导览服务，并附有文字、图片、音频、视频等多种形式的介绍。对旅游企业而言，可以基于位置服务，锁定游客信息，并且结合游客的兴趣爱好，将酒店、特色餐饮等服务信息精准地推送至游客手机上，以获得潜在的用户。对于政府管理部门而言，可通过景区电子门禁及时统计景区人流量，随时观察景区交通、泊车情况，从而实现景区的高效管理和协调指挥。

新加坡信息通信网络覆盖范围广，建设比较完善，使得移动旅游信息服务项目建设也日趋完善，给游客、旅游企业和政府提供了一个具有重大意义的公共信息服务平台。

四、一站式注册服务

在新加坡，商业旅游、会议展览这些方式带来的收入是旅游总体收入的主要构成，该类游客往往能够承受较高的旅游消费，是旅游消费的主力军。同时，该类游客的背景决定了他们并不十分关注所需开支，而十分关注目的地的信息化、智能化水平，以便能够随时随地获取全方位、可靠的服务。基于此，新加坡充分整合各类服务提供商，面向此类游客开展一站式注册服务，以便提高其办理签证、入住酒店、预订会场等事务的效率，这种具有针对性的高品质服务无疑会提高此类游客再次到访新加坡的概率。

6.3 智慧旅游公共服务平台的建设内容

智慧旅游公共服务平台项目建设内容是借助先进的云计算、物联网和移动互联网技术，以"旅游公共云平台"和"数字旅游海量基础数据中心"为支撑，建立制度体系、基础设施体系、综合数据库系统、共享服务系统、应用体系、服务体系、标准规范体系及信息安全与营运管理体系等 8 个部分，如图 6-3 所示。平台通过实时感知游客位置、行为、消费、事件、环境信息等要素，为政府提供实时、精确的旅游统计，旅游预测与旅游决策；平台通过旅游信息融合和应用协同，有效消除信息孤岛，为行业提供敏捷、有效的旅游传播，产品整合、消费升级和应急联动；平台通过基于移动互联网的 LBS 应用，为游客提供泛在的、个性化的旅游导航、数字体验、在线支付和应急引导等旅游全生命周期服务。

6.3.1 制度体系建设

制度体系由运营主体、运营机制、监督管理和保障体系组成，是智慧旅游公

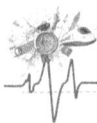

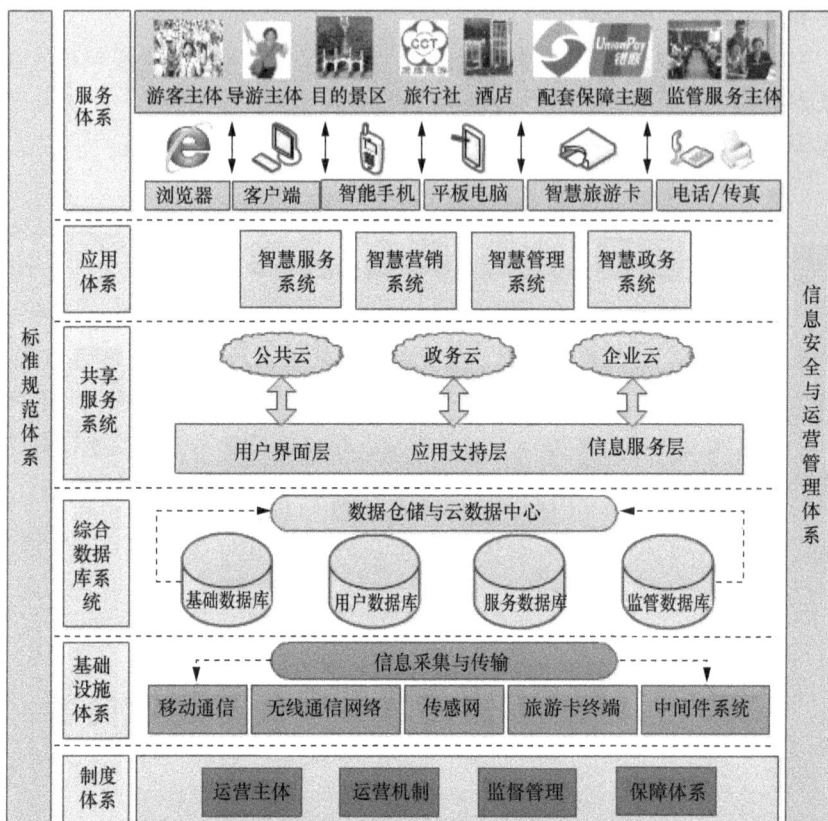

图6-3 智慧旅游公共服务平台的建设内容框架

共服务平台体系的基石，是保障平台健康、有序运行的前提和基础。制度体系必须建立既有政府依托背景又能市场化运营的实体，确保政府支持协调旅游行业发展的政策得到充分实施的同时，智慧旅游又能按市场化的要求健康快速发展。制度体系建立健全且适合智慧旅游发展的运营机制，明确政府旅游主管部门、智慧旅游平台运营商以及各类旅游服务提供商等各方的职责，做到优势互补、责权利明确。制度体系完善政府对旅游全行业的监督管理，重点对旅游服务质量、规范经营以及跨部门协调等方面发挥主体作用，在人才、技术、资金等给予充分保障，满足智慧旅游的发展需要。

6.3.2 基础设施体系建设

基础设施体系由信息采集和传输技术、旅游卡终端、中间件系统构成，是支撑各项智慧旅游业务运行的基础保障，需在现有设施的基础上进一步优化网络系统、计算机硬件、存储设备等，以保证网络带宽和网络传输的稳定可靠；研发和配备智慧旅游卡应用终端，不断完善相关功能，提高安全性和可靠性，开发智慧旅游中间件系统，实现多系统和多应用程序的互联互通。

6.3.3　综合数据库系统

综合数据库系统是智慧旅游服务体系的"血液"，由基础数据库、用户数据库、服务数据库和监管数据库构成。基础数据库包括吃、住、行、游、购、娱等各方面的基本旅游信息，以及地理、交通、语言、特殊风俗习惯等旅游相关信息；用户数据库主要包括游客信息、旅游从业人员信息和旅游企业信息，游客信息包含前来本地和从本地出发前往外地的游客信息数据，旅游从业人员信息包含旅游业管理人员、旅行社工作人员、景区工作人员等，旅游企业信息包含各类旅游企业的信息，包括景区、旅行社、酒店、餐饮和购物场所等；服务数据库包含一系列业务数据，包括平台交易产生的交易数据、企业诚信监督数据等；监管数据库包含旅游活动中监测的各项信息数据，包括游客流量统计数据、旅游车辆实时定位数据、景区环境监测指标数据等。

6.3.4　共享服务系统

共享服务系统涵盖了信息共享平台、数据交换平台和应用整合平台，实现跨部门、跨系统的信息交换和共享，主要由用户界面层、应用支持层和信息服务层构成。通过不同部门、不同层级之间的业务协同和数据交换，内外部信息系统之间的数据交换需求被系统满足，并对旅游信息整合。建设公共云、政务云和企业云，分别实现为游客及社会公众提供全方位公共信息服务，为政府提供旅游业相关监督管理数据，为旅游企业提供完整的电子商务服务等一系列功能，此外，制订并实施信息资源共享与交换的管理办法，建立信息资源共享交换长效机制，推进公共服务平台的建设。

6.3.5　应用体系

应用体系是智慧旅游公共服务平台的"灵魂"，是平台实现各种业务功能的关键所在。应用体系主要由智慧服务系统、智慧营销系统、智慧管理系统和智慧政务系统组成，为游客、政府和旅游企业提供旅游服务入口，以便提供全方位的旅游服务。

6.3.6　服务体系

服务体系是智慧旅游公共服务平台实现价值的基本保证，它通过各类电脑设备、智能通信终端以及传真等方式为各类服务对象开展各种业务提供全面的支持。服务体系为各类参与主体提供支持，针对游客主体、导游主体、游客运营主体、配套服务主体、金融服务主体以及监管服务主体等提供针对性和专业化的服务，构筑旅游智慧服务的新模式，为智慧旅游服务的各类参与主体创造最大的价值。

6.3.7　标准规范体系

标准规范体系是我国旅游信息化发展的主要障碍之一。各省智慧旅游公共服务平台建设和运营需要制订省、市、县（区）三级旅游局智慧旅游公共服务平台管理规范、游客服务与管理规范、导游服务与管理规范、旅游企业信息发布规范、电子商务交易规范、在线支付管理规范、12301 旅游热线管理规范等，以保证智慧旅游建设的效果和利益。

6.3.8　信息安全与运营管理体系

信息安全与运营管理体系是平台健康发展和长期安全可靠运行的重要保障。信息安全不仅仅是提升信息技术途径的使用安全，同时要加强信息管理，从这两方面出发，构建一个健康的信息环境。运营管理要注重平台建设、运营人员和建设资金的管理，使得公共服务平台能够健康、可持续运营。公共服务平台信息安全与运营管理体系的建设主要内容包括智慧旅游信息安全管理规范、智慧旅游公共服务平台运营管理办法等。

6.4　智慧旅游城市公共服务平台功能介绍

从旅游过程中的主体需求（见第 1 章的内容）分析可以看出，智慧旅游服务平台作为服务旅游业发展需要的一个综合性的业务平台，一是能满足游客和导游的在线信息服务功能，二是能为目的地景区、为旅游行业（酒店、旅行性等）提供营销平台和电子商务平台，三是满足政府对旅游行业进行监督管理的需要，四是为政府提供高效电子政务办公平台。因此，智慧旅游功能需求可分为决策支持、行业服务、景区管理、游客服务、支撑服务等部分。其中，游客服务功能部分主要分析游客的各种需求，决策支持部分主要分析旅游管理部门的需求，行业服务功能主要研究旅行社、旅游餐饮住宿企业、旅游商品销售企业等旅游相关行业和企业的需求，景区管理主要分析景区的功能需求，支撑服务主要分析指挥旅游公共服务平台的技术支撑功能。

智慧旅游公告服务平台功能结构如图 6-4 所示。

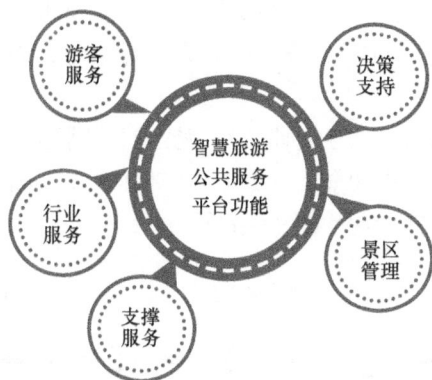

图6-4 智慧旅游公共服务平台功能结构

6.4.1 决策支持

决策支持服务功能应用是辅助决策者通过数据、模型和知识，以人机交互方式进行半结构化或非结构化决策的计算机应用系统。在旅游管理决策中，需要动态监控旅游资源利用状况，为各类旅游规划、开发和优化提供数据支持和参考，为旅游管理部门进行整体规划和制度完善、为旅游业者进行高效管理和业务开展等提供决策支持，最终提升旅游行业管理和营运水平，实现旅游业的大发展。决策支持功能结构如图 6-5 所示。

6.4.1.1 旅游统计功能

在智慧旅游公共服务平台上，主要是通过实时感知游客位置、行为、消费、

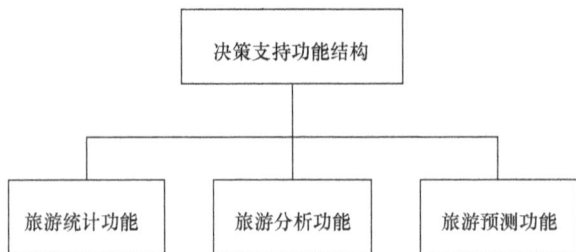

图6-5　决策支持功能结构

事件、环境等信息要素，为政府提供实时、精确的旅游统计、旅游预测与旅游决策。在感知服务功能当中，政府通过各种感知终端将收集到的旅游信息，如游客数量、分布和消费数据、积分情况等。再由支撑服务层通过云计算和公共数据中心对旅游数据进行分类、统计，最后交给政府，为政府旅游统计提供实时的数据依据。

通过与传统数据统计方式的对比，智慧旅游公共服务平台的旅游统计功能更加科学、收集的数据信息更加全面、更加精确和精细，为旅游业的发展提供可靠的实事依据。旅游统计功能流程如图 6-6 所示。

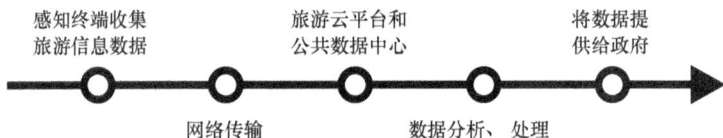

图6-6　旅游统计功能流程

6.4.1.2　旅游预测功能

旅游部门对旅游业发展的预测主要是根据每年的旅游情况和旅游统计的相关数据来进行预测。在智慧旅游公共服务平台当中的旅游预测功能主要是通过智慧旅游云平台和公共数据中为支撑为政府提供精确的旅游统计、旅游预测及旅游分析，使得政府在旅游决策方面提供科 学的、全面的旅游发展依据。在旅游预测功能方面，智慧旅游云平台和公共数据中心采用先进的技术，对收集到的大量数据进行整理并用海量数据挖掘分析预测技术进行旅游预测，如旅游资源的利用情况、旅游的消费情况、旅游的高低峰期、旅游的天气情况等一系列的因素进行合理的分析，并将得出的结果和数据等交给政府，为政府对旅游的发展制定长远的计划和决策提供支持及服务，如图 6-7 所示。

图6-7 旅游预测功能流程

6.4.1.3 旅游分析功能

旅游部门主要是根据收集到的旅游资料和相关数据分析旅游发展的总体情况。一般是采取人为的整理并通过繁琐的分析过程得出旅游发展情况的结论，这样的方式需要大量的人力、物力及时间去统计和分析。而在智慧旅游公共服务平台，主要是通过智慧旅游云平台和公共数据中心对大量数据进行合理的分析，运用先进的分析系统及技术来对旅游资料和数据进行科学、合理的分析，为政府提供解决方案及建议，从而帮助政府对旅游业的发展做出决策，如图 6-8 所示。

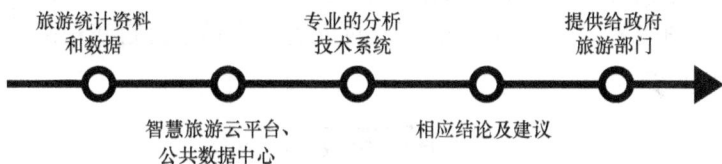

图6-8 旅游决策功能流程

6.4.2 行业服务

智慧旅游公共服务平台的行业服务主要对象是旅行社、旅游商品销售企业、餐饮住宿企业等旅游行业相关企业。目前，许多旅游企业在电子商务服务方面相对滞后，大多建立了网站，但是普遍都只提供一些企业的基本信息介绍等内容，没有完全实现真正的电子商务和行业服务功能，无法满足游客进行"网上旅游"和购物的各类需求，智慧旅游公共服务平台则能够改变这一现状，其可提供消费导航、预订服务、在线销售、在线支付、小额支付功能、积分管理、服务评价等多种功能服务。具体结构如图 6-9 所示。

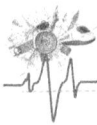

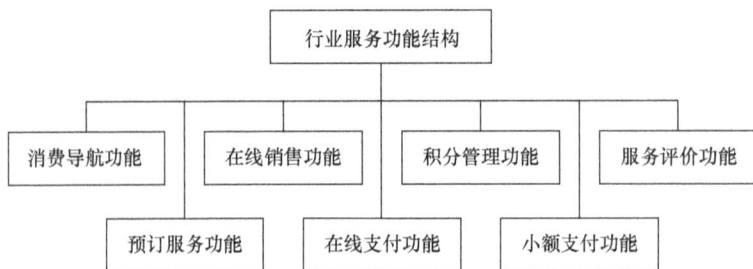

图6-9　行业服务的功能

6.4.2.1　消费导航功能

消费导航功能可以帮助游客方便地查找自己所需的产品信息，如果在该功能中还设置评分评价机制的话，游客就可以根据自己的实际情况，选择相应价位且评价较好评分较高的商品或场所，并在消费后进行评分与评价。消费导航功能可以在电脑、手机、电视、iPad等多种电子媒介上实现。消费导航功能的实现在为游客带来便利的基础上，同时刺激游客消费，促进旅游产业链的发展；而评分与评价机制的实施起到了质量监督的作用，不仅让质监部门了解到消费者对商品的看法，而且可以促进商场进行自我规范、自我监督，如图6-10所示。

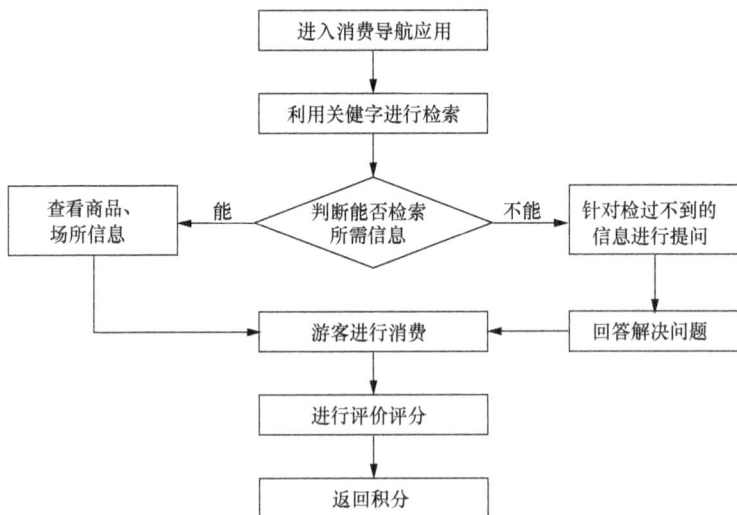

图6-10　消费导航运作流程

6.4.2.2　预订服务功能

预订服务功能帮助游客直接在线预订（客房／票务）。

智慧旅游公共服务平台框架下的预订服务包括：酒店预订、航班预订、旅行团预订、景区门票预订、餐馆预订、汽车租赁以及各种娱乐场所消费预订等信息。同时，公共服务平台可以作为第三方支付平台，不仅可以预订、查看各种信息，在线付款后的消费也得到安全保障，消除用户在线旅行预订的后顾之忧。

6.4.2.3　在线销售功能

在线销售功能即帮助酒店宾馆、旅行社、商品等实现在线销售，并通过第三方支付平台为游客提供保证，同时也对旅游行业提供规范的管理措施及实现良性的合作和竞争。

6.4.2.4　在线支付功能

目前，国内一些景点均没有开设网上支付的功能。

智慧旅游平台则可以提供一种安全有保障的在线支付方式。

智慧旅游的公共平台可以提供一个第三方的中间平台，将辖区内所有的景点和旅行社的信息收集在一起，也可以在平台上加入各种特色产品以供游客选择。游客可以在平台上自行浏览景区以及旅行社的信息，然后选择相应的景区门票进行购买，也可以预订旅行团，游客在线购买支付完成后，支付的费用不会直接支付给景区或旅行社，而是转至第三方也就是旅游公共平台进行暂存，在游客旅行完并在网上进行确认后，平台再将费用支付给景区或旅行社。如果游客选择购买特色产品，游客需填写邮寄的地址，同样的，在游客收到产品并在网上确认后，平台再将费用支付给卖方，类似于目前淘宝网站的模式。

这种方式可以保障游客的利益，一旦游客在旅行过程中出现问题，便可以向平台提出申请，要求平台暂缓支付费用，平台会在游客反映问题后对该事件进行调查，如果确实是景区或旅行社的问题，则会扣除相应的费用，扣除的费用可以补偿一部分给游客，另外一部分可以暂时保存在公共的账户，每年可以评选出一些服务态度好、产品质量高、用户满意度高的旅游企业，然后将公共账户中的金额作为奖金，分等级地奖励给企业。这样做不仅可以保障游客的利益，而且可以有效地管理各旅游企业，提高旅游行业的整体质量。

在线支付功能流程如图 6-11 所示。

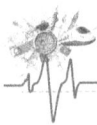

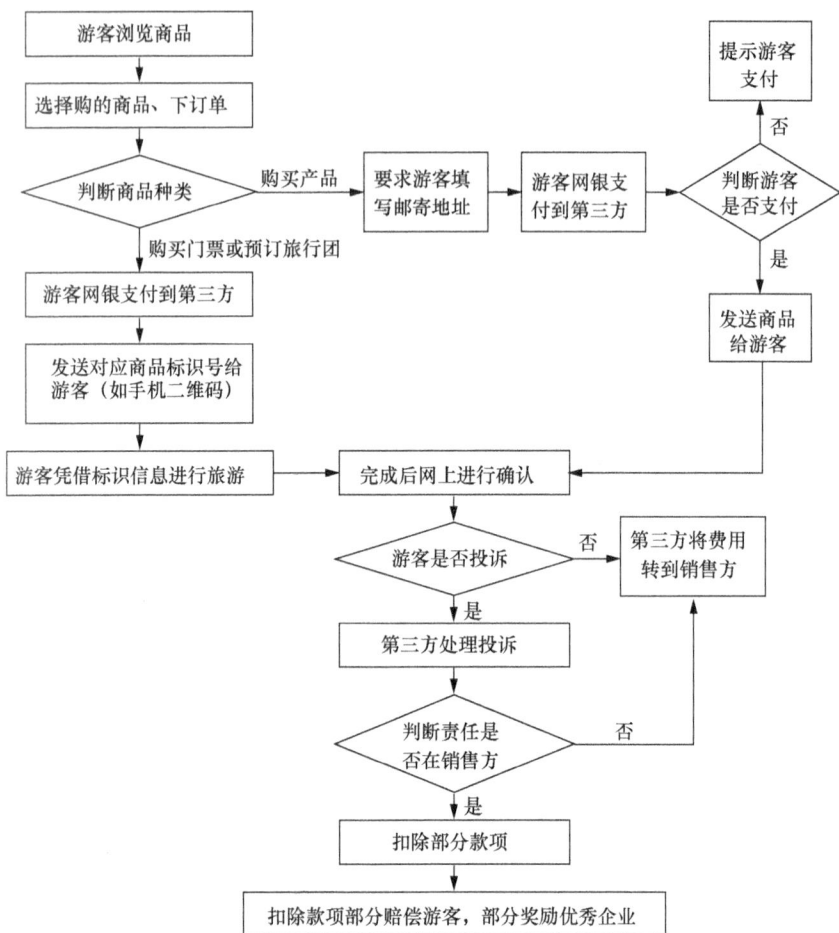

图6-11　在线支付实现流程

6.4.2.5　积分管理功能

积分管理功能是指游客在旅行过程中通过签到、消费、评价、分享、上传照片等活动而获得积分，并且游客可以对自己的积分进行管理，利用手机上网的游客更是可以随时随地的获取自己的积分信息，如图6-12所示。

积分功能实现的目的主要是促进游客在旅游景区进行消费；而参与活动，比如签到、评价、分享等，则是对旅游景区的一种间接的宣传，可以使当地旅游资源的传播途径、传播方式变得更广；同时积分转赠的服务可以促使游客将旅游景区推荐给亲戚朋友，帮助旅游景区增加客源。

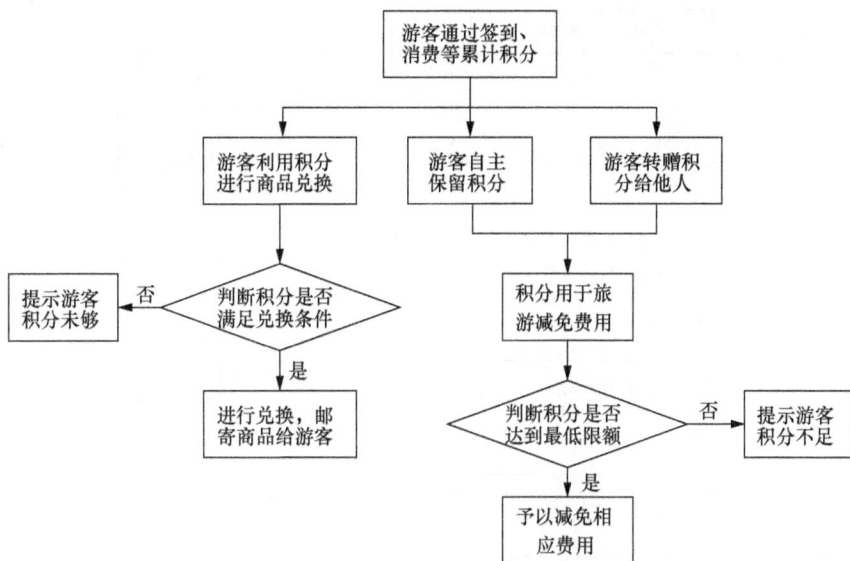

图6-12　积分管理功能流程

6.4.2.6　小额支付功能

为了减少在旅行中付费过程麻烦以及付费处理时间长的问题，智慧旅游平台推出了小额支付功能。

此时，游客必须持有可用于在线支付的手机。在各个景点、酒店、旅行社以及商场里，游客选购好商品后，通过手机在线支付即可。

这种手机支付方式，可以提供方便快捷的服务，省去中间排队付账、签单的步骤和时间，带给游客尊贵舒适的享受。手机支付最常用于商店消费，也可以用于停车场的临时收费。自驾旅行的游客，将车停放在景区周边的停车场，离开停车场时，只要车上人员对着出口处的手机刷卡终端刷卡即可，免去中间许多不必要的环节，如图6-13所示。

6.4.2.7　服务评价功能

游客在购买商品和享受服务时还可以给服务设施和服务人员进行评价打分，这样既能激发游客的积极性，也能改善行业服务水平和旅游相关企业的管理水平，吸引更多游客来参观游览。在游客离开旅游地之际，游客的手机还会自动弹出评价当地整体旅游短信，游客的服务评价对于景区地进一步提升旅游服务有重要的作用。

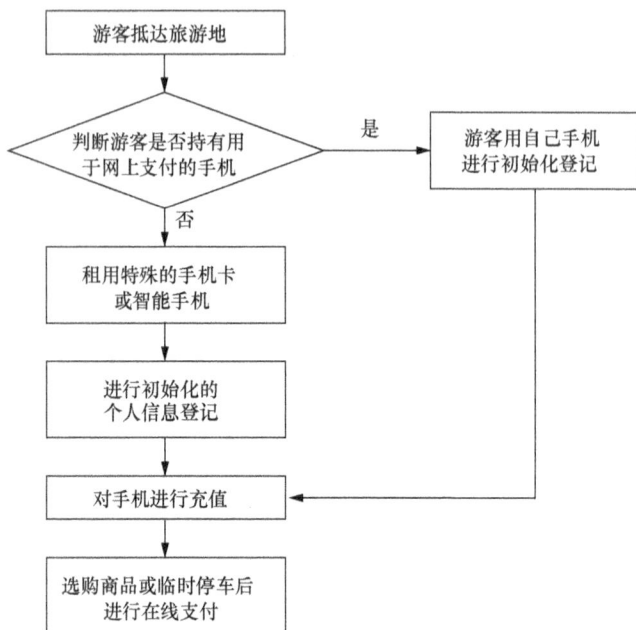

图6-13　手机小额支付流程图

6.4.3　景区管理

　　景区管理是智慧旅游公共服务平台的一个重要功能需求，通过智慧旅游公共服务平台能够有效地提高景区的管理水平，提升景区的形象。景区管理功能包括景区客流管理功能、景区员工管理功能、景区资源管理系统、景区应急管理功能、旅游展示功能、景区观景视频功能。如图 6-14 所示。

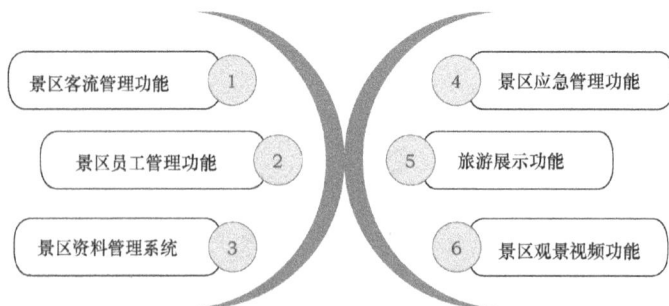

图6-14　景区管理的功能

6.4.3.1 景区客流管理功能

影响旅游景区可持续发展的因素之一是景区内的游客数量超过了景区所能容纳的最大承载量，因此旅游景区对客流量控制显得尤为重要。旅游景区的客流量控制包括对景区内游客的总量和景区内各个景点的客流量的控制，前者直接通过电子门票技术就可以轻松解决，当游客人数超过景区最大承载量时，可以采取停止售票、放缓售票等方式进行相应控制。对于后者而言，景区相关人员可以根据景区内各个景点的分布情况，将景区划分为相对独立的小区域，在一些关键的小区域位置点设置 RFID 读写器，配置多对天线，将天线配置在门（或是其他关键点）的位置，覆盖关键点。当游客通过关键点时，RFID 读写器通过不同的天线获取游客的 ID 号。经过位置点的所有 RFID 标签都可以通过读写器获取，并在第一时间将数据发送到数据中心系统。系统根据读取信息的结果判定游客的进出，实时了解景点的游客分布情况，做到系统的实时监控。一台高性能的 RFID 读写器能够每秒处理数百张的电子门票，完全可以满足大量的游客数据处理工作。景区内的工作人员可以通过了解景点游客的实时分布情况调整游客量，当景区内游客分布不均匀时，工作人员可以适当引导游客的空间流向来缓解那些"人气"景点的压力。

智慧旅游可集成多种传感器，通过自组无线网络实现旅游资源数据采集和汇总，智慧旅游具有不依赖基础设施、组网灵活、免布线、免维护、低功耗等特点。热门景区一到旺季容易出现游客拥挤、乘车站点拥挤、车辆调度不畅等问题，应用景区智能监测可以实现优化的综合实时管理调度。

同时，景区可以通过配置游客管理系统引导游客的空间流向，借助智慧旅游对游客在景区内的流动特征、消费习惯等进行科学地计量分析。游客也可以根据智慧旅游的终端设备得到景区内客流分布实时信息，自主调整游览线路。

6.4.3.2 景区员工管理功能

旅游景区的可持续发展离不开每一位景区员工的辛勤付出。对于十分注重服务质量的旅游景区来说，任何一位员工的失误都会给景区的形象带来巨大损害。因此景区需要不断加强对员工的管理，以提高景区的经营效率、维护景区的良好形象。物联网在对景区员工管理方面的应用原理与前文所提到的票务管理十分类

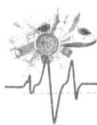

似，只是应用形式有所差别。RFID 标签具有唯一的 ID 号，每位员工配备一个带有 RFID 的工作卡，其可以实现对员工的对点管理，确保他们在适当的时间出现在适当的位置并为游客提供优质服务。其次，景区负责人可以利用 RFID 工作卡的读写功能与信息储存功能让游客直接对工作人员的服务进行打分评价，形成一套以游客满意程度为基础的旅游景区员工评价体系，并以此作为员工薪酬发放的重要参考依据。

6.4.3.3　景区资源管理功能

在旅游景区内，无论是自然旅游资源还是人文旅游资源，随着时间的流逝都会因为各种自然因素或人为因素受到损害。更为严重的是，一些恶劣的气候现象甚至会导致旅游景观的消失。当然，旅游资源遭到破坏的原因也与旅游区超负荷开放、游人过多等人为原因有关。因此，采取必要的措施对各类旅游资源进行保护迫在眉睫。

目前，各个景区一般是通过在各处设置摄像装置，对景区内的资源实行视频监控。而物联网不仅仅可以从视觉上对各个资源进行监控，而是通过射频识别、红外感应器、全球定位系统、激光扫描等技术对旅游资源的温度、湿度、负重程度、色泽度等各个方面进行监测，使得管理者可以对有需要的资源进行及时维护，对于已经受到损害的旅游资源可以直接将监测到的相关信息传送到互联网上进行分析，从而获取相对具有科学依据的解决办法。而设置在景点附近的识别系统及预警系统可以向试图破坏旅游资源的游客发出警告。在使用物联网之后可以将景区内的各个资源连接为一个整体，并形成相对完善、科学的监测管理系统，使得旅游资源具有更长久的生命力。

6.4.3.4　景区应急管理功能

对于森林公园、山岳等范围较大的景区，经常会出现游客走散、失踪等现象。针对这种情况，智慧旅游可利用定位跟踪、RFID 身份识别等功能在景区内建立一套完善的游客安全保障体系。

根据不同类型的旅游景区，智慧旅游在安全管理方面的应用形式也有所区别。

①对于地貌环境多变复杂的地区，在有限的人手下，如何合理调配人手，以最快的速度进行现场的救护工作显得非常重要，也很有必要。当游客走失或遇到危险时可以通过游客携带的电子门票通过 GPS 技术定位，然后通知距离最近的救护人员配置一台带 GPS 的 RFID 手持设备，在第一时间前往现场救护。

②对于那些面积范围相对较小，游客密集的景区，则需要在景区入口处利用RFID射频识别技术进行严格的安全检查，避免将危险物品带入景区内。

③对于包含危险系数较高的旅游项目的景区，一方面要在事故易发段安排救护人员，另一方面通过智慧旅游的全方位监测来预防各种事故的发生。

6.4.3.5 旅游展示功能

智慧旅游公共展示平台可以为游客提供多种形式的旅游展示服务。不仅包括文字展示、图片展示、视频展示，还包括目前流行，也能够真实全面反映景区状态的720°全景展示。

目前，许多景区的展示形式大多为文字描述或图片展示，这两种展示形式是静态的，不能完全凸显景区的特点和特色，而效果好的视频制作成本比较高，而且也只是单方面的动态呈现。但720°全景展示虽然是由静态的图片拼接而成，但是能够720°上下左右全方位的展示景区的特色，而且可以根据游客的需要自动调节方位以及放大缩小查看，方便游客随时观看各个角度的景色。同时720°全景还可以分季节拍摄景区风景，让游客可以选择自己喜欢的季节前来参观游览。

多种形式的景区展示，不仅能为游客带来不同视觉效果的冲击，而且可以更全面、多角度的呈现景区的风景和人文特点。景区配以文字的说明，语音视屏的表述，再加上720°全景的展示，让景区呈现多元化的状态，让观看的游客有身临其境之感，成为吸引游客的一大亮点。旅游展示功能流程如图6-15所示。

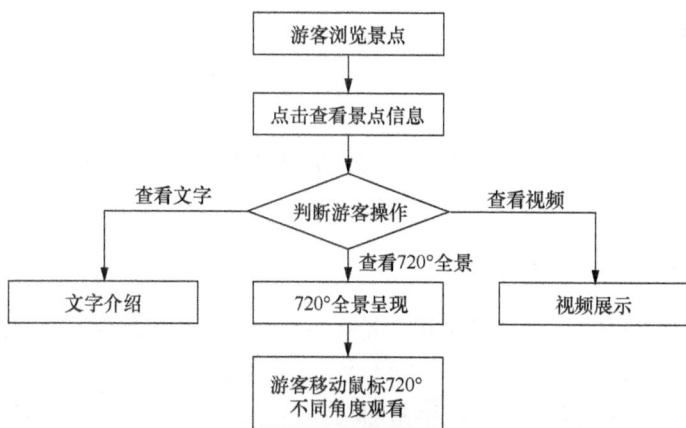

图6-15 旅游展示流程

6.4.3.6 景区观景视频功能

智慧旅游公共服务平台推出一项实时景区观景视频的功能，这项功能的特点是：任何游客使用计算机或者手机就可以在任何地点、任何时间实时观看到景区的现场直播，可以与此时、此地、此景的游客一起体验景区风光、城市形象，并且可以通过视频参与互动。

这项功能的主要目的在于更好地宣传景区，可以将景区的特色风景向游客更好地展示。游客只需要登录到当地智慧旅游公共服务平台网站，点击进入该功能的页面，即可享受该服务。

6.4.4 游客服务

游客服务功能贯穿了游客从旅游计划到进入旅游地游玩到游玩后离开当地的整个过程，该功能包括门户网站、虚拟旅游、旅游线路定制、信息查询、智能交通引导、地图导航、停车管理、电子门票、短信服务、智能导游、旅游公众查询、在线拍照、游客应急处理、求助热线等功能。具体功能如图6-16所示。

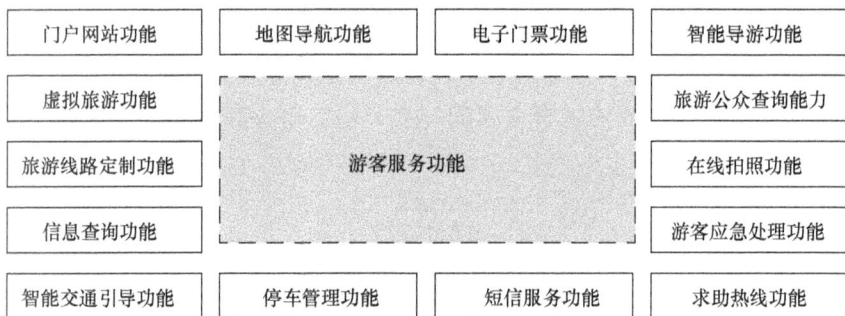

图6-16　游客服务功能

6.4.4.1 门户网站功能

智慧旅游门户网站通常是游客最先接触到的一个系统，游客在旅行前会登录旅游景区网站查询各种内容，旅游景区网站是景区的窗口。在智慧旅游的背景下，景区旅游网站的建设首当其冲。丰富的网页功能、及时更新的网页信息、便捷的网上交流平台都是智慧旅游网站系统的特点。城市智慧旅游公共服务平台可以为游客提供在线旅游的多种服务信息，资讯类信息包括：查询酒店、航班信息，旅游目的地信息，天气、地图、旅游攻略信息，各大旅行社的团游路线、价格等信息，如图 6-17 所示。

　　智慧旅游网站系统的开发应促使景区实现无纸化办公，减少或缩短办事流程。在智慧旅游公共服务平台，旅游门户网站上应建立旅游政务网实现旅游政务信息公开和管理的功能。比如，将市域范围的旅游资源的开发公告进行网上的报名和投标；发布国家或省级旅游发展的要求和规划等。

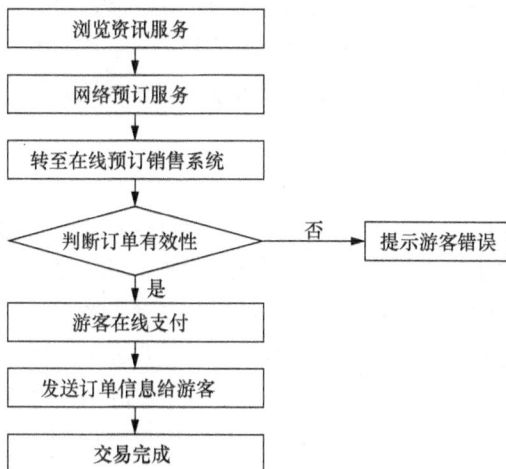

```
        ┌──────────────────┐
        │   浏览资讯服务    │
        └──────────────────┘
                 │
        ┌──────────────────┐
        │   网络预订服务    │
        └──────────────────┘
                 │
        ┌──────────────────┐
        │ 转至在线预订销售系统│
        └──────────────────┘
                 │
           ╱──────────╲           否      ┌──────────────┐
          ⟨ 判断订单有效性 ⟩──────────────→│ 提示游客错误 │
           ╲──────────╱                   └──────────────┘
                 │ 是
        ┌──────────────────┐
        │   游客在线支付    │
        └──────────────────┘
                 │
        ┌──────────────────┐
        │ 发送订单信息给游客 │
        └──────────────────┘
                 │
        ┌──────────────────┐
        │     交易完成      │
        └──────────────────┘
```

图6-17　在线旅游交易流程

6.4.4.2　虚拟旅游功能

　　游客在计划出游前一般需要到互联网上进行搜索，收集目的地的相关信息，再做旅游决策，但所收集到的信息和图片都是平面化的，不能具体感受，如果采用高科技手段，提前筛选信息的时候就利用三维技术体验，有助于游客做出决策，解决游客出行前体验问题。

　　智慧旅游公共服务平台的虚拟旅游功能即利用三维技术体验，采用信息化手段和三维模拟技术构建的一个虚拟旅游环境，采用 3D 技术实现旅游展示、在线旅游，有助于游客做出决策，甚至可以在手机上参与景区互动游戏。

　　"虚拟旅行社区"打开了传统旅游业的服务模式新思路，游客从旅游景点的信息平台下载"虚拟旅行社区"控件后，就可以看到各大景点的美丽风光。使用键盘和鼠标控制可"漫游"变换角度和高度，俯瞰整个旅游景点。当然还可以运用社区中的角色，对感兴趣的景点进行全方位"游览"。通过该平台，使游客在网上体验景区美景，还可以让想来景区旅游的游客，预先在网上进行观光"演练"，摸清景区路况，帮助游客确定旅游目的地。

6.4.4.3　旅游线路定制功能

游客登录系统选择创建新行程后，可以自主挑选出行的方式（如徒步、公交车、驾车等）、游览的景点、住宿的酒店，旅游行程设计平台会自动计算出行车路线、游览景点以及前往下一个景点所需的大致时间，为游客合理安排游线提供参考。最后，系统会出示行程单。此外，系统会根据出行人数、景区的票价、酒店住宿费以及汽油费估算出所需费用。选择旅行方式目的地，自动生成旅行线路和方式、住宿餐饮查询、预订和预支付、报旅行团）量身定做线路。

6.4.4.4　信息查询功能

在确定行程目的地之后，游客最关心的就是旅游资讯，比如旅游目的地天气状况、当地最好吃的小吃、最有特色的酒吧、最新鲜的玩法。

在智慧旅游公共平台的框架下游客可以使用手机或平板电脑登录系统，概况浏览景区概况、地址、联系电话、开放时间、门票价格、周边景点、交通信息、自驾指南。游客通过网络提前获知旅游景点、住宿酒店、餐饮门店、交通设施、购物商店、特色商品、导游服务等各个环节的信息，做到真正心中有数。

智慧旅游公共服务平台作为一个以游客为中心的公共服务平台的信息查询功能通常包括以下 4 个模块的内容，如图 6-18 所示。

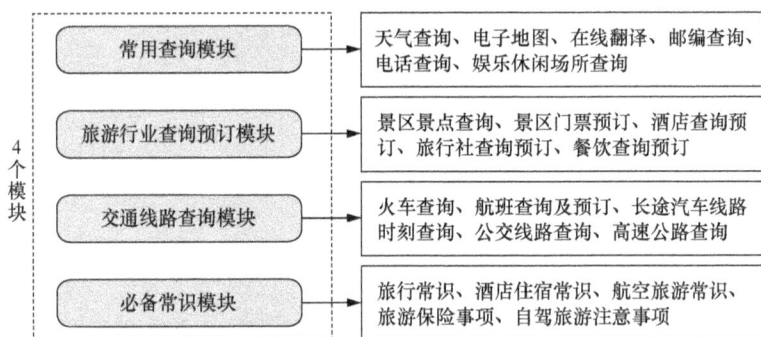

图6-18　信息查询功能功能

6.4.4.5　智能交通引导功能

如果在交通管理中运用物联网，需先将感应器嵌入或装备到公路、桥梁、汽车等中，然后将"物联网"与现有的互联网整合起来，在这个整合的网络当中，存在能力超级强大的中心计算机群，能够对整合网络内的人员、机器、设备和基础设施管理和控制。如可以了解到每天有多少辆车进入某一市区，每条路上的车速是多少，车辆所在位置和目的地，给游客最好的路线图，游客通过智能交通，有效避免堵车。

游客在前往旅游目的地的途中，通过该功能不仅可以定制行车路线，还可以及时了解道路交通的运行情况，了解车辆前方的实时车况和路况，帮助司机避开拥堵的路线，轻松到达旅游目的地。

6.4.4.6 地图导航功能

地图导航是指给用户提供具有导航功能的电子地图，使用电子地图的用户不仅能够随时查看自己的当前位置，而且还可以查找该地图内任意方位的车流信息。如图 6-19 所示。

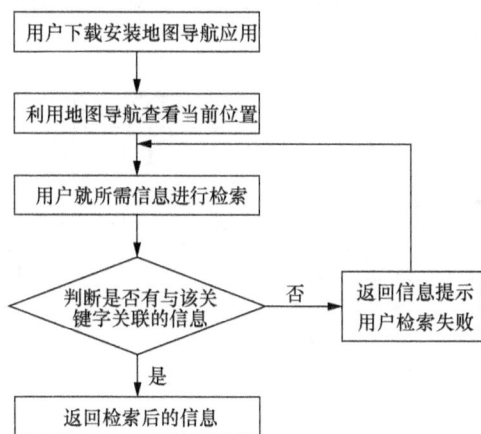

图6-19 地图导航功能流程

游客事先在手机上下载电子导航地图的应用，然后利用电子地图查看自己当前所在的位置，同时还可以搜索其他地点的位置信息。例如，游客当前位于某商场，下一步计划到超市购买特产等商品，此时，游客只需在搜索应用中输入关键字"超市"，点击搜索后会查出所有有关超市的信息，并且所有超市的地理位置都会在导航地图上予以标记，游客可以查看任意一个超市的位置信息，并可以就此超市位置查找公交等交通线路。游客既可以选择自己习惯去的超市，也可以根据地理位置的标记直观地查找离当前位置最近的超市。

地图导航功能的应用使不熟悉旅游地的游客也能掌握当地具体的交通位置，

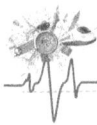

相当于拥有一个随时陪伴左右的当地导游，使旅程变得轻松愉快。

6.4.4.7 停车管理功能

停车管理功能是实现停车管理智能化。智能停车场的管理把进入停车场的车辆分为两类，一类是属于长期车辆，包括企业内部办公人员的车辆以及定期旅行团的旅游车辆；另一类是属于临时车辆，包括本地游客或者外地散客的自驾车辆。智能管理必须分开这两类车辆管理。

停车场可以给长期停放的车辆发放一张智能卡，该卡的作用是可被自动识别。智能系统通过该卡自动感知车辆信息，核对信息，无误后自动开启道闸放行，车辆出停车场时亦是相同。该卡可以充值，系统根据车辆停放时间的长短对该卡进行扣费。

临时停放的车辆在进场时，系统自动感知该车辆的特征，管理人员只需在计算机上输入该车辆的车牌号，系统会自动生成一张临时卡，该系统通过该卡按停车时间的长短进行收费，出场时，司机只需刷卡查看停车费用，付款后即可出场。景区在停车场还可以加上手机刷卡终端，有手机刷卡的用户可以利用手机进行刷卡，方便快捷；如图6-20所示。

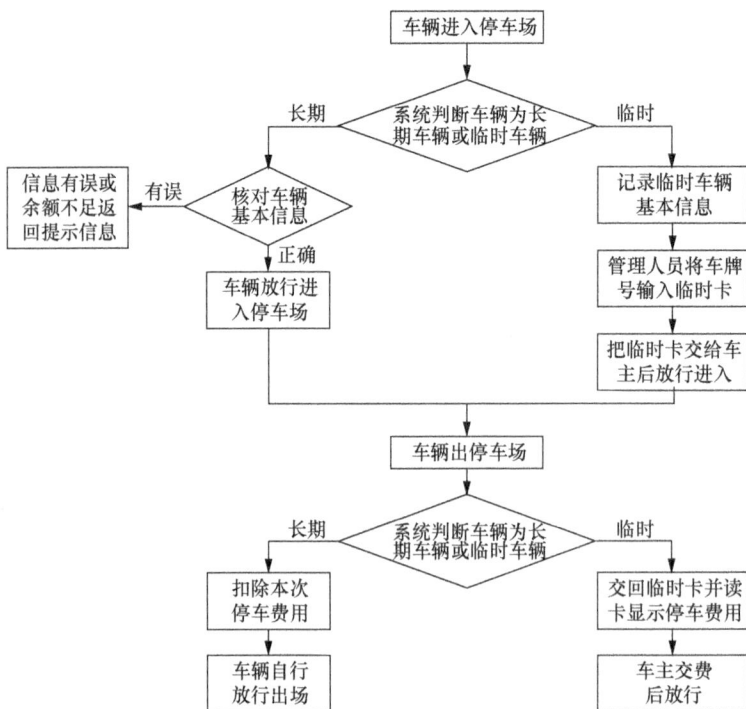

图6-20 智能停车管理流程

　　智能停车管理可以有效、准确、智能地识别、采集、记录并按需上传、处理进出停车场的长期车辆和临时车辆的数据信息，并在必要时通过相应的人工干预进行补充，以避免非正常事件的影响，确保系统具有高效的车辆智能放行能力。在遇上长期车辆和临时车辆同时进入的高峰期时，由于智能停车系统可以自动识别和自动放行长期车辆，节省了管理人员核对信息和开关道闸的时间，这样管理人员可以更好地为临时车辆服务，提高管理效率，增加管理质量。

6.4.4.8　电子门票功能

　　国内很多景区采用传统的纸质门票。传统门票容易伪造、复制，会出现人情放行、换人入园，致使门票收入严重流失，难以计算统计、管理游客出入景区。

　　而电子门票将极大地提升旅游业的法制化、规范化、信息化整体管理水平。票务管理工作走向全面自动化、规范化能从根本上解决票据查询难、售票劳动强度大的现状，提高票据管理效率和服务质量。

　　电子门票目前分为两种形式。一种是 RFID 电子门票，这种门票是将 FRID 电子标签嵌入纸质门票等介质中。电子标签有唯一的识别码，并且可以记录用户的基本信息，验票时采用的是电子验票系统，这种门票可识别性高、仿制困难，可以更好地管理票务；另一种是二维码电子门票，它在出票时用条码打印机在门票上打上二维码，或者结合手机彩信实现手机二维码电子门票，二维码电子门票在验票时，只需在验票机感应区一扫就可以验证通过，无需人工手撕副券。智慧旅游平台主要是利用二维码结合手机彩信的方式，适合在网上购买门票的游客使用。

　　二维码电子门票功能实现流程，如图 6-21 所示。

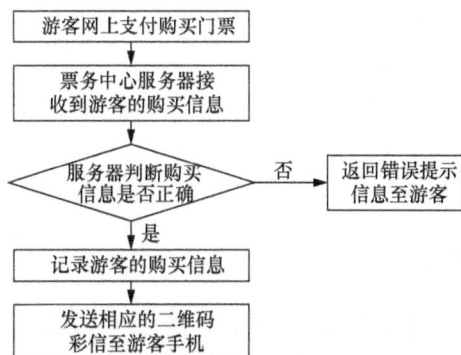

图6-21　二维码电子门票功能实现流程

6.4.4.9　短信服务功能

短信服务是指智慧旅游公共服务平台通过手机短信的形式，向游客推送各种旅游咨询及旅游服务信息。

手机几乎是所有游客人手必备的工具，因此智慧旅游公共服务平台利用手机自带的短信服务，实现了短信服务的功能。当游客进入某个景点时，智慧旅游平台接收到游客当前所处的位置后，利用手机短信形式推送与当前位置相关的资讯信息和服务应用至游客的手机，游客可以实时查看当前的位置信息，且在游客手机待机的情况下都能够接收到短信中心所推送的信息，相当快速便捷。

短信服务适用范围广、具有普遍性，能够较好地为更多的游客服务，让游客享受智慧旅游全生命周期的高质量服务，如图 6-22 所示。

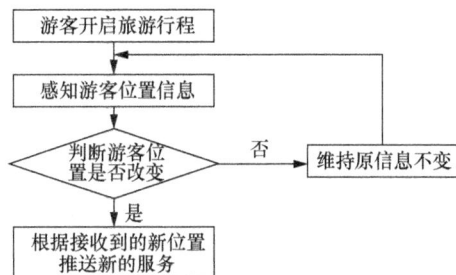

图6-22　短信服务功能流程

6.4.4.10　智能导游功能

智能导游是指游客通过移动终端（如手机等）自动感知当前所在位置，实时获得相应景点信息介绍及个性化服务等，真正享受到自主和专业的旅游服务。

当游客进入某景点区域时，智能导游通过特定的技术，自动感知游客当前所在的位置，然后将当前景点的各种文字介绍、图片、视频、音频以及附近位置提供的相关服务等信息，自动推送到游客的手机上，游客可以随时查看，从而实现智能导游。智能导游功能实现的流程图，如图 6-23 所示。

6.4.4.11　旅游公众查询功能

旅游公众查询系统是在各大星级酒店、主要景区景点、县（市）区旅游咨询服务中心、游客集散中心、车站、机场、社区等客流集中地铺设的信息服务终端。

旅游公众查询系统主要设资料检索、触摸查询、LED 播放等服务，它由旅游

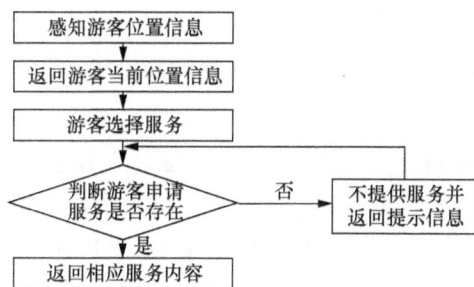

图6-23 智能导游功能实现流程

信息咨询服务中心服务器统一管理，可实现网络互通，同步更新各个终端的内容和最新信息。

6.4.4.12 游客应急处理功能

游客应急处理系统对于保障游客生命财产安全有重要作用。比如探险旅游者遇险时可通过终端迅速找到最近的避难所、急救站等，方便救援力量迅速确定遇险游客的位置，实施有效救援。游客在走散或遇到危险的情况下可以通过 GPS 定位或 RFID 射频设备及时呼救。

另外，旅游景区内可以通过摄像头监测整个景区情况。智慧旅游可以根据预先定义的各种规则，自动发现突发异常事件并报警；同时，还将设有专门的"人员追踪系统"，该系统将旅游年卡、市民卡与游客手机事先绑定，记录游客在景区中游览过的区域，可初步锁定走失游客的位置，以便及时开展营救工作。

6.4.4.13 求助热线功能

求助热线是指游客在遇到困难或特殊情况等时，可以通过求助热线寻求帮助。目前，国内综合性的求助热线有 114 和 12580，还有其他一些专项服务性质的求助热线，如法援热线等。

智慧旅游公共服务平台开通一条求助热线，专门负责游客的求助。首先，它可以成为游客与导游之间的沟通桥梁，热线可以直接接通导游，随时随地与导游沟通获得帮助；其次，它是游客获取紧急救援的渠道，例如，游客在旅游过程中遇到危险或困难需要紧急救援时，包括医疗救援、消防救援等，游客可通过求助热线向就近的单位求助；最后，求助热线还提供多种旅游服务，比如租车、伴游、消费预订等各种服务。

6.4.5　支撑服务

在智慧旅游公共服务平台的框架中，旅游云平台和公共数据中心是智慧应用的核心支撑平台。它主要为各应用系统提供安全、可监管的云服务，包括计算服务和资源服务，可满足海量数据实时采集与存储、智能化分析与计算、高并发访问的需求，如图 6-24 所示。

图6-24　支撑服务功能结构

6.4.5.1　云计算平台服务功能

狭义的云计算是指 IT 基础设施的交付和使用模式，即通过网络以按需、易扩展的方式获得所需资源。广义的云计算是指服务的交付和使用模式，即通过网络以按需、易扩展的方式获得所需服务。云计算平台的核心思想是统一管理和调度大量用网络连接的计算资源，构成一个计算资源池按需服务用户。

智慧旅游公共服务平台建立了提供安全、可监管的云平台服务，即旅游服务云。

云计算平台作为一种支撑服务平台（"智慧旅游服务云"）为决策支持、行业服务、公共服务提供技术支持。它的主要功能体现在提供最可靠、最安全的数据存储中心，使用户不用担心数据丢失、病毒入侵等麻烦。同时，严格的权限管理策略还可以帮助用户放心地与用户指定的人共享数据。智慧旅游云平台，可以轻松实现不同设备间的数据与应用共享。在云计算平台的网络应用模式中，数据只要一份，并且保存在"云"的另一端，当用户的电子设备连接互联网，就可以同时访问和使用同一份数据。云计算平台以先进的云计算技术为技术支撑为智慧旅游的发展提供一个强大的、专业的服务提供平台，它为政府、为游客、为行业提供专业服务功能。云平台服务应用功能如图 6-25 所示。

6.4.5.2　智慧旅游公共数据中心功能

在智慧旅游公共数据中心主要是通过旅游服务云建立具有云计算、云存储能力的集中化的数据中心，为行业服务和公众服务提供可靠支撑，提升信息资源的开发利用水平，打造"云数据中心"，为消除"信息孤岛"提供重要的基础支撑。公共数据中心的建立能有效地为各项功能服务提供良好的支撑。公共数据中心功能流程如图 6-26 所示。

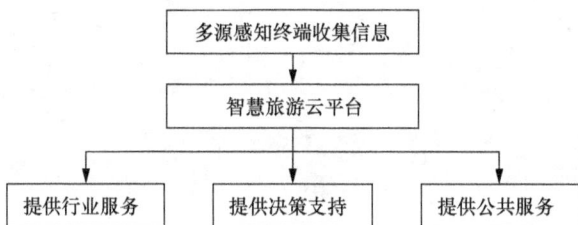

图6-25 云平台服务应用功能

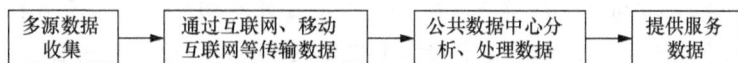

图6-26 公共数据中心功能流程

在感知服务功能当中，有许多前端感知终端（终端运用 RFID、DSRC、传感等技术）收集了大量旅游景区、宾馆酒店、餐馆消费、旅游咨询等方面的数据信息。感知终端通过互联网、移动互联网等将这些收据传输到智慧旅游的公共数据中心，这样，既可以对景区和宾馆酒店进行很好的推广，又可以通过数据中心强大的数据处理能力和云计算平台的服务发现这些场所所存在的不足。公共数据中心通过专业的数据分析和处理技术，将大量数据进行科学、合理的管理，为游客、政府、行业提供相关的服务。

他山之石

国家旅游局智慧旅游公共服务平台

12301 国家智慧旅游公共服务平台，如图 6-27 所示。它是连接出行者、旅游从业者和监管者并具有公信力的服务聚合平台，是第一个以 PPP 模式构建的旅游公共服务平台，也是第一个以"语音＋微信服务号／企业号＋官网＋城市服务"全媒体形式提供旅游公共服务的平台，还是第一个以"政

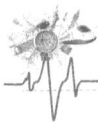

府服务市场、大众服务大众"理念构建的旅游公共服务平台。

图6-27　12301国家智慧旅游公共服务平台

一、平台建设模式

国家旅游局智慧旅游公共服务平台项目采用 PPP 模式，于 2014 年 10 月向社会公开招标，视觉（中国）文化发展股份有限公司凭借自身优势及实力取得中标资格，经过双方多轮谈判磋商最终确定了特许经营协议的约定。按照协议约定，国家智慧旅游公共服务平台将于 2015 年 12 月 31 日前正式上线并试运行。平台主要内容以旅游公共服务热线 12301 号码及 12301.cn 为载体，担负旅游公共信息的采集与发布、旅游产业监管信息的采集（包含旅游投诉的受理接口）、景区游客承载量统计与预警、旅游形象海外推广、国家旅游大数据集成分析等功能。

国家旅游局通过 PPP 模式建设国家智慧旅游公共服务平台，将其由公共服务的直接提供者转化为社会资本的合作者，以及项目的监管者，充分发挥市场力量有效提升公共服务质量水平，通过整合国家旅游局的公信力和视觉（中国）文化发展股份有限公司的市场能力，打造权威的旅游服务平台。

二、12301 国家智慧旅游公共服务平台的功能

12301 国家智慧旅游公共服务平台具有 5 项功能，如图 6-28 所示。

（一）旅游公共信息发布及资讯平台

12301 国家旅游服务热线，目前已实现集中受理全国 31 个省的旅游咨询与投诉，游客通过 12301 电话、12301 微信公众号、微信城市服务、支付宝城市服务，均可在全球范围内获得 7×24 旅游咨询与投诉服务。游客关注 12301 微信公众号后，还可以实时了解投诉进展，上传投诉凭证，通过在线客服与 12301 工作人员进行沟通。各级旅游部门的监管和执法人员以

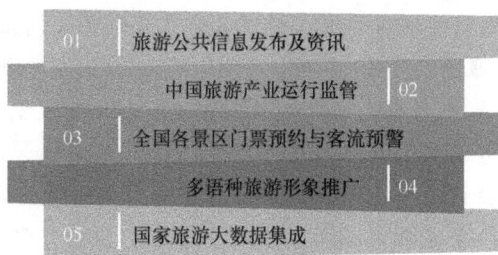

01	旅游公共信息发布及资讯
	中国旅游产业运行监管	02
03	全国各景区门票预约与客流预警
	多语种旅游形象推广	04
05	国家旅游大数据集成

图6-28　12301国家智慧旅游公共服务平台五项功能

及涉旅企业相关负责人关注12301微信企业号后，可以随时了解本辖区或企业内的投诉情况，在第一时间内了解游客的诉求，推动涉旅企业与游客尽快达成和解。对于那些需要旅游质监管理部门介入处理的旅游投诉，12301国家旅游服务热线与分布在全国300多个地市的旅游质监和执法大队实时互联，并把游客投诉工单在最短时间内传递到相应部门，提高旅游投诉处理效率。

12301国家旅游服务热线还与国内部分省市的12315、12345和12308中国公民领事保护热线实现信息共享，最大限度地保护旅游消费者的权益。

（二）中国旅游产业运行监管平台

12301国家智慧旅游公共服务平台，已经建设完成并运营12301国家旅游服务热线、12301景区互联网评价系统、全国导游公共服务监管平台、全国旅游投诉举报平台等，并与国家旅游应急指挥中心实现无缝对接。12301国家旅游服务热线形成的旅游投诉分析数据，已成为国家旅游市场秩序指数（TOI）的重要依据。旅游公共信息发布及资讯平台如图6-29所示。

图6-29　旅游公共信息发布及资讯平台

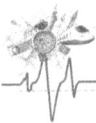

12301 景区互联网评价系统，通过游客在互联网上对景区评价的数据，按照物价、游览、服务、购物、环境、安全、卫生、交通 8 个维度、41 项指标，对景区运营状况提供了互联网综合评价信息，为政府监管和企业经营提供决策支持。全国导游公共服务监管平台，汇集了导游电子证注册、导游身份认证、在线社会评价体系、旅游部门监管等综合信息，实现了导游高效便捷的监管机制。全国旅游投诉举报平台为旅游监管部门和涉旅企业提供了简洁、直观、统一、高效的旅游投诉举报处理平台，方便管理者采用移动办公方式，处理游客投诉，提高旅游业整体服务水平。

（三）全国各景区门票预约与客流预警平台

全国各景区门票预约平台按照"以号控票，以票控人"的原则，统一管理票号和门票预约。系统建成后，12301 国家智慧旅游公共服务平台将根据门票的使用情况（入园、出园）实时获取并公布全国各景区的游玩舒适度指数，让游客更方便地了解景区客流情况，实时调整自己的出游计划。

全国旅游客流预警平台通过对全国各景区交通、人流、气象等数据的全面监控，生成客流与车流实时分析数据，将之同步至应急指挥系统，实现资源的有效共享，最终实现监测预警管理和应急指挥处置等功能。

（四）多语种旅游形象推广平台

配合国家旅游局"走出去"的战略，利用视觉中国独有的全球资讯分发系统、智能手机多屏分发系统、移动新媒体图文报道系统，搭建包括旅游目标市场的官方网站、社交官方号码、国家和地方旅游影像库等平台，实现旅游形象的推广，推动海外市场快速拓展，吸引更多海外游客来华旅游。

（五）国家旅游大数据集成平台

国家旅游大数据集成平台通过整合 12301 国家旅游服务热线、12301 景区互联网评价系统、全国导游公共服务监管平台、全国旅游投诉举报平台，国家旅游应急指挥中心平台和全国各景区门票预约平台的相关数据，并结合旅游管理和目的地促销活动中产生的海量数据形成国家旅游大数据集成平台。该平台通过筛选、分析数据，提供旅游行业发展动态、服务模式、旅游者偏好等的数据分析报告，为国家旅游决策提供数据支撑。

三、12301 国家旅游服务热线业务范围

（一）旅游咨询

12301 旨在为广大游客提供全面、专业、权威的旅游相关信息咨询，受理的旅游咨询范围包括旅游景区、旅行社及导游领队、住宿设施、在线旅游企业、旅游局资讯、出入境等。咨询的具体内容包含涉及人身安全的紧急问题、收费标准等价格相关问题、服务态度等人员相关问题、资质等信息问题等。

（二）投诉咨询

12301 旨在打造黏性服务，为客户提供及时有效的解决方案，通过坐席与客户的沟通的方式，减少客户投诉，提高客户体验。投诉咨询的范围包括旅游景区、旅行社及导游领队、住宿设施、在线旅游企业、餐饮、购物、交通等。涉及具体内容包括滞留等紧急安全问题的协调、费用相关问题的协调、服务人员相关问题的协调等。12301 能够优先协调的纠纷或问题，均优先走投诉咨询的流程，如图 6-30 所示。

图6-30　12301上旅游投诉的方式有多种

（三）投诉受理

根据国家旅游投诉管理办法规定，记录并提交符合要求的游客投诉，跟踪上传到全国旅游投诉举报平台的工单，依据游客要求，向游客提供投诉处理动态信息，定期回访结案的投诉人是否已处理。

第7章

智慧景区建设

　　智慧景区是智慧城市的重要组成部分，智慧景区的建设重点有通信网络（主要指 Wi-Fi 覆盖）、综合管理（视频和人流量监控）、应急响应系统（游客紧急救援）和游客互动体验等。建设智慧景区是大势所趋。

　　通过智慧景区的建设，景区能够全面、透彻、及时的感知景区环境、旅游资源情况、游客行为、景区工作人员行迹、景区基础设施和服务设施；可视化管理游客、景区工作人员；优化再造景区业务流程和智能化运营管理；同旅游产业上下游企业形成战略联盟，有效保护景区资源的真实性和完整性，提高管理效率。建设智慧景区的目的是为了实现游客旅行的便捷化、个性化、安全化、服务化，为游客提供及时丰富的旅游信息、智慧化的旅游服务，使游客获得智能舒适的旅游体验。

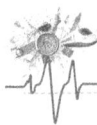

7.1 何谓智慧景区

狭义的智慧景区是数字景区的完善和升级，是指景区能够实现可视化管理和智能化运营，能更透彻的感知，更广泛的互联互通和更深入的智能化运营管理景区。狭义的智慧景区强调技术因素，广义的智慧景区不仅强调技术因素，还强调管理因素。

广义的智慧景区是科学管理理论同现代信息技术高度集成，实现人与自然和谐发展的低碳智能运营的景区。广义的"智慧景区"能更有效地保护生态环境，为游客提供更优质的服务，为社会创造更大的价值。

广义的智慧景区内涵丰富，主要包括以下几个方面。

① 通过物联网全面、透彻、及时地感知景区。

② 可视化管理景区。

③ 利用科学管理理论和现代信息技术完善景区的组织机构，优化景区业务流程。

④ 发展低碳旅游，实现景区环境、社会、经济的全面、协调、可持续发展。

7.2 智慧景区的建设内容

针对智慧景区的建设，目前国家旅游部门对此提出了指导性的意见，内容主要涉及以下几个方面，具体见表7-1。

表7-1 智慧景区的建设内容

序号	项目		说明
1	通信网络	公用电话网	建设供游客使用的公用电话，且数量充足，设置合理。景区部署电话报警点，电话旁公示景区救援电话、咨询电话、投诉电话，如游客遇到紧急情况可拨打报警点电话向接警处的值班人员求助
		无线通信网	游客能接收移动电话信号，并保证线路通畅
		无线宽带网（WLAN）	无线宽带网络全覆盖，游客在游览景区的过程中可以方便地用手机、电脑等终端以无线方式连接上网
2	景区综合管理	视频监控	视频监控全面覆盖景区，尤其是重点监控重要景点、客流集中地段、事故多发地段；监视界面的图像能在各种显示设备上显示，并能进行各种操作；视频监控应具备闯入告警等功能；视频监控控制面板能控制画面缩放和镜头转动等，能实现图像的实时远程观看以及3G物联网视频监控等；能支持视频录像的检索和调看，可自定义录像条件，录像数据存储保留时间应超过15天
		人流监控	应能实现入口人流计数管理、出口人流计数管理、游客总量实时统计、游客滞留热点地区统计与监控、流量超限自动报警等
3	景观资源管理		监测或监控自然资源环境，主要包括气象监测、空气质量监测、水质监测、生物监测等；能对景区内的各类遗产资源、文物资源、建筑景观、博物馆收藏等运用现代化科学的管理手段进行信息化与数字化监测、监控、记录、记载、保护、保存、修缮、维护等，从而便于景观建筑文物数据的查询检索以及向公众展示
4	财务管理		采用专业的财务管理软件和管理方法，包含资产管理、筹资管理、投资管理、营业收入管理、税金管理、利润管理、成本费用管理等财务管理内容以及财务预测、财务决策、财务预算、财务控制、财务分析、财务审计等财务管理方法
5	办公自动化		办公自动化应包含流程管理、电子邮件、文档管理、公文流转、审批管理、工作日志、人员动态展示、财务结算管理、公告、新闻、通知、个人信息维护、会议管理、考勤管理等内容
6	经营资源管理		应用现代化的科学手段形成一套规范的体系，包含商业资源部署、商铺经营、经营监管、合同管理、物业规范等内容
7	应急广播		广播应覆盖全景区，并且广播声音清晰。广播应由景区控制中心和指挥调度中心统一控制，遇灾害或紧急情况时，可立刻转换为紧急广播
8	应急处置响应系统		应建设旅游应急预案及应急响应系统；能够根据应急处理预案，对旅游突发事件进行综合指挥调度和协调救援；能够利用现代通信和呼叫系统，及时受理旅游咨询和投诉事件
9	指挥调度中心		应具备对人员、车辆的指挥调度以及对应急资源的组织、协调、管理和控制等功能；能够控制监控终端，获取旅游综合信息和发布旅游资讯信息

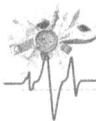

（续表）

序号	项目	说明	
10	电子门票、电子门禁	应采用电子门票形式；售、验票信息能够联网，并能够实现远程查询；应实现计算机售票；应配有手持移动终端设备或立式电子门禁，实现自动识别检票功能；电子票的购买应支持手机支付或者网上金融支付等方式	
11	门户网站和电子商务	应建有以服务游客为核心内容的门户网站，且能正常运营	其中门户网站应包含景区基本信息浏览、景区信息查询、旅游线路推荐和行程规划、景区推介服务、交通导航、下载服务，并建有官方微博并有链接，提供多语言信息服务等内容与功能
		网上预订和交易与虚拟旅游	景区门票应能实现网上预订、电话预订和网上支付、网上交易等功能。景区旅游产品、旅游纪念品应能实现网上预订和网上交易
			运用三维全景实景混杂现实技术、三维建模仿真技术、360°实景照片或视频等技术建成数字虚拟景区，实现虚拟旅游，增强景区的公共属性。数字虚拟景区和虚拟旅游平台能应用在互联网、景区门户网站、景区触摸屏导览机、智能手机等终端设备
12	游客服务和互动体验	① 自助导游：应为游客提供建立在无线通信、全球定位、移动互联网、物联网等技术基础之上的现代自助导游系统。自助导游硬件设备应能显示景区导游图，支持无线上网，支持全球定位系统，实现自助导游讲解。② 提供手机自助导游软件下载：通过智能手机等设备实现景区地图查询搜索、游览线路规划和线路选择、景点自助讲解等功能。③ 提供基于射频识别、红外、录音播放等技术的自助导游设备。④ 旅游资讯发布：景区应设有广告栏或多媒体服务终端机发布旅游资讯，且要布放合理、醒目；同时应能在自助导游终端发布旅游资讯，能以短信、彩信等形式向游客的手机发送信息。旅游资讯发布内容应包含景区基本情况介绍、景区内实时动态感知信息（温湿度、光照、紫外线、空气质量、水温水质等）、景区内智能参考信息（景区内游客流量、车流拥挤度、停车场空余位置等）、景区管理部门发布的旅游及相关信息等。⑤ 游客互动及投诉联动服务平台：景区内应设有触摸屏多媒体终端机，可实现查询旅游相关信息、下载软件、在线留言投诉以及虚拟旅游等功能。电话投诉和网络投诉处置系统要完善。⑥ 呼叫服务中心：应能与12301旅游热线平台对接；能提供旅游产品查询、景点介绍、票务预订服务、旅游资讯查询、旅游线路查询、交通线路查询等服务。⑦ 多媒体展示：景区应建有多媒体展示系统，借助地理信息系统、虚拟现实和现代多媒体等多种技术，运用高科技手段，利用声光电展示景区景观、自然文化遗产、生物多样性、古文物等	
13	智慧景区建设规划和旅游故事及游戏软件	自身有详尽、专业的智慧景区（景区信息化、数字景区）建设规划	

总之，旅游景区的智慧化建设可以说是借助物联网、互联网或移动互联网、

虚拟现实等技术，通过应用软件系统和部署数字化网络，建立便捷的旅游信息传播网络和高效的景区管理运营体系。它在"以应用体验创新，满足游客体验需求"的过程中，实现旅游景区经营资源和服务设施相统一，进而促进旅游景区的效益化经营和可持续发展，主要体现在以下几个方面。

① 景区的智慧管理体系：包括景区资源管理系统、景区办公自动化系统、景区财务管理系统、指挥调度中心。

② 景区的智慧服务体系：包括景区电子门票系统、景区监控管理系统、景区电子导览自助系统、景区电子巡更系统、景区语音广播系统。

③ 景区的智慧营销体系：景区电子商务平台（包括景区门户网站）。

④ 景区的智慧体验体系：景区游客互动体验（触摸屏形式等的内容显示与信息交互）、景区移动手机语音。

⑤ 景区的智慧环境构建：公用电话网、无线宽带网、通信技术网和物联感知识别网的覆盖性建设。

7.3 智慧景区的总体规划

7.3.1 智慧景区的建设原则

智慧景区建设是一个复杂的系统工程，景区应结合自身特点，既要因地制宜，又要兼顾大局，统一标准，规范建设。为有效整合全行业管理和旅游资源，形成管理合力和规模效应，智慧景区在建设过程中，应共同遵循以下建设原则，如图 7-1 所示。

7.3.2 智慧景区的需求分析

智慧景区建设的 3 个主要服务对象是游客、主管部门和景区、企业。

7.3.2.1 游客层级

游客层级在整个智慧景区建设构成中主要扮演终端体验和展现的角色。智慧

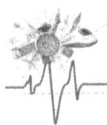

景区在游客层级的建设将在很大程度上相辅于主管部门和企业两大层级的建设，它主要实现对游客的一站式服务。游客在需要的时候，在任何时间和地点均能获得相关的旅游信息和服务。

游客通过互联网和移动终端都能查到相应的旅游信息，能够预订相应的旅游产品和享受旅游信息服务。游客通过呼叫中心、在线网站等多种基于网络的现代化信息沟通交流手段，均能获得相应的旅游信息和服务。

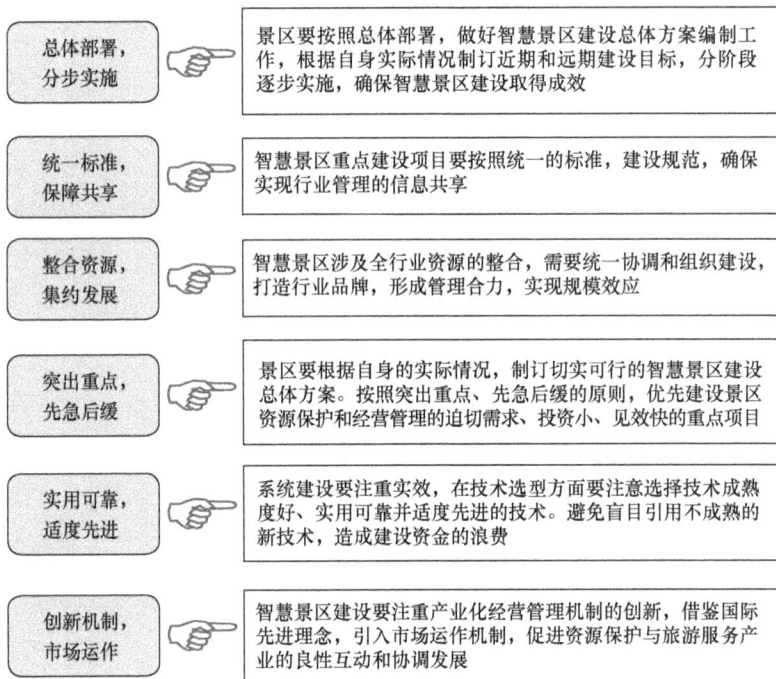

图7-1 智慧景区的六大建设原则

游客通过相关旅游信息化门户网站，可方便地获得所需要的吃住行游购娱的信息和服务。

游客通过相关旅游信息化平台，可随时随地与相关部门、单位进行交流、沟通和获得及时的信息反馈。

7.3.2.2 主管部门和景区层级

政府层级主要涉及两项内容：一是编制和规划智慧景区建设纲要，从建设内容、组织计划、运营投资政策、技术要求规范和建设标准及服务准则等方面建立指导；二是在推动智慧景区发展过程中转变政府服务职能，通过旅游资讯宣传、旅游信息公共服务以及信息监控等平台的建设，完善智慧景区建设的后台服务。满足相关政府部门推动旅游产业和旅游信息化的行政办公需求应达到以下标准：

① 数据规范、标准、统一、集中；

② 管理信息上传、下达及时、准确、一致；

③ 行政管理流程顺畅、快速、协同；

④ 各类信息方便查询、统计，并逐步提供多维分析和决策支持。

景区层级主要涉及智慧景区。景区建设的基本需求是逐步实现整合营销、整合服务、统一管理。游客可以通过先进的目的地营销平台，在获得相关旅游信息资源的同时，也能获得相关旅游产品信息、服务信息和配套资源信息。旅游企业和主管部门可实现整合营销。旅游景区不单单需要考虑景区资源的建设管理，如建设开发、工程管理等，还需要考虑电子票务结算、客流引导服务、资源经营管理（环境保护、物业管理、商户经营、停车管理、后勤管理、财务管理等）、电子导览服务等系统的部署。这些系统的应用和实践将有助于塑造景区的服务能力、提升景区的服务水平、规范服务内容，从而实现旅游景区的智慧响应和管理。

7.3.2.3　企业层级

企业层级主要涉及旅行社、酒店、餐饮、乡村以及旅游网络营销等商业组织，主要需求是：

① 景区可通过平台方便进行信息化的管理和运营；

② 游客可方便地享受旅游平台提供的信息化服务；

③ 景区可通过平台进行高效、有序的管理和信息沟通、交流；

④ 景区可方便地获取和使用平台提供的经营、管理、市场信息和数据，以切实提高经营管理效益；

⑤ 可方便地获得平台提供的电子商务服务，更好地吸引消费者，更好地与行业合作伙伴密切配合，切实提高经济效益。

7.3.3　智慧景区整体规划的体系建设

7.3.3.1　智慧景区支撑体系建设

智慧景区支撑体系的建设内容如图 7-2 所示。

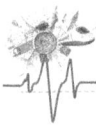

7.3.3.2　应用体系建设

景区类型和管理模式的差异，使得景区职能部门在信息化建设方面的需求也不同。智慧景区的应用体系主要由游客服务、景区办公与管理、品牌推广和商业智能营销推广等几个方面组成。智慧景区的建设涉及以下业务系统，具体见表7-2。

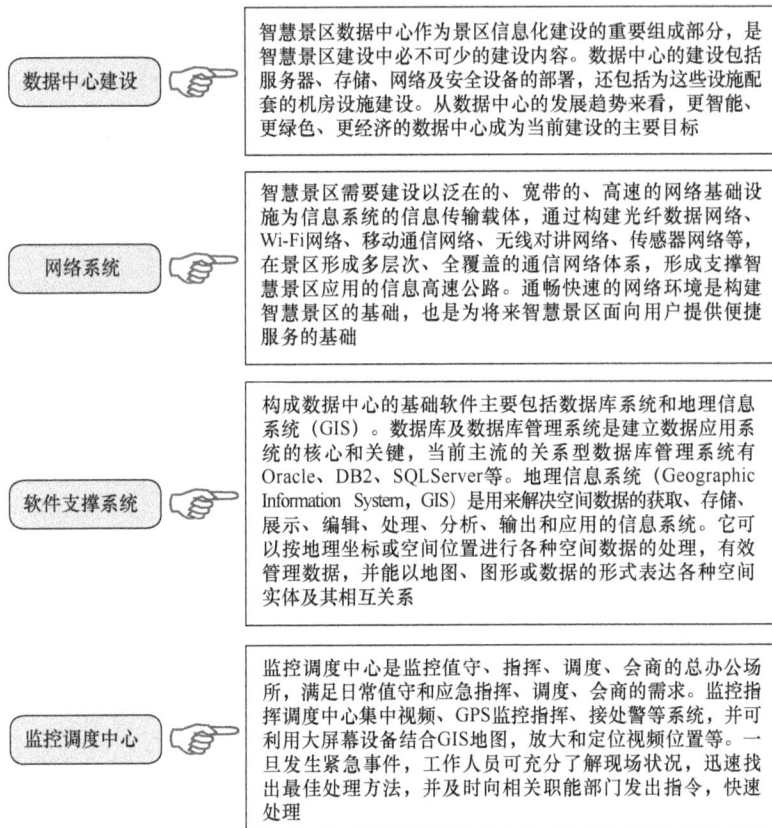

数据中心建设 ☞	智慧景区数据中心作为景区信息化建设的重要组成部分，是智慧景区建设中必不可少的建设内容。数据中心的建设包括服务器、存储、网络及安全设备的部署，还包括为这些设施配套的机房设施建设。从数据中心的发展趋势来看，更智能、更绿色、更经济的数据中心成为当前建设的主要目标
网络系统 ☞	智慧景区需要建设以泛在的、宽带的、高速的网络基础设施为信息系统的信息传输载体，通过构建光纤数据网络、Wi-Fi网络、移动通信网络、无线对讲网络、传感器网络等，在景区形成多层次、全覆盖的通信网络体系，形成支撑智慧景区应用的信息高速公路。通畅快速的网络环境是构建智慧景区的基础，也是为将来智慧景区面向用户提供便捷服务的基础
软件支撑系统 ☞	构成数据中心的基础软件主要包括数据库系统和地理信息系统（GIS）。数据库及数据库管理系统是建立数据应用系统的核心和关键，当前主流的关系型数据库管理系统有Oracle、DB2、SQLServer等。地理信息系统（Geographic Information System，GIS）是用来解决空间数据的获取、存储、展示、编辑、处理、分析、输出和应用的信息系统。它可以按地理坐标或空间位置进行各种空间数据的处理，有效管理数据，并能以地图、图形或数据的形式表达各种空间实体及其相互关系
监控调度中心 ☞	监控调度中心是监控值守、指挥、调度、会商的总办公场所，满足日常值守和应急指挥、调度、会商的需求。监控指挥调度中心集中视频、GPS监控指挥、接处警等系统，并可利用大屏幕设备结合GIS地图，放大和定位视频位置等。一旦发生紧急事件，工作人员可充分了解现场状况，迅速找出最佳处理方法，并及时向相关职能部门发出指令，快速处理

图7-2　智慧景区支撑体系的建设内容

表7-2　智慧景区的建设涉及的主要业务系统

序号	业务系统	说明
1	协同办公系统	协同办公系统实现景区部门与部门以及员工之间的协同办公，以提高办公效率，实现资源共享。系统针对办公过程中所涉及的信息量大、流程复杂、涉及岗位、人员众多、处理流程繁琐、多变等特点，提供一个简单、高效、快速的办公平台，完成工作人员的网上协同工作，实现网络化办公，提高整体工作效率，降低管理成本

（续表）

序号	业务系统	说明
2	智能视频监控与分析系统	视频监控系统是通过摄像头采集重要景点、客流集中地段、事故多发地段等地的实时场景视频数据，利用有线或无线网络将这些数据传输至指挥调度中心，供工作人员实时监视各类现场，为游客疏导、灾害预防、应急预案制订实施、指挥调度提供有力保障
3	指挥调度系统	指挥调度系统包括景区值守、智能处置、决策会商、远程指挥、应急联动等功能，可协助景区指挥人员有效部署和调度景区队伍、景区物资、景区装备等资源，实时或及时将相关任务指令、事件发展情况和景区处置状况传递给相关人员，结合监控画面和GIS地图，实现景区可视化协调指挥、有序调度和有效监管
4	售检票系统	随着网络的发展，电子门票逐步增多，自动售检票管理系统应运而生。售检票系统由售票、检票、中心管理与结算系统、门闸机等构成。门票电子化后，可很好地规范售票、检票过程，提高工作效率，提升用户管理水平
5	导游管理系统	通过导游管理系统的建设，实现导游级别、导游信息管理、导游评级、导游预约、导游排班、导游评价等功能；通过游客对导游的评价及管理，监督和管理导游队伍，提升景区的整体形象
6	信息发布与互动查询系统	景区是大量游客的汇集地，如何高效、快速地将景区信息以及突发状况及时地传达给每个游客，已成为智慧景区建设中主要考虑的重要问题。在游客服务中心、售票处、主要景点及游览线路等位置放置信息查询、预订终端（多媒体触摸屏），信息可及时被发布，信息查询和景区相关产品的预订服务更便利，能够让游客感觉到景区的贴心服务
7	移动应用系统	伴随智能终端的迅速普及，移动应用已成为广大游客获取信息的手段。通过手机短信推送、手机App应用、自助导览系统、景区微信公众服务号等形式，实现景区各旅游要素和景区导览、商务预订、投诉及信息反馈等功能，游客借助智能手机或其他移动终端实现自助旅游，享受各种便利旅游服务，提升游客对景区的满意度
8	景区电子商务系统	①景区旅游网站以游客和景区管理单位为服务对象 ②游客通过网站可查询旅游目的地及旅游各要素信息；查看景区旅游动态；购买、预订门票、旅游商品，规划路线、预订酒店；在线咨询问题等 ③景区管理单位可通过网站发布景区的信息，如旅游线路、折扣信息、新闻、门票、旅游商品网上销售预订、促销信息、招商项目等

7.3.3.3 保障体系建设

智慧景区的保障体系主要涉及管理制度、组织架构、运维保障3个方面。

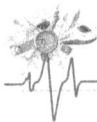

（1）管理制度

管理制度是指要求大家共同遵守的办事规程或行动准则。智慧景区在建设中，必须重视制度的建设，通过一系列制度及标准规范的建设来保障系统的正常运营和持续发展。我国在对智慧景区的建设中，国家或行业主管部门均有针对性地颁布了政策法规和指导规范，这些都将成为智慧景区建设过程中的重要参考和遵守依据。同时根据发展的需要，景区也会制订一些适合自身需要的管理制度，这些都将成为智慧景区保障体系建设的重要组成部分。

（2）组织架构

智慧景区的建设是一个持续发展的过程，需要投入大量的人力、物力和财力。为了保障这项系统工程的合理规划和稳步实施，管理者必须采取一系列有效的组织措施，并在相关管理部门的协助下实施。因此，智慧景区在建设和运营过程中，要明确景区管理部门的职责，各个部门要各司其职并且相互协作、相互监督，最终实现景区和城市环境的协调发展。

（3）运维保障

IT 系统作为现代化管理的重要手段之一，可靠性、稳定性不言而喻，因此需要科学合理的管理手段来保障它的运行。基于 IT 治理的理念，景区可以利用 IT 运维管理工具，有效地监控与管理各种设备及软件，监控的主要目标包括主机服务器（操作系统）、数据库、网络设备、磁盘阵列、中间件、Web 服务、业务应用系统、防火墙、负载均衡、机房环境等。

他山之石

某智慧景区系统总体设计方案

一、智慧景区系统的总体架构

智慧景区系统的总体架构如图 7-3 所示。

智慧景区建设内容概括起来可以分为两个层面和两个中心：基础层、应用层以及指挥调度中心、数据中心。

基础层包括通信网络设施、信息安全保障、物联网软硬件系统、视频系统、数据中心等。其中，物联网硬件包括各种传感设备（射频传感器、位置传感器、能耗传感器、速度传感器、热敏传感器、湿敏传感器、气敏传感器、生物传感器等），这些设备被嵌入景区的物体和各种设施中，并与互联网连接。

应用层包括面向各职能部门的应用信息系统，以加强资源保护管理为

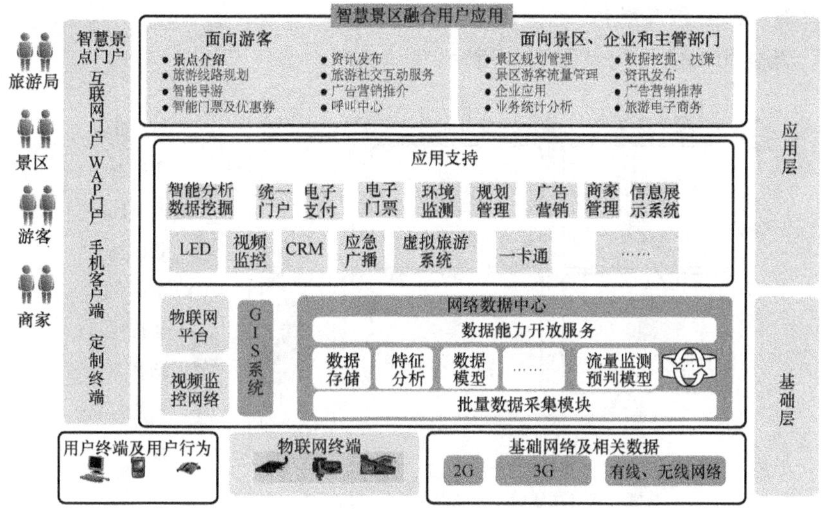

图7-3 智慧景区系统的总体架构

目的建设的环境监测系统，生物、文物资源监测系统，规划监测等系统；面向日常经营管理的 OA 办公系统，规划管理信息系统、GPS 调度系统、视频监控系统、电子门票系统、LED 大屏幕信息发布等系统；面向产业发展的电子商务、旅行社和酒店管理、客户关系管理等系统，面向游客服务的信息呈现和互动系统。

指挥调度中心整合管理资源，以及协调各职能部门的统一组织。它是最重要的核心平台，整合了系统各应用支撑系统的能力，实现资源监测、运营管理、游客服务、产业整合等功能。它主要包括以下系统平台。

① 地理信息系统（GIS）同时将多媒体技术、数字图像处理、网络远程传输、定位导航技术和遥感技术有机地整合到一个平台上。

② 旅游电子商务平台和电子票务系统。

③ 高峰期游客分流系统：可以均衡游客分布，缓解交通拥堵，减少环境压力，确保游客的游览质量。景区可以通过预订分流、票务分流和交通工具实现三级分流，这其中要采用 RFID、全球定位、北斗导航等技术时时感知游客的分布、交通工具的位置和各景点游客容量，并借助分流调度模型实时分流游客。

④ 其他配套系统：包括规划管理系统、资源管理系统、环境监测系统、智能监控系统、LED 信息发布系统、多媒体展示系统、网络营销系统等。

数据中心实现对各业务系统数据的集中管理和共享服务，包括 GIS 数据、GPS 数据、多媒体（MEDIA）数据、游客数据、产业链商家数据以及

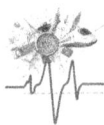

其他综合业务信息数据。

总体的功能结构如图 7-4 所示。

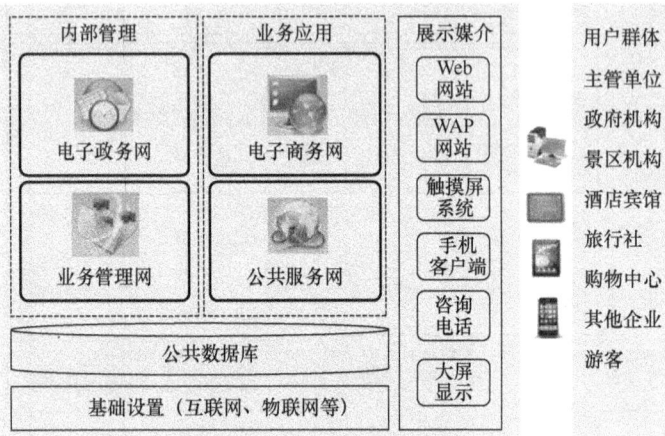

图7-4　总体的功能结构

二、整体技术架构

整体系统分为基础设施层（系统所需的基础设备、系统、中间件等）、资源层（实现具体功能的各种数据与信息库）、应用支撑层（对所有应用系统提供各种数据访问功能的中心服务系统）、应用系统层（实现具体功能的各种应用系统）。

资源层提供集中的数据访问功能，包括数据连接池控制、数据库安全控制和数据库系统。集中的数据访问能够在大量用户同时并发访问时共享有关连接等信息，从而提高效率。集中的数据库安全控制，使任何来自互联网的数据库访问都必须经过强制的安全管理，不允许直接访问数据库的行为，杜绝安全隐患。

应用层通过提供统一的数据服务接口，为各个应用系统提供服务。应用系统可以是网站、客户端系统、Web 服务以及其他应用。任何一个应用服务器都可以同时启动多个服务，通过目录与负载均衡服务来进行负载均衡，从而为大量用户并发访问提供高性能服务。智慧景区系统应用服务器提供核心智慧景区系统服务，包括数据服务、管理服务、基本安全服务、其他业务服务等；数据同步服务器将数据有条不紊地同步到各个数据库；系统更新与版本升级服务器提供各个系统的版本升级管理，使任何一个系统都保持最新版本；Web 日志分析服务器提供用户访问分析，使网站后期修改、维护、更新更有针对性。智慧景区系统整体技术架构如图 7-5 所示。

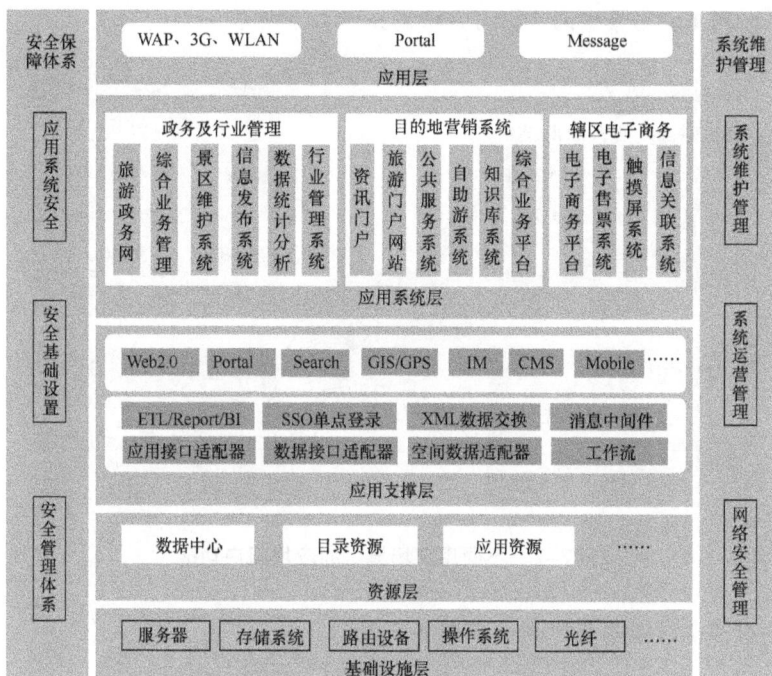

图7-5 智慧景区系统整体技术架构

三、智慧景区系统的应用门户设计

智慧景区系统所面对的用户主要有旅游局、景区、游客、商家4类。

智慧景区系统作用于不同应用对象产生的信息流如图7-6所示。

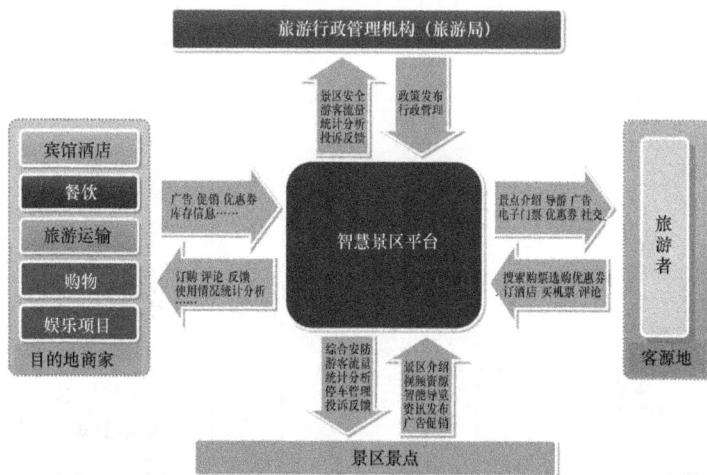

图7-6 智慧景区系统作用于不同应用对象产生的信息流

不同用户场景下的应用门户功能如图 7-7 所示。

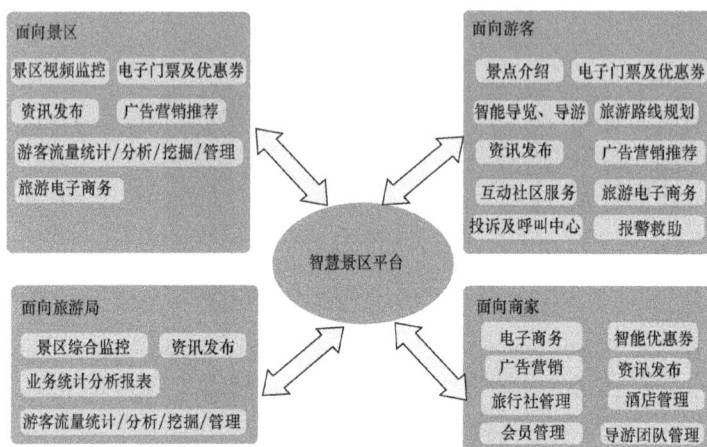

面向景区
景区视频监控　电子门票及优惠券
资讯发布　广告营销推荐
游客流量统计/分析/挖掘/管理
旅游电子商务

面向游客
景点介绍　电子门票及优惠券
智能导览、导游　旅游路线规划
资讯发布　广告营销推荐
互动社区服务　旅游电子商务
投诉及呼叫中心　报警救助

智慧景区平台

面向旅游局
景区综合监控　资讯发布
业务统计分析报表
游客流量统计/分析/挖掘/管理

面向商家
电子商务　智能优惠券
广告营销　资讯发布
旅行社管理　酒店管理
会员管理　导游团队管理

图7-7　不同用户场景下的应用门户功能

应用之间的关系如图 7-8 所示。

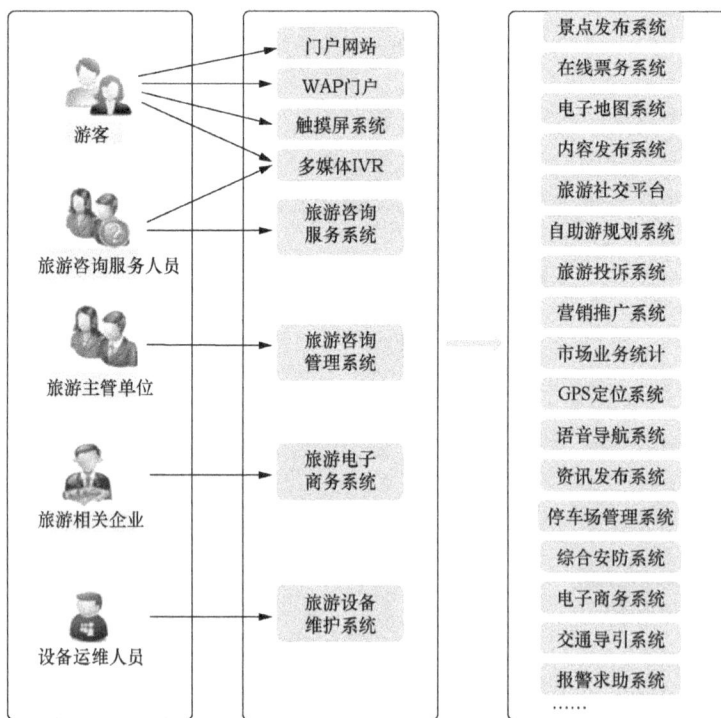

游客
旅游咨询服务人员
旅游主管单位
旅游相关企业
设备运维人员

门户网站
WAP门户
触摸屏系统
多媒体IVR
旅游咨询服务系统
旅游咨询管理系统
旅游电子商务系统
旅游设备维护系统

景点发布系统
在线票务系统
电子地图系统
内容发布系统
旅游社交平台
自助游规划系统
旅游投诉系统
营销推广系统
市场业务统计
GPS定位系统
语音导航系统
资讯发布系统
停车场管理系统
综合安防系统
电子商务系统
交通导引系统
报警求助系统
......

图7-8　应用之间的关系

四、网络拓扑结构

智慧景区系统网络设计采用应用数据、内部服务与外部服务分离的原则。系统的网站服务器、商务系统 WWW 服务器部署在防火墙的 DMZ（停火区），数据库服务器、政务网应用服务器、内部办公服务器等布署在防火墙的非军事区，如图 7-9 所示，严格设定访问规则，并配备入侵检测系统，以确保系统的安全。

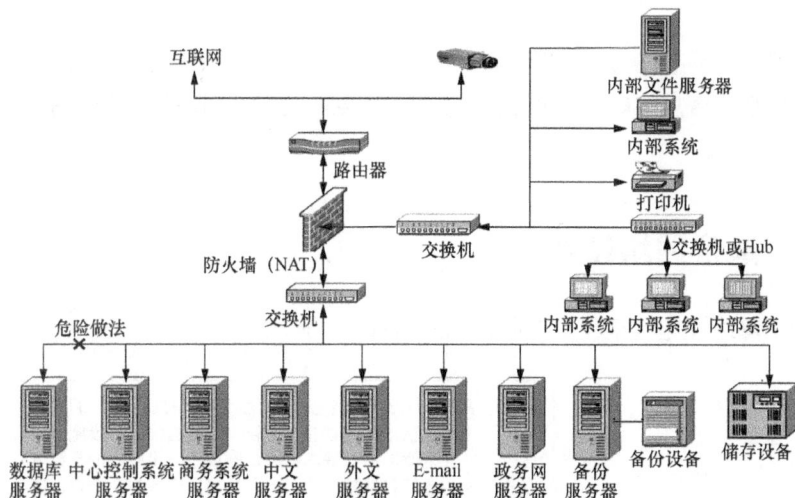

图7-9 智慧景区系统网络拓扑结构

智慧景区系统是集旅游信息的收集、加工、发布、交流为一体，实现旅游的网上交易和服务，全程网络化的综合性、多功能网络系统。参与各方为政府主管部门、旅游企业（宾馆、酒店、旅行社、餐馆酒楼、娱乐场所、景点公司、票务公司、租车公司等），游客（网站会员、访客、游客）、银行以及其他机构和个人。

系统采用 Internet/Intranet 的 b/s 模式，服务器端采用开放的系统平台，便于扩充。整个系统以数据中心为信息交换平台，以 Internet 为数据传输通道，政府各有关部门、旅游企业、游客、银行通过专线或拨号上网方式与系统中心互联，实现网上数据查询、预订、购物、交易、结算、消费等活动。

网络中心配备若干台高性能服务器，以应用和数据分离为原则，加强系统运行的稳定性和安全性。服务器采用先进的平台，保证平台的先进性和可维护性，后台采用国际品牌数据库系统（如 Oracle），前后台开发工具采用 J2EE 等，服务器上运行电子商务套件以支持电子交易，并安装 Web 服务软件，向用户提供信息浏览、查询等服务。

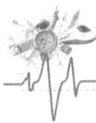

7.4 智慧景区基础层建设

智慧景区建设方案中的基础层是指用于支撑各信息系统的安全运行及数据交换的各种必要信息化的基础设施，包括通信网络设施、网络信息安全系统和各种基础软件平台。

7.4.1 通信网络设施

通信网络设施包括 4 个方面，如图 7-10 所示。

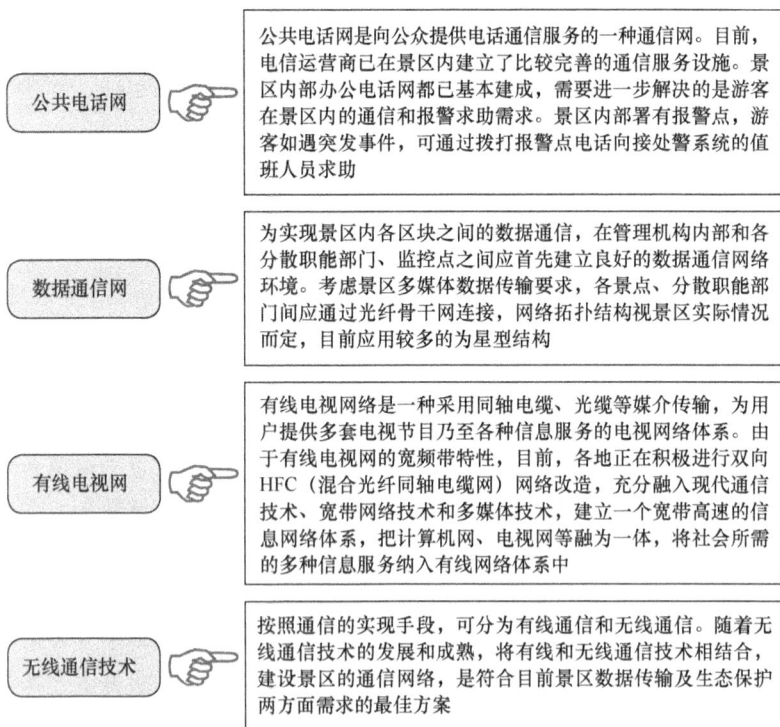

公共电话网	公共电话网是向公众提供电话通信服务的一种通信网。目前，电信运营商已在景区内建立了比较完善的通信服务设施。景区内部办公电话网都已基本建成，需要进一步解决的是游客在景区内的通信和报警求助需求。景区内部署有报警点，游客如遇突发事件，可通过拨打报警点电话向接处警系统的值班人员求助
数据通信网	为实现景区内各区块之间的数据通信，在管理机构内部和各分散职能部门、监控点之间应首先建立良好的数据通信网络环境。考虑景区多媒体数据传输要求，各景点、分散职能部门间应通过光纤骨干网连接，网络拓扑结构视景区实际情况而定，目前应用较多的为星型结构
有线电视网	有线电视网络是一种采用同轴电缆、光缆等媒介传输，为用户提供多套电视节目乃至各种信息服务的电视网络体系。由于有线电视网的宽频带特性，目前，各地正在积极进行双向HFC（混合光纤同轴电缆网）网络改造，充分融入现代通信技术、宽带网络技术和多媒体技术，建立一个宽带高速的信息网络体系，把计算机网、电视网等融为一体，将社会所需的多种信息服务纳入有线网络体系中
无线通信技术	按照通信的实现手段，可分为有线通信和无线通信。随着无线通信技术的发展和成熟，将有线和无线通信技术相结合，建设景区的通信网络，是符合目前景区数据传输及生态保护两方面需求的最佳方案

图7-10 智慧园区的通信网络设施

7.4.2　网络信息安全系统

网络安全问题是网络信息系统设计中最重要的问题之一。网络信息安全系统的安全防护可分为 3 个层次，如图 7-11 所示。

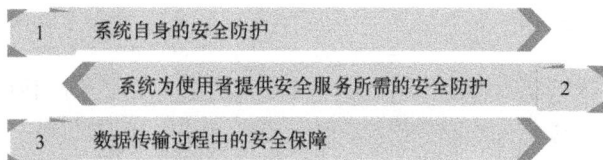

| 1 | 系统自身的安全防护 |

系统为使用者提供安全服务所需的安全防护　2

| 3 | 数据传输过程中的安全保障 |

图7-11　网络信息安全系统的安全防护的3个层次

景区应该合理设计网络拓扑结构、实施网络安全监测系统、防火墙系统、入侵检测系统、病毒防范系统、智能卡系统和数据加密系统。

7.4.2.1　安全的网络拓扑结构

如图 7-12 所示，景区要合理划分网段，利用网络中间设备的安全机制控制各网段间的访问，保证网络安全。例如，划分核心数据服务网段和应用服务网段，以防止攻击者利用预攻击探测、窃听等方法搜集信息；消除 IP 欺骗、重放或重演、拒绝服务攻击、分布式拒绝服务攻击、篡改和堆栈溢出等大量安全隐患和威胁。

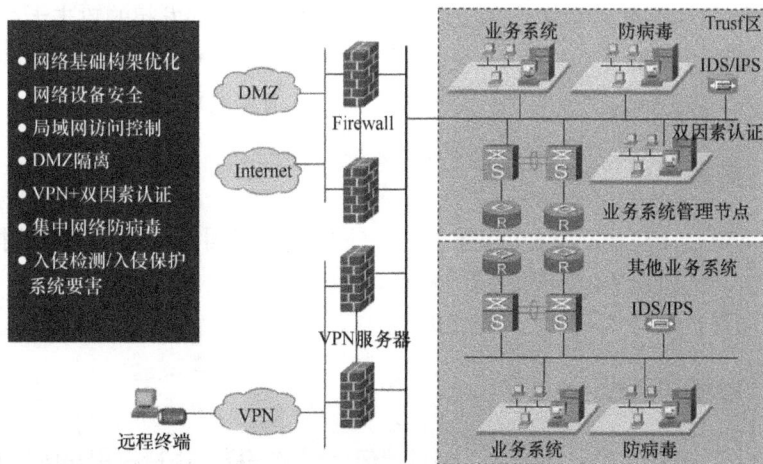

图7-12　安全的网络拓扑结构

7.4.2.2　网络安全监测系统

网络安全监测系统是查找网络安全漏洞、评估并提出修改建议的网络安全扫描工具。它的功能是利用优化系统配置和打补丁等各种方式最大可能地弥补最新的安全漏洞并消除安全隐患。

7.4.2.3　防火墙系统

防火墙的功能是在内部、外部两个网络间建立一个安全控制点，通过允许、拒绝或重新定向经过防火墙的数据流，审计和控制进、出内部网络的服务和访问。具体来说，设置防火墙的目的是隔离内部网和外部网，保护内部网络不受攻击，并实现以下基本功能：

①禁止外部用户进入内部网络，进而访问内部机器；

②保证外部用户可以且只能访问到某些指定的公开信息；

③限制内部用户只能访问到某些特定的 Internet 资源，如 WWW 服务、FTP 服务、Telnet 服务等。

防火墙有标准防火墙和应用层网关两类。随着防火墙技术的进步，在应用层网关基础上又演化出两种防火墙配置：一种是隐蔽主机网关，另一种是隐蔽智能网关（隐蔽子网）。目前，技术最为复杂而且安全级别最高的防火墙是隐蔽智能网关，它将网关隐藏在公共系统之后使其免遭直接攻击。

7.4.2.4　网络实时入侵检测系统

防火墙虽然能抵御网络外部安全威胁，但对网络内部发起的攻击无能为力。动态地监测网络内部活动并做出及时的响应和处理，就要依靠基于网络的实时入侵监测技术。实时入侵监测技术还能检测到绕过防火墙的攻击。

7.4.2.5　病毒防范系统

病毒防范系统应安装在文件服务器、E-Mail 服务器等最易感染或传播病毒的服务器上，通过统一的控制台管理所有病毒防范系统，包括统一的分发、维护、更新和报警等。

7.4.2.6　智能卡系统

智能卡就是密钥的一种媒体，一般就像信用卡一样，由授权用户所持有，并由该用户赋予它一个口令或密码。该密码与内部网络服务器上注册的密码一致。

当口令与身份特征共同使用时，智能卡的保密性能还是相当有效的。将智能卡应用在网络信息系统中可以提升整个系统的安全性。

7.4.2.7 数据加密系统

当前数据加密系统中采用的数据加密技术主要分为数据传输技术、数据存储技术、数据完整性的鉴别技术以及密钥管理技术 4 种。

7.4.3 基础软件平台

7.4.3.1 数据库系统

数据库及数据库管理系统是建立数据应用系统的核心和关键。目前，商品化的数据库管理系统以关系型数据库为主导产品，技术比较成熟。国际、国内的主导关系型数据库管理系统有 Oracle、DB2、SQLServer 等。

相关知识

主导关系型数据库管理系统介绍

一、Oracle

Oracle在数据库领域一直处于领先地位，Oracle产品覆盖了大、中、小型机等几十种机型，是世界上使用最广泛的关系数据库系统之一。Oracle数据库产品具有兼容性；可移植性等优良特性。Oracle的产品可运行于很广范围的硬件与操作系统平台上，可以安装在70种以上不同的大、中、小型机上，可在VMS、DOS、Unix、Windows等多种操作系统下工作。它的可联结性决定其能与多种通信网络相连，支持各种协议（TCP/IP、DECnet、LU6.2等）。它的高生产率，即它能提供多种开发工具，能极大地方便用户进一步的开发。此外，OracleSpatial将空间数据与数据库紧密结合，支持OpenGIS标准，已成为多数GIS软件支持的空间数据库标准。

二、DB2

DB2是IBM公司的产品，起源于SystemR和SystemR*。支持从PC到Unix，从

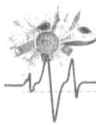

中小型机到大型机；从IBM到非IBM（HP及SUNUNIX系统等）各种操作平台。它既可以在主机上以主/从方式独立运行，也可以在客户/服务器环境中运行。其中，服务平台可以是OS/400、AIX、OS/2、HP-Unix、SUN-Solaris等操作系统，客户机平台可以是OS/2或Windows、DOS、AIX、HP-UX、SUN、Solaris等操作系统。DB2最适于海量数据，在企业级的应用最为广泛，在全球的500家大型的企业中，几乎85%以上都使用DB2数据库服务器。

三、MSSQLServer

MSSQLServer是微软公司的关系型数据库，适用于所有Windows平台，是创建、管理和部署应用程序最简便的数据库。它具有"自我管理"特性，例如动态内存管理，自动调整用于数据库操作的系统内存量。它通过常规任务的自动化，将系统管理员解放出来。该数据库平台价格相对较低。

7.4.3.2　地理信息系统

地理信息系统（Geographic Information System，GIS）是解决空间数据的获取、存储、展示、编辑、处理、分析、输出和应用的信息系统。它可以按地理坐标或空间位置处理各种空间数据，有效管理数据，并能以地图、图形或数据的形式表达各种空间实体及其相互关系。地理信息系统的应用已经遍及城市规划管理、交通运输、测绘、环保、农业、制图等领域。

地理信息系统是智慧景区建设的一个基础平台软件，为各类业务应用系统提供集成 GIS 应用支持，实现各应用系统基于基础地理数据支撑的业务分析、专题表达和辅助决策功能，提高管理水平和运行效率。

地理信息系统主要提供以下功能，具体见表7-3。

表7-3　地理信息系统主要提供的功能

序号	功能	说明
1	地理空间数据管理	支持用户以多种方式录入地理数据，并以有效的数据组织形式进行数据管理、更新、维护，提供快速查询检索，支持以多种方式输出决策所需的地理空间信息。如数字化纸质地形图，在地理信息系统中可以直接查看矢量格式下的地形地貌。当某一区域地貌发生变化（拆迁改造、修建道路等）时，可根据实际测量的数据，在系统中修改原有地物图形，实现对地形图的更新

（续表）

序号	功能	说明
2	空间查询和空间分析功能	GIS将地物的空间关系抽象为点与点之间、线与线之间、面与面之间、点与线之间、点与面之间、线与面之间的各种空间拓扑关系，包括"相邻""相离""相交""包含""重合"等。通过这种抽象，系统可以提供基于这种空间关系的查询和分析功能。例如，GIS要分析因道路拓宽而需拆除的建筑物的数量，则可通过线缓冲区分析该道路对象，查询出位于拓宽范围内的所有建筑物
3	属性数据管理	通常，地物除了具有位置、大小等空间信息外，还具有诸多社会经济特性。GIS除了能够管理空间数据以外，还可以管理属性数据。例如，地面上一栋楼房的位置、占地面积可以在地图上用相应的面图形来表示，楼房的建筑年代、层数、用途等信息可以作为这个面图形的属性数据同时在系统中记录保存下来
4	专题分析	GIS可以通过各种方式（如符号大小对比、颜色层次、各种统计形式等），突出表达空间数据某一方面的专题信息，通常包括单值专题图、分段专题图、等级符号专题图、统计专题图、点密度专题图、符号填充专题图、文字标注专题图以及自定义专题地图等
5	地图制图	地理信息系统的发展是从地图制图开始的，用于地图制图是GIS的主要功能之一。利用GIS建立起地图数据库，不仅可以为用户输出全要素地形图，而且可以根据用户需要分层输出各种专题，如行政区划图、土地利用图、道路交通图等

7.5 智慧景区应用支撑层建设

由于景区类型和管理模式的不同，景区职能部门在信息化建设方面的需求是多种多样的。概况起来，智慧景区涉及游客服务、资源保护监测、日常经营管理、产业整合发展4个方面。

应用层分为应用支撑层和用户应用层，其中应用支撑层主要是一些基础信息系统，通过这些系统的建设为面向用户的用户应用层系统提供功能和数据上的支持；用户应用层则主要面向用户提供特定的功能和用户界面的展现形式。

7.5.1 环境监测系统

随着旅游经济的发展，景区游客量、车辆不断增加，各种有害气体及垃圾对

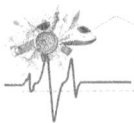

景区空气质量和水质等环境要素的影响日益严重，为确保景区的可持续发展，景区工作人员有必要定期监测景区的环境要素，掌握环境变化状况，及时采取措施避免生态环境的恶化。

7.5.1.1 监测方法

根据景区资源保护的侧重点不同，景区资源的监测可分为水质、空气等的监测。监测方法有利用相应的数据自动采集系统定期采集样本，通过分析仪器获取监测指标情况，并做出环境变化情况的评价，以便及时采取措施。

7.5.1.2 监测指标和评价标准的设计

监测指标和评价标准的设计应以总体规划要求和国家颁布的相关标准为依据，例如国家《地表水环境质量评价标准》，《地下水质量标准》，《环境空气质量标准》，《土壤环境质量标准》等。监测点的数量和设置位置依据景区情况而定。

7.5.1.3 系统实现

以下以水质和空气质量自动监测系统为例说明如何实现系统监测。

（1）水质监测

一套完整的水质自动监测系统能连续、及时、准确地监测目标水域的水质及其变化状况；中心控制室可随时取得各子站的实时监测数据，统计、处理监测数据，打印输出各种监测、统计报告和图表，并可输入中心数据库或在网上发布；还可收集并可长期存储指定的监测数据及各种运行资料、环境资料，以备检索。系统还应具有监测项目超标及子站状态信号显示、报警功能，自动运行、停电保护、来电自动恢复功能，维护检修状态测试功能，便于例行维修和应急故障处理等。

在水质自动监测系统网络中，中心站通过有线或无线通信方式实现对各子站的实时监视、远程控制及数据传输功能，其他经授权的相关部门可通过Web方式实现对相关子站的实时监视。每个子站是一个独立完整的水质自动监测系统。

自动监测站点的布置主要考虑以下几个地点，如图7-3所示。

（2）空气质量监测

目前，我国正在运行的空气质量自动监测系统主要采用干法监测。安装形式主要有固定站房式和车载式两类。

国内大部分空气质量自动监测系统基本上采用传统的专用数据采集传输系

统，其工作原理是利用子站的分析仪器直接测量空气中的污染物，测定结果（浓度值）经量程设定转换成模拟量后输入数据采集器，如：8800 系统（ESC 制造、PI 公司采用）、8001 系统（美国 DASIBI 公司采用）、6002 系统（TE 公司采用）、SAM32 系统（法国 ESA 公司采用）。数据采集器分类保存所采集的数据，中心站的微机通过有线或无线通信方式与子站连通并下载采集器中的数据，利用报表软件编辑处理所获得的数据。

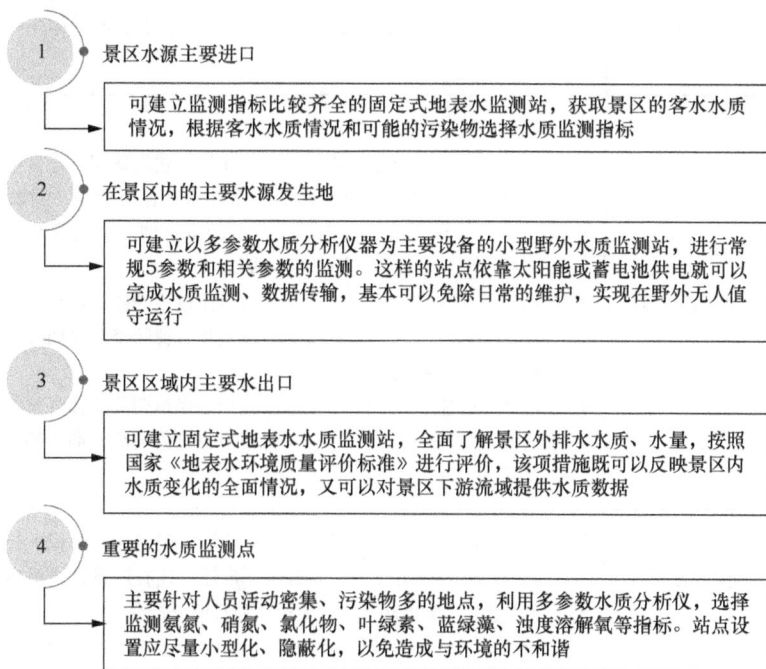

1 景区水源主要进口

可建立监测指标比较齐全的固定式地表水监测站，获取景区的客水水质情况，根据客水水质情况和可能的污染物选择水质监测指标

2 在景区内的主要水源发生地

可建立以多参数水质分析仪器为主要设备的小型野外水质监测站，进行常规5参数和相关参数的监测。这样的站点依靠太阳能或蓄电池供电就可以完成水质监测、数据传输，基本可以免除日常的维护，实现在野外无人值守运行

3 景区区域内主要水出口

可建立固定式地表水水质监测站，全面了解区外排水水质、水量，按照国家《地表水环境质量评价标准》进行评价，该项措施既可以反映景区内水质变化的全面情况，又可以对景区下游流域提供水质数据

4 重要的水质监测点

主要针对人员活动密集、污染物多的地点，利用多参数水质分析仪，选择监测氨氮、硝氮、氯化物、叶绿素、蓝绿藻、浊度溶解氧等指标。站点设置应尽量小型化、隐蔽化，以免造成与环境的不和谐

图7-13 自动监测站点的布置地点

7.5.2 规划管理信息系统

建立规划管理信息系统的目的是实现景区日常规划管理中建设项目报建、审批和批后管理等工作的电子化，提高景区的规划管理信息化水平和办公效率。

7.5.2.1 系统应实现的功能

系统将地理信息系统（GIS）技术与规划管理业务紧密结合，面向规划审批、项目管理和辅助决策服务。系统应实现的功能见表 7-4。

表7-4　规划管理信息系统应实现的功能

序号	功能	说明
1	项目报建审批	提供对建设项目报建审批的管理。包含日常管理工作中的接件、报建初审、多专业、多种类图件查阅、核对比较、红线图绘制提出规划设计要点、设计方案的自动量算与审查、签写审查意见等功能
2	证书审核签发	对符合要求的建设项目核发证书。包括起草文件、管理文号、发证审批、部门会签、会议意见综合、证书以及附件图表的一体化打印输出等全部业务功能
3	项目批后管理	提供对各类建设项目的批后管理功能。 ① 单体建筑信息查询包括建设单位、面积、建设日期、建设性质（永久、临时）、两证一书文号、经营性质、保留期限（对临时建筑有）、所属景区等属性内容；项目的审批情况、经营性质变更情况、历史照片、视频等历史资料查阅。 ② 单体建筑资料记录：提供编辑录入单体建筑的监管资料，包括经营性质变更、建筑风格变更情况以及照片、视频资料存档等，对于已经拆除的临时建筑，标记注销。 ③ 临时建筑普查：自动突出显示已经超过保留期限的临时建筑项目，管理员提醒用户处理项目，同时用户也可以灵活查询于某个日期前到期的临时建筑情况
4	空间分析	供用户方便地进行图形方面的量测、计算，如坐标、面积、长度等，以及一些常用的空间分析，如占压、拆迁，还有道路管线横纵断面分析、设计方案三维景观分析、建设项目日照分析等
5	资料查询检索	供规划管理业务人员快速查阅相关图文资料。保存在系统内的所有地形图、规划图、管线图、工作图、规划资料、审批案卷、一书两证等历史记录和当前资料，用户可以在权限范围内快速调阅
6	业务督办管理	提供各级领导对业务人员的业务办理进展和结果进行网络化查询和督办，确保业务办理进度，提高工作效率
7	辅助决策依据	基于对历史案卷的有效管理和统计分析，为管理部门快速、科学地衡量景区规划建设的实施情况提供依据，辅助管理层正确决策

7.5.2.2　系统的设计要求

目前较为先进的规划管理信息系统的实现模式有基于 GIS 系统，提供集图纸、文档、表格等资料管理于一体的流程化审批管理。系统的设计应注意对以下环节的支持，如图 7-14 所示。

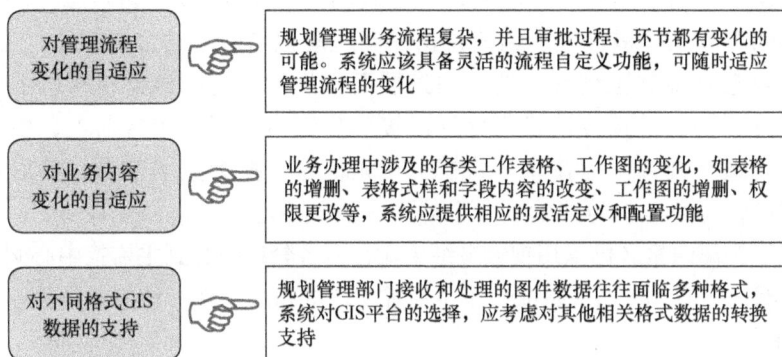

图7-14 系统的设计要求

7.5.3 视频监控系统

建设视频监控系统的目的是通过摄像头采集重要景点、客流集中地段、事故多发地段等地的实时场景视频数据，利用有线或无线网络传输至指挥调度中心，供指挥调度中心实时监视各类现场，为游客疏导、灾害预防、应急预案制订实施、指挥调度提供有力保障。

视频监控系统主要包括前端摄像系统、数据传输系统、控制系统和显示系统。前端摄像系统完成数据采集后，将数据传输至监控中心，在监控中心完成数据的保存以及控制前端摄像机焦距、景深等，并通过大屏幕系统或电视墙实时播放多路视频画面，供工作人员集中监控。

7.5.3.1 前端摄像系统

监控系统前端设备主要包括摄像机、镜头、云台、防护罩、支架、控制解码器、射灯等。

7.5.3.2 数据传输系统

根据监控系统的实现模式不同，数据传输也有多种方式。

（1）传统模拟视频监控

它是以模拟设备为主的监控系统，数据传输采用视频电缆，以模拟方式

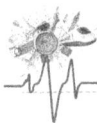

将来自摄像机的视频信号传输到矩阵切换主机上，一般传输距离不能太远。若需要远距离传输图像时需采用光纤，利用光端机传输视频。纯粹的有线模拟视频信号传输对距离十分敏感，无法联网，只能以点对点的方式监视现场，使景区的布线工程量极大。为改善这一问题模拟与数字结合视频监控出现了，它是随着数字视频压缩编码技术的发展而产生的。前端摄像机获取图像信息后，通过各自的视频传输线路就近汇接到分控中心视频服务器上，由视频服务器利用数字视频压缩技术，将模拟视频信号转换为数字信号，然后再通过通信网络，将数字信号传输到一个或多个监控中心。

在短距离内景区仍采用视频电缆传输，而各分控中心到主监控中心间通过数据通信网络传输，从而大量减少了主监控中心的布线工作。该方式是目前应用较为广泛的方式。

（2）数字视频监控

数字视频监控是随着网络技术的发展，在嵌入式 Web 服务器技术上产生的一种监控方式。前端摄像机嵌入了数字信号处理装置（通常称为网络摄像机），可以将摄像机输出的模拟视频信号直接转换成 IP 数字信号，因此每个摄像机可以直接通过以太网与内置的 Web 服务器的视频服务器相连。网络上的用户可以直接用 Web 浏览器观看视频图像。数字视频监控可以在计算机网络（局域网或广域网）上传输图像数据，不受距离限制，信号不易受干扰，可大幅度提高图像品质和稳定性，是目前视频监控的新兴发展方向。但此种方式采用网络摄像机，成本较高，目前应用还不是很广。

7.5.3.3 控制系统

监控系统的控制功能一般在监控主机上完成。它的主要功能分为监视功能、录像功能、报警功能、控制功能、网络功能、密码授权功能等，见表 7-5。

表7-5 控制系统的功能

序号	功能	说明
1	监视功能	监视功能是监控主机最主要的功能之一，监视功能要求看全面、看清楚现场的景物，必要时还应该有声音，还要注意是否视音频同步。监视的效果主要通过清晰度、画面实时程度和显示形式来判断。一般每秒图像超过25帧时肉眼看上去是比较实时的图像。显示形式一般有1、4、7、9、10、16等画面分割形式，也可将屏幕切到全屏。每一路的亮度、对比度、色彩、饱和度等参数都应是连续可调的。在全屏观察时，屏幕可以比较准确地反映画质、录像速度及显卡质量

（续表）

序号	功能	说明
2	录像功能	录像效果是监控主机的核心和生命力所在，主要需考虑图像的实时性和清晰度，在监视器上看实时和清晰的图像，录下来回放的效果不一定好。此外，单位时间录像所用内存以及单幅画面的内存也是反映录像效果的主要参数
3	报警功能	报警功能主要指探测器的输入报警和图像视频帧测的报警。报警后系统会自动开启录像功能，并通过报警输出功能开启相应的射灯、警号和联网输出信号。图像视频帧测报警是数字监视独有的功能，可以方便地设定视频触发区域，在一定意义上可以起到探测器的作用。报警信号的输出时间应是可调整的，同时各种报警结果应在计算机中有明确记载
4	控制功能	主要指通过主机控制全方位摄像机云台、镜头，一般要通过专用解码器完成
5	网络功能	通过局域网拨号上网，经过简单身份识别可以对主机进行各种监视录像控制的操作，主要观察接通速度和监控录像效果以及是否影响其他软件的运行
6	密码授权功能	为减少系统的故障率和非法进入，对于停止录像、布撤防系统及进入编程等操作需设密码口令，使未授权者不得操作

7.5.3.4 显示系统

显示系统实时显示来自前端摄像机的视频信号。显示设备有电视墙、大屏幕。

7.5.4 应急智能广播系统

景区建立应急智能广播系统的目的是解决景区内游客紧急疏散、工作人员统一指挥调度的信息广播问题，还要实现景区日常信息发布、背景音乐播放等服务。

7.5.4.1 系统应实现的功能

应急智能广播系统应实现以下功能：

① 可任意分区、分组、点对点再广播某个或某些景点；

② 可自动定时、定点播放景区背景音乐和游客注意事项；

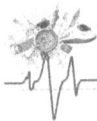

③ 提供紧急广播功能，可手动播放紧急通知、疏散信息等，配合突发事件播放紧急预案处理信息，确保游客安全；

④ 兼容数字、模拟各种广播格式。

7.5.4.2　系统构成

目前，较为先进的广播系统为基于智能寻址技术、FM 调频调制与频分复用技术、单片机编解码技术等开发的免布线智能广播系统。该系统由前端系统、数据传输和接收系统 3 部分构成，如图 7-15 所示。

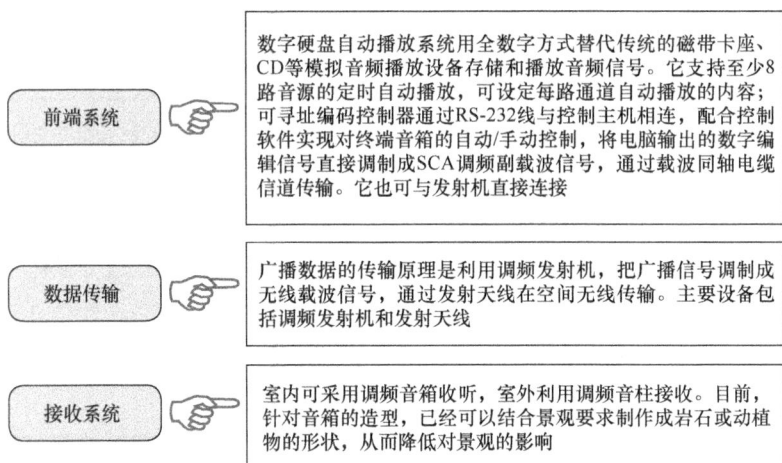

图7-15　应急智能广播系统的构成

7.5.5　信息展示系统

信息展示系统主要为游客提供旅游文本、多媒体等信息的自助查询检索服务。信息展示系统的建设应重点考虑展示内容的生动性和设计的美观性、游人操作的易用性以及数据更新的简单快捷等因素。信息表现形式可借助 GIS、虚拟现实（VR）和多媒体等多种技术实现。

7.5.5.1　展示的内容

信息展示系统展示的内容需要由一套完善的采编、编辑、整理保存、检索、发布机制，并配合信息展示管理系统软件组织和管理内容 。

7.5.5.2 展示的媒介

景区信息可通过景区网站集群、触摸屏、LED 大屏、12301 热线及咨询中心、手机 WAP、手机客户端软件以及短信等多种方式和渠道通过多种语言被发布。

游客可在游客中心等地的触摸屏设备上或者在移动终端客户端应用程序中，自行查询景区的景点介绍、交通、天气、旅游服务设施情况等信息，从而方便自身的旅游安排。这种方式大大提高了游客的满意度。

此外，信息展示系统的内容也可以扩展到景区建设的各个方面，包括自然文化资源介绍、规划建设管理、资源保护措施等。信息展示系统成为景区的数字化多媒体电子档案数据库和检索展示系统。

7.5.6 数字虚拟景区和虚拟旅游

数字虚拟景区是指利用现代计算机数字技术、三维全景实景混杂现实技术、三维建模仿真技术、360° 实景照片或视频等技术建成的数字虚拟景区。数字虚拟景区是一种在计算机和互联网上再现景区真实场景，实现虚拟旅游，增强景区公共属性的一种新型旅游方式。

根据技术和模拟程度的不同，数字虚拟景区可以分为 2D 虚拟景区（二维）和 3D 虚拟景区（三维）两种。

2D 虚拟景区是景区网站利用 Flash 动画技术，实现由一名虚拟导游员带领网上访问者，按一定线路游览景区各处景观，并且实时配置上文字、语音、图片、视频等新型多媒体导览的旅游在线服务和推广平台。

3D 虚拟景区使用的是 3D 立体虚拟现实技术。该技术虽然投资巨大，制作周期长，网络条件要求高，但是仍是未来的主要发展方向。

数字虚拟景区和虚拟旅游平台能应用在互联网、景区门户网站、景区触摸屏导览机、智能手机等终端设备。

7.5.7 LED 大屏幕信息发布系统

LED 大屏幕信息发布系统是利用先进的 LED 显示技术、通信技术建立的集资源推介、旅游资讯、公益宣传为一体的综合性景区信息联播系统。该系统的建设目的是整合行业旅游资源，最大化共享景区客源，加强行业整体宣传力度。

7.5.7.1 播放内容

LED 大屏幕信息发布系统的主要播放内容包括景区资源推介宣传、旅游服务资讯及公益宣传等，如图 7-16 所示。

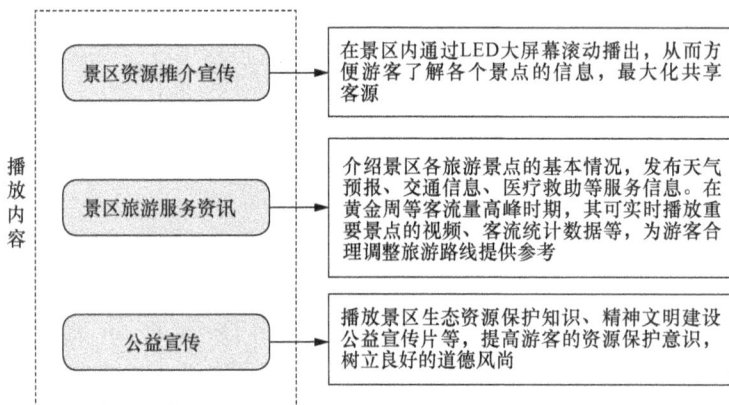

图7-16 LED大屏幕信息发布系统播放的内容

7.5.7.2 系统构成

信息发布系统包括播放控制中心、传输、数据接收、LED 发布 4 个部分，见表 7-6。景区利用通信技术，搭建一个行业宣传组播网络。该组播网络使播放控制中心与景区实现了信息传输。

表7-6 联播系统的构成

序号	构成部分	说明
1	播放控制中心	播放控制中心后期统一编辑景区提供的宣传资料（样片），并制作LED节目单，中心再将节目单通过网络传输给景区。景区按播放程序在景区LED发布系统上全天滚动播出节目单的内容，确保景区宣传信息的对等交换与共享
2	传输	发布内容的传输采取租用通信方式实现。景区利用现有的通信资源，可以解决地域分布较广的各分散景区与控制中心的数据无线传输问题。景区可以根据需要动态调整通信，从而保证整个通信系统的安全性
3	数据接收	景区内各个发布点分别建设通信终端，统一接收由控制中心发出的播放内容

（续表）

序号	构成部分	说明
4	LED发布	由播放主机和LED大屏幕显示设备等组成。播放主机可以自动运行循环的预订播放程序，根据给定的节目单在LED大屏幕上循环播放相应的内容。通过播放主机，景区工作人员还可以控制LED显示屏的显示效果。例如，根据环境亮度自动调节显示屏亮度并选择不同的灰度非线性校正数据；调节图像显示的对比度、色度等

7.5.8　电子票务系统

电子票务系统可替代景区原有的人工检票模式，自动识别检票和放行，从而降低人工检票的工作量，提高工作效率；还可杜绝假票，并快速、准确地统计每时段进入景区的游客量。电子票务系统有助于景区控制客流量，更好地保护景区的生态环境。

7.5.8.1　电子票务系统的功能

电子票务系统担负景区统计和监控进出人数的重要功能，是集电子售票、检票管理、数据实时统计分析于一体的信息化管理系统。它能方便游客买票入园和帮助景区及时掌握景区人流情况，如图7-17所示。

电子票务系统把粗放静态的人工票务管理变成了精细动态的数字管理，不仅大大方便了游客，而且减少了景区管理的盲目性，降低了管理成本，使景区管理更加精细化、决策更加科学化。

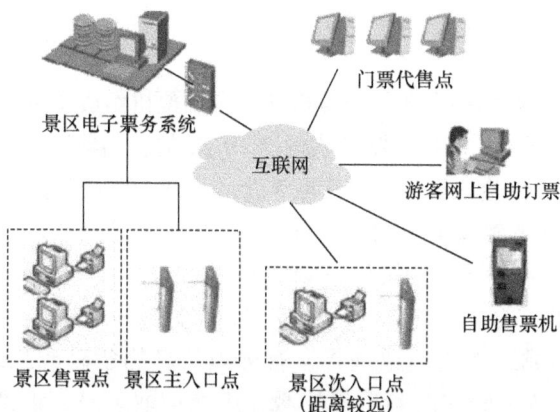

图7-17　电子票务系统的功能

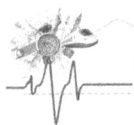

电子票务系统有以下优点。

① 杜绝了传统门票（纸票）的漏洞——假票、过期票。

② 解决了人员管理上的漏洞——统计难、查询难、出错率高、易作弊。

③ 票务和旅行社全部数字化管理并且数据及时更新。

④ 景区能实时把握动态数据，及时进行决策调控。

7.5.8.2　系统构成

电子票务系统由电子售票子系统、电子验票子系统、汇总结算子系统 3 部分组成，如图 7-18 所示。

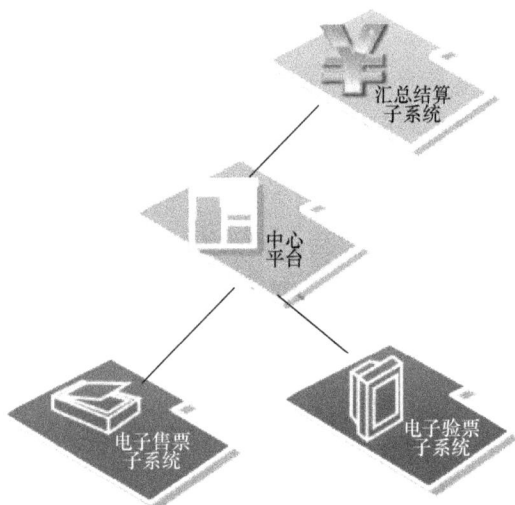

图7-18　电子票务系统的构成

（1）电子售票子系统

电子售票子系统由一台售票计算机和一台制票机组成（一台售票计算机对应一台制票机），是通过计算机控制制票机打印门票的。出票后，售票数据会被写入服务器数据库中，供验票机验票时读取查验。目前，比较先进的有触摸屏式自动售票机，游客可按照触摸屏上的提示自行完成刷卡购票操作，在客流高峰期时它可分流部分游客，减少游客的排队等候时间。

目前制票机有多种技术支持。包括条码或二维码、接触式 IC 卡、无线射频卡等。条码或二维码门票是将含有标识信息的条码或二维码印制在门票上的一种新型门票。验票时验票机的激光束能读取条码，识别该票是否有效。条码或二维码门票成本较低，是最为普通并且应用较为广泛的一种方式。接触式IC卡门票是指在门票内封装集成电路芯片，在芯片上存储相关信息，验票时其被插入专用读卡器，读卡器读出芯片中的信息来验证其是否有效。无线射频卡门票是指在门票内封装无线射频芯片，在芯片上存储游客信息，验票时读卡器发出射频脉冲，解读出芯片中存储的数据，而卡本身不需与读卡器接触。接触式IC卡和无线射频卡门票成本较高，但存储的信息量大，多用于年票、会员票等多次或长效使用的门票。该类门票在使用时可同时绑定指纹识别技术，实现票与人的一一对应。

他山之石

九寨沟景区率先实施智慧景区门禁票务系统升级项目

九寨沟景区作为国内智慧景区信息化应用的先导者，在整个行业中发挥重要的引领作用。为进一步提升景区的智能化管理水平，为游客提供更加人性化的游览服务，九寨沟率先实施智慧景区门禁票务系统升级项目。此项工作在旅游淡季实施，2014年3月25日试运行，4月1日正式运行。新系统设置22台自助售取票机，于4月中旬投入使用。该系统加强景区数据统计和分析功能，为景区管理者提供决策支撑；同时，系统还增加了推介旅游资源和旅游产品的功能，实现门票、酒店、晚会等预订服务功能。

九寨沟智慧景区门禁票务系统升级改造后，景区实现了分时售票、错峰用餐、科学分流，更好地应对了高峰期拥堵的情况。另外，新升级的门禁系统实现网上和网下系统全面对接，重点拓展散客分销渠道，在携程网、驴妈妈、同程网、去哪儿等知名旅游网络平台上销售，方便国内外的散客在线预订门票、车票等相关旅游产品。游客通过手机App或者微信就能提前付款购票。到了九寨沟，游客只需扫一下二维码或刷二代身份证，就能顺利进入景区。

智慧景区门禁票务系统升级改造后给游客们带来了全新的感受。

（2）电子验票子系统

电子验票系统由票务机、闸门等设备构成。票务机的基本功能是把读票装置（激光扫描装置或专用的读卡器）获取的当前电子门票的相关信息，按照某种模式

153

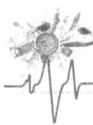

查询远程或本地的数据库，并根据返回的查询结果来判断该门票是否合法，从而控制设备产生禁行或通行的动作。

关于闸门设计，传统的有机械控制的三闸门等。闸门在正常情况下是锁死的，当游客通过验票通道验证该票为有效后，闸门打开，游客可推杆进门；若门票是非法票时，则闸门不开锁同时进行报警。

验票流程如图 7-19 所示。

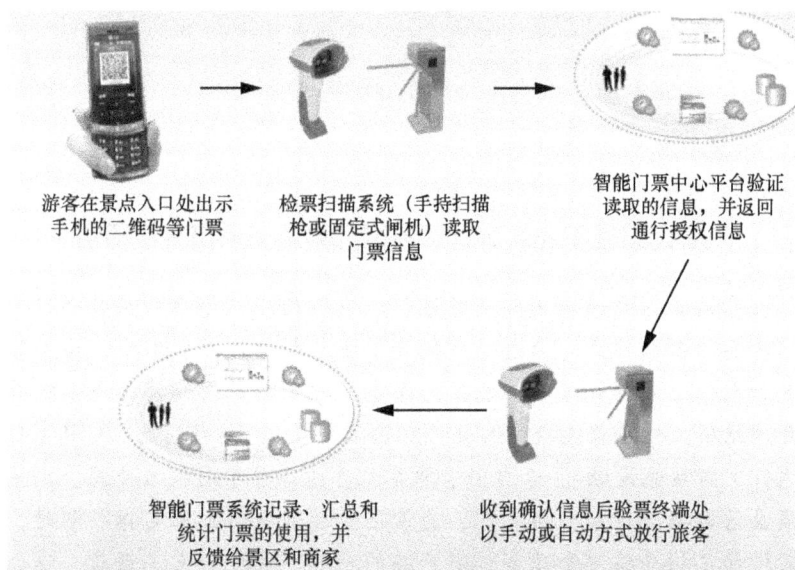

图7-19　验票流程

电子验票子系统的设计应充分考虑景区的游客量，根据游客量确定相匹配的验票通道数量，避免因通道数量少而造成游客拥堵。

（3）汇总结算子系统

汇总结算子系统统计汇总、结算和数据分析处理门票的出售情况。

7.5.9　电子商务系统

电子商务系统是利用现代网络信息技术实现景区门票、宾馆、旅游线路等旅游产品的网上预订和网上交易的系统。

7.5.9.1　建立电子商务系统的目的

① 方便游客查询旅游信息，提供预订服务，促进景区的旅游宣传。

② 通过预订服务，景区通过电子商务系统能及时预报景区的客流量，方便景区提前做好接待安排工作，提高服务质量。

③ 能控制最大客流量，更好地保护景区资源。

④ 景区通过电子商务系统能整合旅游资源，促进景区产业的发展。

7.5.9.2 电子商务系统提供的服务

电子商务系统提供的服务如图 7-20 所示。

旅游信息服务	单项旅游服务	综合旅游服务	特产购物服务
· 旅行社诚信信息	· 订票	· 跟团旅游	· 茶叶
· 旅游投诉	· 订房	· 跟团自助游	· 药材
· 线路／景点介绍	· 订景点门票	· 租车服务	· 玉石／工艺品
· 新开景点信息	· 订餐	· 旅游演出订票	· 土特产
· 风情文化介绍	· 导游服务	· 旅游电子优惠券	· 旅游纪念品
· 商旅价格信息	· 自驾游服务	· 旅游电子票务	
· 天气／交通信息	· 医疗救助／援助	· 外宾服务	
· 旅游电子书	· 地理位置定位		
· 旅游社区			
· 涉外旅游			
……			

图7-20 电子商务系统提供的服务

7.5.9.3 系统应实现的功能

景区电子商务系统的主要功能归纳为 4 个方面，见表 7-7。

表7-7 景区电子商务系统的主要功能

序号	功能	说明
1	信息发布功能	该系统利用多媒体信息发布的各种形式，通过多种技术手段展示景区的旅游资源
2	与游客的在线交流功能	建立会员互动社区，通过论坛、在线投诉等多种形式加强景区工作人员与游客的在线交流，即时了解游客需求，提供更有效的优质服务，满足客户的个性化需求

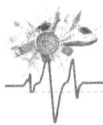

（续表）

序号	功能	说明
3	会员管理功能	为客户建立更周密和全面的服务体系。景区要通过建立强大的会员管理功能（建立积分、等级和信用管理规则）实现为客户提供优质服务的目标。具体功能有： ① 会员的注册（分为个人会员和团体会员）； ② 会员资料修改，密码修改； ③ 会员积分； ④ 会员常用取单人维护； ⑤ 会员对门票、酒店、线路、包车等的预订； ⑥ 会员对订单信息的修改、查询、复制、重新支付、申请退订、打印、删除等； ⑦ 订单统计，提供多种组合统计方式； ⑧ 游客人数的统计和分析； ⑨ 退订查询（明确显示退订已到的环节）； ⑩ 旅行社会员可以发布线路（组团功能）
4	电子商务应用功能	以在线预订服务为切入点，开展电子商务应用，并通过在线支付功能，为客户提供快捷、安全、方便的订购服务。预订项目包括：景区门票、内部交通、酒店、旅游线路、机票等。同时，提供多种支付手段完成交易，包括网上支付、手机支付、邮局电汇、银行转账、前台支付等。根据银行提供的最新接口包和接口技术，开通便捷的网上银行支付平台，提供在线支付。实现银行到账查询功能，在没有正常回写的情况下，可以主动查询银行支付情况。 ① 对电子商务交易的财务管理功能：电子商务到账统计功能，分时段、分银行统计；自动计算退款金额；自动计算银行手续费；多种退款方式，包括直接退回原账户、退回会员指定账户、退回邮局等。 ② 退订查询功能：业务到款统计。 ③ 对景区门票等票务的管理功能：票种管理；设置票面类型、票面价格；设置、管理赠票规则；统计银行到账订单；统计订票人数；团队订单的统计以及分片区统计；订单回收及恢复功能。 ④ 酒店信息管理功能：发布酒店的客房、会议室、餐品信息；选择、维护酒店模板形象页；发布酒店信息；维护酒店图片库；维护会员，设置会员等级；维护会员价格，可对不同类别的会员设置不同的价格；设置房态。 ⑤ 旅游线路管理：管理会员提交发布的线路。 ⑥ 机票管理：可考虑利用民航售票系统接口提供服务

7.5.10 客户关系管理系统

建设客户关系管理（Customer Relationship Management，CRM）系统的目的是通过集中协调管理客户资源，从而加强调研、分析、评估和控制客户资源；以游客为中心，将市场、销售和服务有机地整合起来，帮助景区、企业、周边社区提高收益，降低成本，提升游客游览景区的满意度和忠诚度，最终达到景区综合资源的合理开发与利用。

7.5.10.1 系统应实现的功能

旅游企业中的每个部门都能与游客通过电话、传真、电子邮件等多种方式接触并沟通；旅行社、旅游中介机构、酒店等与客户的接触和交流最为频繁。因此，CRM软件主要应对这些企业予以支持。

CRM软件系统的业务功能通常包括市场管理、销售管理、客户服务和支持3部分，具体内容见表7-8。

表7-8 CRM软件系统的业务功能

序号	功能	说明
1	市场管理	① 通过统计和分析市场和客户信息，发现市场机会，确定目标客户群和营销组合，科学地制订市场和产品策略； ② 为市场人员提供制订预算、计划、执行和控制的工具，不断完善市场计划； ③ 管理各类市场活动（如广告、会议、展览、促销等），跟踪、分析和总结市场活动，以便改进工作
2	销售管理	① 销售人员可通过各种销售工具，如电话销售、移动销售、远程销售、电子商务等，方便及时地获得有关生产、库存、定价和订单处理的信息； ② 所有与销售有关的信息都存储在共享数据库中，可随时补充或及时获取有关数据，旅游企业也不会由于某位业务人员的离职而使销售活动受阻； ③ 借助信息技术，旅游管理部门还能自动跟踪多个复杂的销售线路，提高工作效率
3	客户服务和支持	① 通过计算机电话集成技术（CTI）支持的呼叫中心，为客户提供每周7×24小时不间断服务，并将客户的各种信息存入共享数据库中，及时满足客户需求； ② 技术人员跟踪客户的使用情况，为客户提供个性化的服务，并且管理旅游合同

7.5.10.2 系统建设的原理

CRM 系统工作流程主要由市场、销售和服务 3 个环节构成。首先，在市场营销过程中，管理人员通过细分旅游者和市场，确定目标客户群，制订营销战略和营销计划。而销售的任务是执行营销计划，包括发现潜在客户、信息沟通、推销产品和服务、收集信息等，目标是建立销售订单，实现产品销售。

图 7-21 模型中阐明了目标客户、主要流程以及功能之间的相互关系。

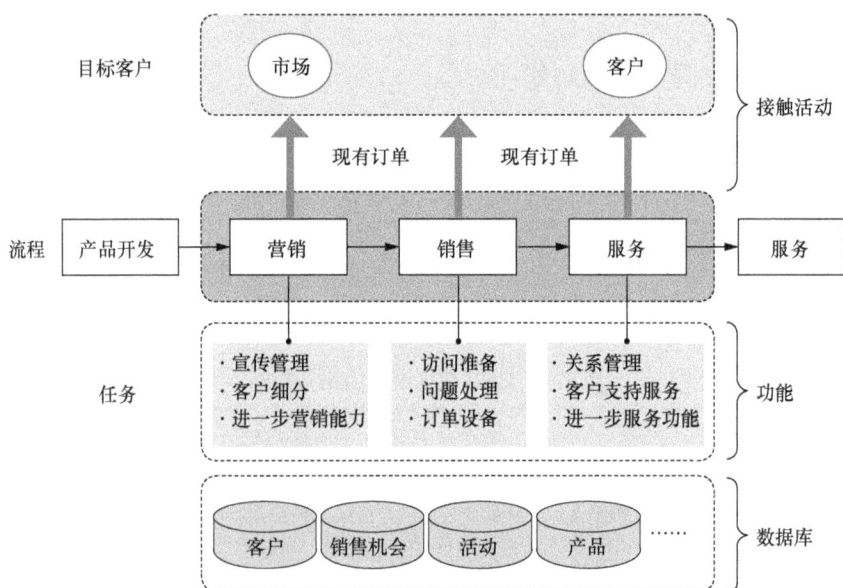

图7-21 CRM软件系统的一般模型

CRM 系统将改变旅游企业之间原有的业务运作方式，各旅游企业之间信息共享，密切合作。位于模型中央的共享数据库作为所有 CRM 系统的转换接口，可以全方位地提供客户和市场信息。过去，各企业从自身角度掌握客户数据，业务割裂，而 CRM 模型则建立了一个相互之间联系紧密的数据库，这个共享的数据库被称为所有重要信息的闭环。

CRM 系统不仅要使相关流程实现优化和自动化，而且必须在各流程中建立统一的规则，以保证所有活动在完全相同的条件下进行。这一全方位的视角和"闭环"形成了一个关于客户以及企业组织本身的一体化蓝图，其透明性更有利于企业与客户之间有效的沟通。这一模型直接指出了面向客户的目标，可作为构建CRM 系统核心功能的指导。

7.6 智慧景区用户应用层建设

用户应用层主要分为面向职能部门的应用、面向游客的智慧服务应用和面向企业的综合应用。

7.6.1 面向主管部门的景区应用

建设景区管理平台的主要目的是整合行业管理资源，全面提升行业管理水平，打造景区品牌形象；利用规模效应，扩大景区宣传力度，实现与国际接轨；同时，实现政府职能由侧重管理向管理与服务并重的转变。

7.6.1.1 景区管理平台应实现的功能

① 为行业管理提供一个网络平台，提高管理效率，实现信息共享。

② 通过管理平台，向公众提供集中展示风景名胜区的窗口，让更多的国内外同行及游客了解景区，增进国际交流与合作。

③ 为景区提供统一的电子商务服务平台，提高服务质量。

7.6.1.2 景区管理平台的主要模块

（1）招商引资模块

充分开发旅游资源，使其逐渐步入正规化管理流程，为更好地完成对地区旅游的招商引资建设，智慧景区的招商引资平台是展现地区特有资源的集中地。招商引资模块设置的栏目包括但不限于表7-9中的内容。

表7-9 招商引资模块设置的栏目及内容

序号	栏目	说明
1	投资环境	对地区历史、文化、自然、地理、旅游等相关优势环境的介绍；对地区招商的支持、优惠政策、经济、产品、销售等相关信息的介绍

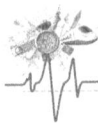

序号	栏目	说明
2	招商项目	管理和统计分析地区招商项目，包括发布新招商项目，对下线项目、招商成功项目、长时间未响应项目和新公布项目的统计，并为招商规划调整提供依据
3	优惠政策	国家、地区招商管理法的发布与维护以及地区招商的优惠政策，工商、税务等相关部门关于招商项目的法律法规
4	招商规划	与地区的发展规划相结合，整体规划、定义以及分类管理未来的招商项目，根据规划要求，可以分门别类定义招商项目的框架结构，并重点突出项目建设的意义、开发时间以及预期效果
5	投资保障与成本	有关地区招商引资在地价、供水、供电、供热、用工等方面的估算成本
6	咨询洽谈	方便地区招商方、投资方之间的沟通，实现双方的网上联系、预约以及在线洽谈等相关业务
7	投资服务	为满足地区招商的需求，向投资者提供投资指南、审批流程、表格下载
8	项目库管理	① 项目申报：招商项目在线填报，下载后填报 ② 项目管理：针对招商项目的项目查询、项目修改、项目删除、资料上传、下载、打印、文件上传、批量文件上传、文件下载、打印报表 ③ 项目入库：招商项目资料入库管理与备案 ④ 项目统计：统计招商项目 ⑤ 项目公开：公开招商项目名录和内容

（2）旅游行业管理模块

旅游行业管理有效管理地区旅游从业单位、景区及配套设施单位，为各单位办事提供便捷通道，及时获取行业信息与通知。

旅游行业管理模块设置的栏目包括但不限于表7-10中的内容。

表7-10　旅游行业管理模块设置的栏目及内容

序号	栏目	说明
1	机构职能	旅游委员会、景区公司、车辆公司、文化公司等介绍
2	旅游规划	规划动态、法规标准、规划概览、旅游资源、旅游项目、通知公告
3	政策法规	部门规章、地方法规、规范性文件、行业标准、相关法规
4	行业管理	A级景区评定、工农业旅游示范区评定、星级酒店评定、创建中国优秀旅游城市、旅行社管理、导游管理、相关手续在线申请
5	宣传促销	国内营销、国际营销、节庆会展

（续表）

序号	栏目	说明
6	旅游统计	旅游预报、统计信息
7	教育培训	经理培训、导游培训、其他培训、考试查询
8	旅游投诉	投诉须知、投诉流程、投诉电话

（3）地区文化宣传模块

智慧景区系统应设计一定的篇幅展现地区旅游资源，地区历史文化、民俗风情、民间工艺、特色美食、绘画摄影、地方特产。

地区文化宣传模块设置的栏目包括但不限于表7-11中的内容。

表7-11　地区文化宣传模块设置的栏目及内容

序号	栏目	说明
1	历史文化	介绍地区历史、民俗风情、文化产业、文艺作品、文化遗产、名人、地貌等信息
2	区域概况	介绍地理位置、生态环境、自然资源、历史沿革、基础设施、经济社会发展状况
3	景区景点	将主要景点景区以图片、视频、文字等方式展现给公众，吸引更多的游客前来参观
4	民俗风情	在系统平台上打造几条精品旅游线路推荐给公众，包括吃住行娱购游一体化的旅游线路
5	特色美食	介绍地区的饮食文化以及特色美食，如菜系特点、菜品等相关的信息
6	地方特产	介绍地区的土特产品、加工产品，可以与电子商务平台进行数据共享或直接跳转到电子商务平台供广大游客选购

（4）品牌宣传模块

品牌宣传模块设置的栏目包括但不限于表7-12中的内容。

表7-12　品牌宣传模块设置的栏目及内容

序号	栏目	说明
1	旅游信息发布系统	发布旅游动态、旅游公告、行业信息、政策法规等多种分类信息，可自定义分类或无限级别设置，支持文本、图片、动画、视频等多种表现形式，各类信息内容可体现在任意网站频道或页面。前台发布十分简易，并灵活设置审核、发布模式

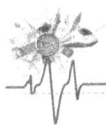

（续表）

序号	栏目	说明
2	景区景点展示系统	按照景区的划分或推荐的旅游线路详细展示景区内各景点的风景特色、历史渊源以及文学典故等，支持文本、图片、动画、视频等多种表现形式，不拘一格。景区景点展示不是一味的平铺直叙，还可以与景区公告、相关游记、风景图片、经典视频甚至门票预订、特产购买同步，为游客提供最便捷的浏览操作
3	景点导航演示系统	以全景式动画的表现手法，直观而生动地向游客演示整个景区的地理位置、景点分布及简短文字介绍等，从而让游客全面的了解整个景区的景点
4	诗词游记管理系统	自定义分类或无限级别设置，各类专辑可体现在任意网站频道或页面，发布十分简易，并可设置指定游客或所有用户前台提交、审核、发布的机制。许多名山大川、古迹名胜往往都和许多令人回味的诗词古赋、游记散文联系在一起
5	风景图片展示系统	全面展示景区美妙绝伦的风光照片，自定义图片无限分类形式，重要页面有幻灯片播放功能供选；更适用于让部分游客或所有用户上传自己的精彩作品，甚至以专辑、专栏的形式推出，同时可同步进行图片文件的尺寸、大小、审核、发布等细节设置

（5）系统分析模块

系统分析模块设置的栏目包括但不限于表7-13中的内容。

表7-13　系统分析模块设置的栏目及内容

序号	栏目	说明
1	游客实时流量统计系统	① 各个旅游景区实时入园总数统计； ② 各个旅游景区实时在园人数统计； ③ 各个旅游景区实时旅游用户总数推算
2	分地区统计游客构成	① 通过实时数据采集、实时分析技术，实时统计分析各个旅游景点的在园人数，这些数据反映景点的人流趋势 ② 分析游客归属省份
3	景区热度排名	① 游客景区的入园总数比对排名反映各个景点的热度，可以通过以天、周、月、季、年的方式展现各个旅游景点热度的排名情况； ② 各个旅游景点的入园人数驻留时长的比对排名反映各个景点的热度，同时可以通过以天、周、月、季、年的方式展现各个旅游景点热度的排名情况 ③ 其他的相关分析角度：按天、周、月、季、年分别统计景区人数/驻留时长排名；按天、周、月、季、年特定时段统计景区人数/驻留时长排名；按天、周、月、季、年自定义时段跨度统计景区人数/驻留时长排名

（续表）

序号	栏目	说明
4	游客流量预测系统	根据景区接待量、游客流量走势、天气预报、国家法定节假日、民俗节日、宗教节日、景区节日等诸多因素，并参考门票、酒店、餐饮、导游、停车位的预订量，通过一定的计算公式预测出未来某月、某周、某日的游客高峰流量及低谷流量
5	系统流量统计	① 统计分析年、月、日、时智慧景区系统的整体访问量，统计分析各平台的访问量，统计分析全球来访IP的区域，统计分析各主要搜索引擎对网站的搜索频率及相关地址，所有统计分析数据皆以饼图或曲线图的动画形式体现； ② 通过流量统计分析可判断网站知名度，分析网站影响范围，分析访问者关注重点，为进行各平台改版、内容调整提供重要的原始依据

7.6.2　面向游客的智慧服务应用

7.6.2.1　游客公共服务

游客公共服务包括以下几个方面，具体见表7-14。

表7-14　游客公共服务

序号	服务项目	说明
1	交通信息查询系统	航班、列车、汽车等到达目的地的交通线路及信息查询，提供按出发地、目的地、出发日期及时间、到达日期及时间、航空公司、列车班次等多种查询方式； 系统数据可由客户提供或由专业数据提供商提供并及时维护、更新，基于网站系统的在线交易功能，飞机、列车、汽车的出行通过与专业服务提供机构合作实现，可以进一步实现实时预订和购买功能
2	天气预报查询系统	检索查询景区或指定查询部分地区的未来天气状况预报信息，为游客出行提供必要的天气参考，系统数据可由网站定期自动或手动更新或由专业数据提供商提供并自动更新
3	在线旅游咨询系统	无论是普通游客还是景区的客服人员或是提供相关服务的商家，都能在这个平台上进行充分的交流和良性的互动，使咨询系统更具有服务价值

序号	服务项目	说明
4	在线帮助查询系统	提供常见问题的分类检索及查询功能，该系统可自定义信息分类或无限级别设置，可灵活实现多种关键字段的前台检索。系统查询数据初期由主管单位和景区收集录入，系统运营后将在线咨询中陆续收集的各种类型的问题同步提交到查询数据库，不断更新的数据又将为游客提供更完善的查询支持，实现内容更新的有机循环
5	在线景区实时视频	① 游客在未到达景区之前就可以通过互联网实时看到景区的景色、天气和人流情况； ② 实时观景：随时随地使用手持终端或手机即可看到景区的当前人流、天气、不同季节的景色； ③ 网络抓拍：不用爬上山顶，只需利用手机查看实时视频，就可以拍到站在山顶上才能拍到的景色
6	游客投诉反馈系统	游客可自定义投诉表单内容，并由后台统一发布，然后在智慧景区系统的任意页面上体现。表单内容自动发送到指定职能部门的邮箱，也可存入数据库供后台查阅。游客的投诉信息，可变为多个表单内容反馈到一个部门，也可以单一表单内容反馈到多个部门，完全在表单定制时决定
7	游客心得分享	游客可以评价景区、景点，并上传景区的游记、攻略、图片、视频等内容与其他人分享

7.6.2.2　游客电子商务系统

游客电子商务系统请阅读第 10 章"旅游电子商务"的相关内容。

7.6.3　面向企业的综合应用

企业综合应用系统为景区、各商业企业、旅行社等提供了在线服务和电子商务应用功能，以保障地区旅游资源的有效整合。

7.6.3.1　企业会员管理系统

企业与主管单位可通过管理人员加密锁认证机制在线签订合作协议。协议签订后，经审核确定，系统自动发送消息到申请单位，主管单位向申请单位发放加密锁，企业可通过加密锁和专门的数字安全系统对接实现。

7.6.3.2 旅行社佣金管理系统

旅行社佣金管理系统与在线订票、客户服务中的价格以及所选旅行社进行挂钩，并能自动统计各旅行社的佣金以及打折、奖励等经费，经过核算并通过后，可通过网络银行确认以实现直接支付。

7.6.3.3 团队预订管理系统

系统以公司库的形式分类管理规模不等的旅行社经营机构，每个商户都有专门的网站频道介绍商家的简介、资质、经营特色、相关荣誉、企业文化等，并能够在指定频道发布可预订的旅游线路、组团方式、出发 / 返回日期、价位、折扣方式、预订开放时间、每天预订的数量等信息。游客在填写身份信息后，可选择某个旅行社的旅游线路，确定出行日期、出行人数、出行天数等细节，最后进行费用的在线实时支付。收到预订信息后，商家将及时通过必要的联系方式与游客进行反馈或确认。

团队预订管理系统在传统的旅行社运营模式基础上，积极拓展网络空间，以打造地区旅游品牌为宗旨，以服务地区旅游为目标，以智慧景区系统为平台，充分整合当地的旅行社资源，创造互惠互利的网络经济模式，带动旅游及相关产业的发展。

7.6.3.4 导游助手

导游助手面向旅游行业，提供集语音、短信、定位、信息为一体的服务，通过手机客户端软件与导游助手管理平台实时交互，发布、获取同业信息、招聘信息，具备旅行社管理功能，方便旅行社计调人员对团队进行操作。导游助手还为导游提供行程信息、地图导航、导游词、航班信息等便捷的服务，如图7-22所示。

7.6.3.5 景区营销管理系统

景区营销管理系统是智慧景区营销体系的核心，为景区市场营销和销售活动提供了信息化管理平台，采用业界先进的以CRM（Cnstomer Relationship Management, 客户关系管理）为核心的商业营销理念，以环境和生态保护为基础，支持以市场和客户价值为导向的业务流程，有效掌握客户需求、市场需求，提高对市场的快速、准确的反应能力，加强对营销网络的管理，建立和完善集中、统一、高效的营销网络；同时进行准确的市场定义、市场划分、市场分析和营销决策，

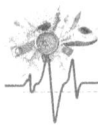

进而巩固和扩大景区的市场份额，最终为实现景区的社会效益、经济效益和生态效益奠定坚实的基础。

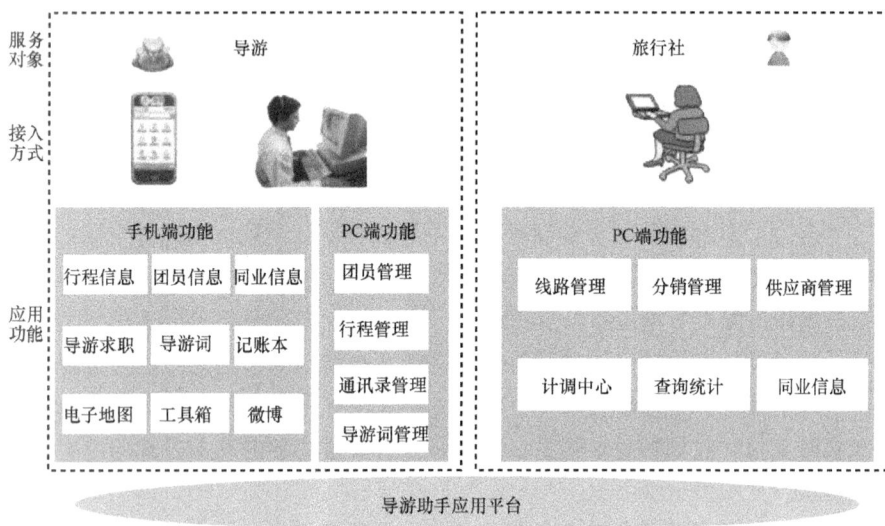

图7-22　导游助手应用平台的功能

景区营销管理系统对景区营销业务工作的支持作用如下。

① 为支持营销业务工作提供全面、集中、统一的营销基础数据，包括合作伙伴信息（旅行社、酒店）、客户信息（高价值客户、团体客户）等；

② 提供对市场营销活动的管理，包括制订市场营销战略、市场预算、市场目标，进行成果确认，计算预计利润等；

③ 提供销售活动管理，覆盖旅行社销售、VIP客户销售，包括销售计划管理、从商机到订单的整个销售过程管理、销售周期分析、景区旅游产品价格管理等；

④ 提供客户/合作伙伴的服务管理，根据客户/合作伙伴的价值，提供关怀服务。

7.6.3.6　旅游信息发布系统

旅游信息发布系统的主要功能包括景区概况、重点景致、旅游服务、旅游资源、旅游产品、动漫天地和电子期刊、自由行、在线调查、链接和共享以及其他功能，主要服务对象为景区管理与经营单位。

旅游信息发布系统设置的内容见表7-15。

表7-15 旅游信息发布系统设置的内容

序号	栏目	说明
1	景区概况	包括景区概述、景区实时情况、旅游形象主题、宣传语言和形象标志、音频和视频的旅游宣传制品等
2	重点景致	包括经典景观、主要景点、美景图库等
3	旅游服务信息	包括票务、客运、交通指南、宾馆酒店、旅游向导等
4	旅游资源	包括景区景观、河流、森林、度假村等景区环境和生态资源的介绍
5	旅游产品	包括旅游服务设施、旅游线路信息等相关产品的信息发布等服务
6	动漫天地和电子期刊	是网络整合营销的有效传播方式。景区可以凭借自己或第三方的创意策划能力和设计制作能力,为自己的旅游产品量身定做多款网络动漫传播内容和电子期刊,通过风景区信息门户进行发布
7	自由行信息	包括自助旅游线路、自助手册、旅游须知等
8	在线调查	以客观问卷的方式收集游客对景区的产品、服务等方面的意见,以便持续改进

7.6.3.7 电子商务管理平台

关于电子商务管理平台,请阅读第 10 章"旅游电子商务"的相关内容。

7.6.3.8 业务渠道管理系统

业务渠道管理系统的功能是为旅行社提供渠道管理平台,对旅行社渠道进行有效信息化管理,实现景区和渠道伙伴的紧密协作,优化渠道的运作过程,提高旅行社渠道对景区的盈利贡献。

业务渠道管理系统主要包括合作伙伴管理和分析、渠道营销、渠道销售、渠道服务和渠道商务,如图 7-23 所示。

7.6.3.9 电子门票销售平台

景区电子门票销售平台一方面实现了面向游客的景点电子门票销售;另一方面完成来自旅行社、电子商务平台、呼叫中心电话销售各种渠道的销售订单,并根据订单生成和交付电子门票。

景区电子门票销售平台采用了集成技术,集成数字营销体系应用和运营服务体系应用,以实现市场营销、销售活动、门票服务的流程自动化。

电子门票的销售是利用运营服务体系中的电子门票票务系统实现散客门票销售。通过部署在各景点的售票终端，游客可以选择在旅游景点购买电子门票、套票，同时这些销售信息通过数据接口传送到营销管理系统和商业智能分析系统。

图7-23　业务渠道管理系统的业务功能

旅行社、电子商务平台、呼叫中心电话销售等各种渠道的销售订单，由指定的服务部门根据订单内容，利用运营服务体系中的电子门票票务系统完成，并交付给客户／旅行社，同时将订单完成的信息通过系统接口传送到各个渠道的服务系统和营销管理系统。

7.6.3.10 酒店综合管理系统

酒店综合管理系统是以酒店的日常经营管理为核心，以提高酒店服务的速度和质量、改善游客服务的亲善程度和减少工作差错为目标，为酒店经营管理的提升提供的信息化管理平台。加入智慧景区计划的酒店应全面部署酒店综合管理系统，并支持在互联网上进行预订及相应收付款业务。

酒店综合管理系统的数字化改造至少包括如下内容，如图7-24所示。

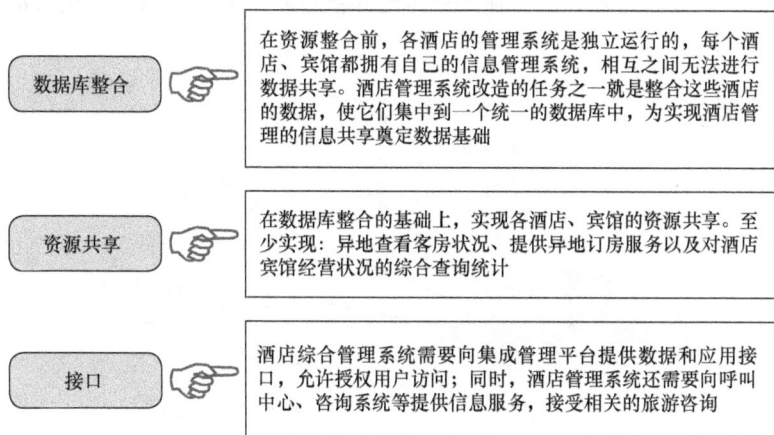

数据库整合	在资源整合前，各酒店的管理系统是独立运行的，每个酒店、宾馆都拥有自己的信息管理系统，相互之间无法进行数据共享。酒店管理系统改造的任务之一就是整合这些酒店的数据，使它们集中到一个统一的数据库中，为实现酒店管理的信息共享奠定数据基础
资源共享	在数据库整合的基础上，实现各酒店、宾馆的资源共享。至少实现：异地查看客房状况、提供异地订房服务以及对酒店宾馆经营状况的综合查询统计
接口	酒店综合管理系统需要向集成管理平台提供数据和应用接口，允许授权用户访问；同时，酒店管理系统还需要向呼叫中心、咨询系统等提供信息服务，接受相关的旅游咨询

图7-24 酒店综合管理系统的数字化改造的内容

7.6.4 景区游客服务中心

景区游客服务中心的建立要求主要有以下几点。

① 电话投诉和网络投诉应能与12301旅游热线平台对接。

② 能提供旅游产品查询、景点介绍、票务预订服务、旅游资讯查询、旅游线路查询、交通线路查询等服务。

③ 应建有多媒体展示系统，主要借助地理信息系统、虚拟现实和现代多媒体技术等多种技术，运用高科技手段，利用声、光、电来展示景区景观、自然文化遗产、生物多样性、古文物等。

④ 景区内游客服务中心应设有触摸屏多媒体终端机，可实现对旅游相关信息的查询，游客可通过多媒体终端机下载软件、打印路条信息、在线留言投诉并通

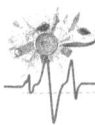

过触摸屏上的虚拟旅游功能规划旅游线路。

7.6.5　景区一卡通（含市民卡）

景区一卡通系统是依托自动识别技术和射频卡建立的，除了能为景区游客提供身份认证从而为旅游过程提供便利以外，它还能对景区管理人员的身份进行识别，体现了一卡多用、一卡通用的特点。

游客可使用一卡通系统在景区一般消费、完成车辆费支付、停车费支付和电子门票购买；景区管理人员可使用一卡通系统进行考勤、票务、巡更等活动，如图 7-25 所示。

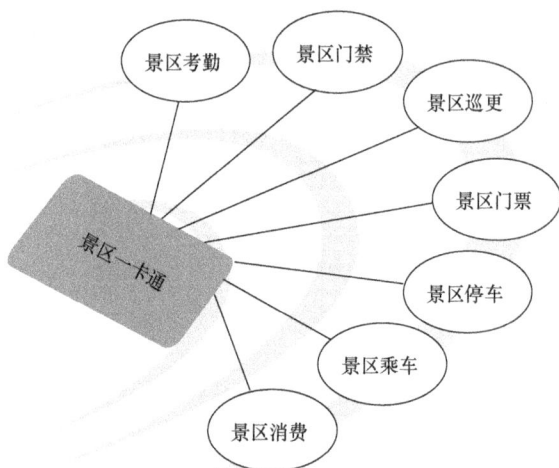

图7-25　景区一卡通的功能

7.6.6　专用数字助理

游客对景区的历史和文化的了解十分有限，游客进入景区游览时，对景区的历史与文化有了解的需求；而现在传递的资讯很有限，特别是自助游的情况，游客进入景区后，景区需要对游客进行管理，保障游客安全；导游带团时，也需要利用更加便利的手段对团队进行管理。因此，基于以上需求，景区有必要向各用户提供专用数字助理，提供游客安全管理、路线诱导、信息服务、群组交流管理等功能；并针对导游、景点工作人员提供相应的服务方案，具体如下。

① 为团队管理提供先进的技术手段；

② 为景区安全管理提供支持手段；

③ 为景点经营提供监管手段；

④ 为旅游宣传和服务增加新的途径；

⑤ 为游客提供新的旅游体验等。

数字助理机应实现的主要功能见表 7-16。

表7-16 数字助理机应实现的主要功能

序号	功能	说明
1	SOS一键通话按钮	按下此钮后，终端立刻通过语音和数据两个通道向管理平台发送告警信息，并开启免提语音通道。中心的系统和终端建立语音联系，接收终端的服务中心可以直接接收紧急告警并运行调度
2	电子导游支持	基于GPS位置变化的解说，景点信息随着终端的移动可以自动播放，介绍景点的历史文化、物产、纪念商品，指引游客游览的路线，可提供多语种服务；支持基于近距离无线通信（Near Field Communication，NFC）触发的具体物品的解说。用户在浏览状态下点击条目，终端提供解说。此外，管理平台可向游客发布行程诱导通知，进行景区人流控制
3	电子门票	终端数字认证，替代门票，每个终端上使用NFC芯片与用户进行身份绑定。能够进行电子清场、发送清场通知、然后自动统计进出游客，防止游客走失。游客使用终端的通信功能还能进行网上订票
4	消费优惠	游客到签约商户消费，凭此终端可以享受折扣。终端提供基于位置的服务查询功能，可用于查询周边的餐厅、酒店、特色娱乐等
5	满意度调查	内置游客满意度调查问题菜单，用户选择后，在线提交。满意度调查对以对象、地域、景点以及带队导游进行分类评价，以此来客观真实准确地掌握游客的体验
6	团队管理服务	可进行团队购票、发布团队集合通知、发布活动注意事项等
7	景区游客管理	通过语音信箱向游客发布景区管理紧急通告以及注意事项；通过终端疏导人群合理分流
8	导游专用功能	团队语音通知下发、团队人员语音呼叫及定位、行程下发、导游身份认证
9	景区管理人员专用功能	调看景区的监控图像，管理人员之间群组呼叫，对每个管理人员的位置信息进行管理，通过语音和数据向管理人员下发任务指令

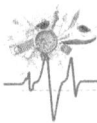

7.7 智慧景区数据中心建设

建设数字景区应用的系统类型众多，产生的数据有 GIS（地理信息系统）数据、GPS 数据、视频录像类多媒体数据，以及各业务部门的业务信息数据。随着各系统陆续投入使用，确保数据存储与使用安全可靠以及实现系统间数据的共享应用十分重要。为避免重复投资，景区应建设统一的数据中心，作为整个智慧景区建设中的数据处理中心、数据交换中心，实现网上业务流程及各种业务应用，并集中管理和整合核心业务数据。

7.7.1 数据中心建设的标准

为实现各应用系统间的数据共享应用，在数据中心建设中，相关人员应注重标准规范的制订和应用，包括数据库指标体系，数据交换接口标准，数据同步标准，数据传输安全标准，不同业务部门信息采编、审核、发布的相关工作规范等。数据中心网络能否正常和可靠的运行，直接关系到整个智慧景区网络系统的正常和可靠运行，因此相关人员应按照国家相关标准建设专用数据中心机房，并设立专门的计算机系统维护机构并调派相关人员。

7.7.2 数据中心的构成

7.7.2.1 主要硬件设备

数据中心的主要硬件设备包括：小型机、通信服务器、Web 服务器、邮件服务器、数据库服务器、各类应用服务器等以及网桥、网关、路由器、交换机、Hub，光纤、双绞线等网络设备。

7.7.2.2 主机系统

数据中心可利用目前新兴的群集技术构建主机系统。

　　群集技术是近几年兴起的发展高性能计算机的一项技术。它是一组相互独立的计算机利用高速通信网络组成的一个单一的计算机系统，其通过单一系统的模式进行管理。其出发点是提供高可靠性、可扩充性和抗灾难性。一个群集包含多台拥有共享数据存储空间的服务器，各服务器通过内部局域网相互通信。当一台服务器发生故障时，它所运行的应用程序将由其他服务器自动接管。在大多数模式下，群集内所有的计算机拥有一个共同的名称，群集内任一系统上运行的服务都可被所有的网络客户所使用。

7.7.2.3 数据库和数据仓库

（1）智慧景区数据库软件的规划

数据库软件的选择要求如图7-26所示。

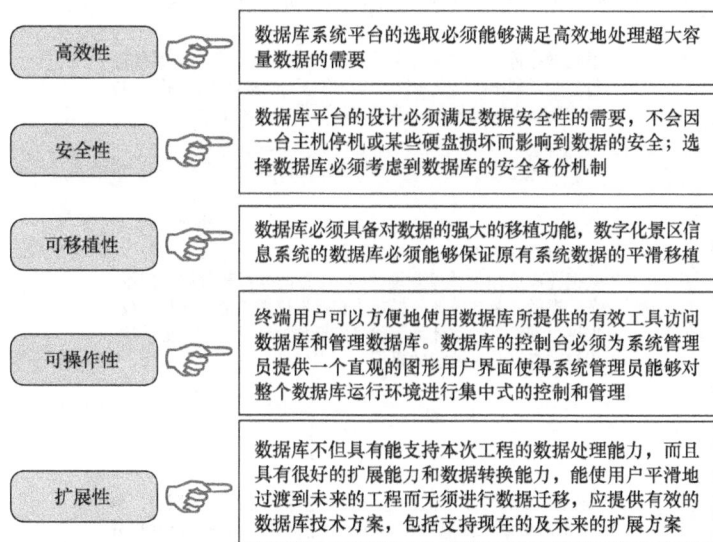

高效性	数据库系统平台的选取必须能够满足高效地处理超大容量数据的需要
安全性	数据库平台的设计必须满足数据安全性的需要，不会因一台主机停机或某些硬盘损坏而影响到数据的安全；选择数据库必须考虑到数据库的安全备份机制
可移植性	数据库必须具备对数据的强大的移植功能，数字化景区信息系统的数据库必须能够保证原有系统数据的平滑移植
可操作性	终端用户可以方便地使用数据库所提供的有效工具访问数据库和管理数据库。数据库的控制台必须为系统管理员提供一个直观的图形用户界面使得系统管理员能够对整个数据库运行环境进行集中式的控制和管理
扩展性	数据库不但具有能支持本次工程的数据处理能力，而且具有很好的扩展能力和数据转换能力，能使用户平滑地过渡到未来的工程而无须进行数据迁移，应提供有效的数据库技术方案，包括支持现在的及未来的扩展方案

图7-26　数据库软件的选择要求

（2）选择数据库应遵循的原则

针对以上大型数据库的建设要求，选择数据库应遵循以下原则。

① 先进性与实用性相结合；

② 标准化程度高、联接功能强；

③ 支持多种软硬件平台，以便充分利用原有设备，方便将来可能的系统升级改造；

④ 可靠性高、可用性好、可恢复性强、系统维护方便；

⑤ 能提供先进实用的开发工具，特别是具有丰富的运行服务程序和实用软件

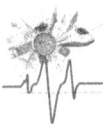

包的开发工具；

⑥ 具有分布式处理能力；

⑦ 在本地区能提供良好的技术支持和售后服务能力，性价比高、升级方便。

尤其值得注意的是：最初的数据库系统配置是至关重要的，因为数据库的安装及构建质量会直接影响到系统的性能、日后的维护工作以及系统的长期稳定性。高质量的数据库系统可以确保系统的性能优化、安全升级和易于维护，并能获得最大的灵活性以适应未来的发展。

数据库和数据仓库设计是一项非常重要的工作。数据仓库是实现商业智能的基础，其目标是实现对管理服务、市场营销、生态保护应用体系的数据的智能抽取和分析，有效地对景区的管理指挥、市场营销策略、客户关系管理、旅游产品调整等提供决策支持。

（3）数据仓库系统的设计

数据仓库系统包括 4 个重要层面，具体如图 7-27 所示。

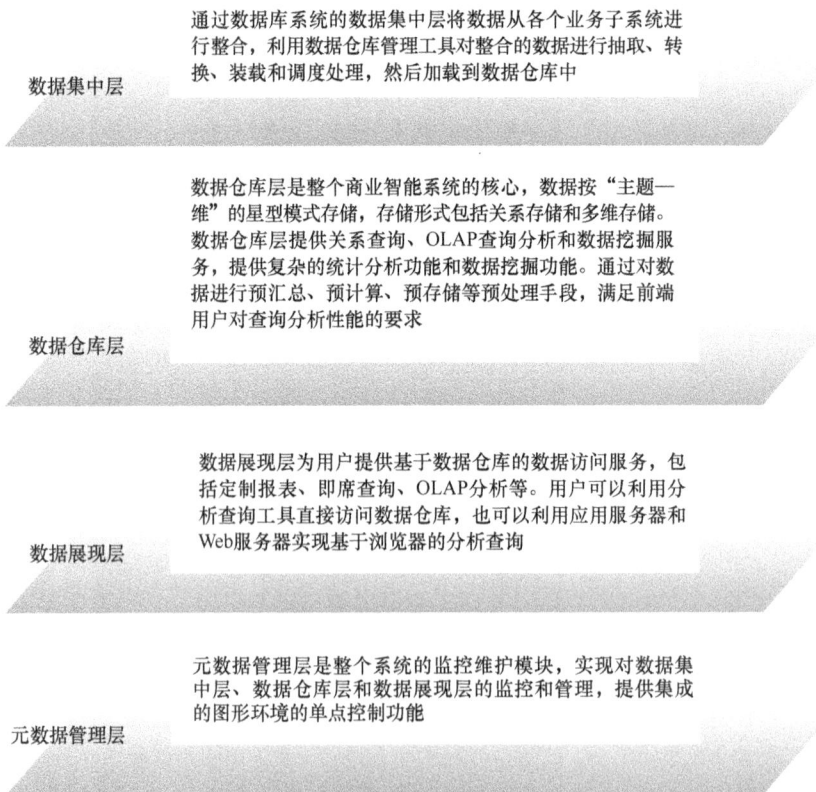

数据集中层 通过数据库系统的数据集中层将数据从各个业务子系统进行整合，利用数据仓库管理工具对整合的数据进行抽取、转换、装载和调度处理，然后加载到数据仓库中

数据仓库层 数据仓库层是整个商业智能系统的核心，数据按"主题—维"的星型模式存储，存储形式包括关系存储和多维存储。数据仓库层提供关系查询、OLAP查询分析和数据挖掘服务，提供复杂的统计分析功能和数据挖掘功能。通过对数据进行预汇总、预计算、预存储等预处理手段，满足前端用户对查询分析性能的要求

数据展现层 数据展现层为用户提供基于数据仓库的数据访问服务，包括定制报表、即席查询、OLAP分析等。用户可以利用分析查询工具直接访问数据仓库，也可以利用应用服务器和Web服务器实现基于浏览器的分析查询

元数据管理层 元数据管理层是整个系统的监控维护模块，实现对数据集中层、数据仓库层和数据展现层的监控和管理，提供集成的图形环境的单点控制功能

图7-27 数据仓库系统的4个层面

数据仓库管理应具有以下功能。

① 数据集成监管功能。通过数据集成平台实现企业范围内的统一数据视图。

② 日志功能。跟踪数据仓库的状态，通过读取数据采集和整合处理的日志文件，获取数据仓库操作的状态，以监控数据采集、整合处理和在线分析处理数据加载的运行；

③ 数据仓库参数设置功能。包括内存分配设置、多线程设置、缓冲区设置、调度时间表设置、用户权限设置等。通过这些设置的优化，实现数据仓库的有效运行。

④ 利用数据仓库产品提供的管理工具，管理数据仓库的数据库服务器，包括数据仓库数据同步和定时调度、数据自动加载等任务；

⑤ 集成数据采集工具，包括基础数据的统一编码和格式化管理。

7.8 智慧景区指挥调度中心建设

在景区管理中，多个业务部门都有建立监控指挥中心的需求，比如，重要景点的监控、接处警等。为实现景区内各部门间工作的协同联动，避免重复投资，智慧景区应建设集中的综合指挥调度中心。

7.8.1 数据中心与指挥调度中心的关系

数据中心是智慧景区建设的基础，指挥调度中心则是沟通各职能部门、促进各部门间协同工作、高效运转的指挥中枢。指挥调度中心的建设，可以解决职能部门间信息不通、调度不良的问题，更好地发挥景区管理机构的各项职能。数据中心与指挥调度中心的关系如图7-28所示。

指挥调度中心集中设置视频、GPS监控指挥、接处警等系统，利用电视墙、大屏幕设备，接入显示各监控点的视频，并可利用多个大屏幕同时放大显示重要位置的视频和GPS监控电子地图等，方便工作人员在处理紧急事件时可更充分、直观地了解现场状况，迅速拟定最佳解决方案，并及时向相关职能部门发出指令，实现快速处理。

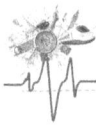

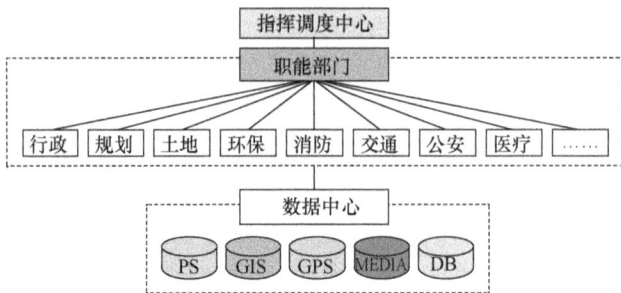

图7-28　数据中心与指挥调度中心的关系

7.8.2　指挥调度中心的构成

7.8.2.1　集成管理平台

集成管理平台是指智慧景区的集成指挥调度和管理平台。集成管理平台实现对智慧景区各应用系统的集成，利用有线／无线调度系统实现对景区管理事件的接入和指挥调度，对事件各环节责任人员进行监督和评价，在基于 GIS 的统一界面下实现对各应用系统如监控、票务、网络、LED、旅游咨询等的信息获取、操作控制、信息发布以及信息统计分析等，同时提供对集成统一平台的管理功能，包括平台配置、权限管理、日志安全等。

集成管理平台应实现的主要功能如图 7-29 所示。

7.8.2.2　呼叫接警中心系统

"三警合一"接处警系统是以计算机网络系统为基础，以有线和无线通信系统为纽带，以接处警系统为核心，有效集成了警用地理信息系统、GPS 全球定位系统、数字录音／录像系统、监控系统、LED 显示系统等，将各信息系统高度集成，有效地提高了系统快速反应、协同行动和决策指挥的能力。"三警合一"系统组成如图 7-30 所示。

系统以计算机网络为基础，以有线和无线通信系统为纽带，以接处警系统为核心，有效集成了警用地理信息系统、GPS、数字录音／录像系统、监控系统、LED 显示系统等，将各信息系统高度集成，有效地提高了系统快速反应、协同行动和决策指挥的能力。

系统可以通过有线电话、无线寻呼、SMS 短信等方式，及时集结有关的执勤力量进行快速出警，从而满足快速反应的要求。

1	为数字化风景区提供有线/无线集成的指挥调度手段
2	对事件处理各环节进行全面记录，并依据这些记录对相关人员进行监督和评价
3	与智慧景区各应用系统互联，获取景区图像、车辆定位、LED、设备设施、报警等信息，并在基于GIS的管理界面上进行展示
4	与智慧景区各应用系统联动控制，实现对景区监控摄像机、LED、触摸屏、专用数字助理机等的远程操纵、控制和管理
5	基于GIS的显示和管理，实现包括漫游、查询、导航、路径分析、定位等功能。支持在GIS界面上对景区信息的直接操作
6	提供对景区各类数据的综合查询统计，包括客流量数据、经营数据、设施数据等，并以图表的方式进行展示
7	实现基于智慧景区数据仓库的OLAP和数据挖掘，为景区的经营管理提供决策支持，对景区异常情况（如游客拥堵、自然灾害等）进行分析与报警
8	为智慧景区各应用系统（如LED、游客咨询系统等）提供统一的信息发布手段，并提供个性化的信息定制功能，满足各应用系统的需要

图7-29 集成管理平台应实现的主要功能

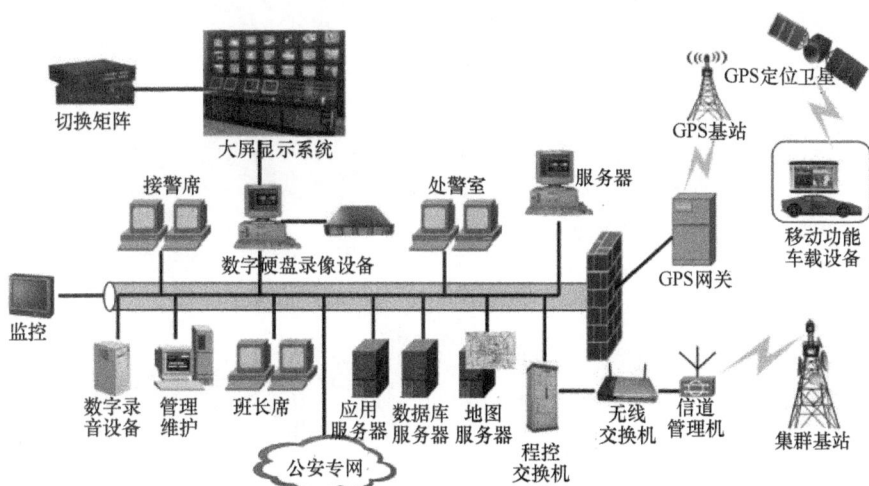

图7-30 "三警合一"系统组成示意

7.8.2.3 景区人流监控和引导平台

景区人流监控和引导平台的功能包含入口人流计数管理、出口人流计数管理、

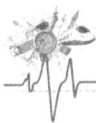

游客总量实时统计、游客滞留热点地区统计与监控、流量超限自动报警等。景区在出入口部署客流分析系统，可以实现对客流的在线统计分析及实时流量告警等。人流引导系统如图7-31所示。

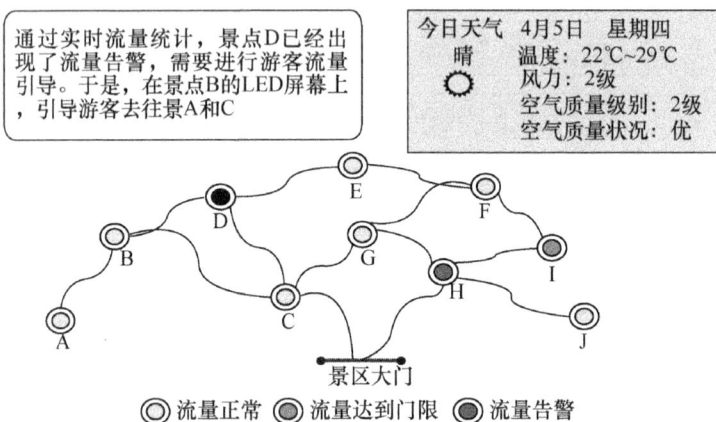

图7-31　人流引导系统图示

第8章

智慧酒店建设

2014 年，国家旅游局将旅游业发展主题定为"智慧旅游"，要求各地旅游局以智慧旅游为主题，引导智慧旅游城市、景区等旅游目的地建设，促进以信息化带动旅游业向现代服务业的转变。作为旅游业三大支柱产业之一的住宿业，"智能酒店"或称"智慧酒店"成为今后发展的主流，其不可避免地影响着酒店形象的塑造与传播。

根据《旅游酒店星级的划分与评定》（GB/T 14308—2010）的要求，高星级（四星级、五星级）酒店建设（新建或改建）的部分内容已经符合智慧酒店的要求，如拥有数字电视、点播、酒店服务、互联网信息查询、会议通告、行程安排等功能的互动电视信息服务系统平台，拥有化妆镜内嵌式电视机、电视门窥镜，拥有最新型的多媒体连接器、双层电动窗帘和智能调光玻璃等。在国际上，高科技和智能化已经成为衡量高星级酒店的一个重要标准，全球高端酒店都努力将科技融入服务和管理之中。智慧酒店代表了未来酒店业的发展趋势。目前，智慧酒店已经成为高星级酒店的重要建设目标。

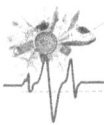

8.1 智慧酒店概述

智慧酒店是指：酒店拥有一套完善的智能化体系，通过数字化与网络化技术实现酒店数字信息化服务。智慧酒店建设隶属于智慧旅游，是指利用物联网、云计算、移动互联网等新一代信息技术，通过酒店内各类旅游信息的自动感知、及时传送和数据挖掘分析，实现旅游六要素的电子化、信息化和智能化，满足客人个性化需求，提高客人入住酒店的满意度，并提升酒店管理水平、降低酒店运营成本，帮助酒店达成开源、节流、增效的目的。目前，智慧酒店主要具有智能门禁系统、智能取电开关、交互视频体系、电脑网络体系、展示体系、互动体系、信息查看体系等功能模块。

8.1.1 智慧酒店的表现形式

8.1.1.1 有关智慧酒店的服务

服务本身就是酒店行业的核心，是酒店发展好坏的关键因素。由此，智慧服务也引申成为智慧酒店的核心业务，其是驱使智慧酒店健康发展的关键因素，主要表现形式为：酒店利用信息化技术为住客提供更优质的服务，尽可能地满足住客在酒店内所有的合理需要，其在改善酒店服务质量的时候，也相应提升旅游的服务质量。目前,智慧酒店服务重点涉及智慧酒店服务项目的开发以及多语言服务。

8.1.1.2 有关智慧酒店的管理

智慧酒店的管理是指酒店综合利用智慧化的信息技术对酒店进行智慧的、统一的有效管理，其目的是全面提高酒店的管理水平，为酒店创造更高的管理效益提供便捷。服务质量的好坏直接影响酒店的效益和形象。智慧酒店的智慧管理能加速酒店的管理速度并提高顾客满意度。以笔者之前实习的酒店为例，其将管理系统分布在各个部门之间，对于顾客的要求都进行存档记录，使得每位个人的喜好或是要求都被简短精练地一一记录在档案中，凡有权限的人都能及时调出每位客人的信息资料，提前或及时地为客人提供其所需的服务，这大大提升了该酒店的服务质量，避免了同样的错误的发生，也为客人二次入提供了便捷。

8.1.1.3　智慧酒店的商务

现在商务酒店有很多，而智慧酒店商务则是在旅游电子商务和旅游商务基础上的进一步发展，是酒店运用新的智能技术开发的一种新的运行模式。其主要是指酒店利用各种技术开展电子商务的活动，为住客实现商务的智慧化，提高商务的价值。智慧酒店的商务建设重点在于智慧酒店的网上营销。

8.1.2　智慧酒店的特点

智慧酒店通过 ERP 系统、PMS 系统、OA 系统、自助登记／入住系统、客房自助服务系统、智能点餐系统等，为游客提供高效、人性化的信息化服务，让住客得到充足、便捷的信息服务。例如，酒店把杂志、音乐、航班信息等投射到了酒店的电视机上，住客甚至可以通过电视机打印登机牌。

8.1.2.1　智能化

智慧酒店拥有一套完善的智能化体系，能够带给客户更加智能化的体验。智能化体系包含智能酒店管理系统、智能酒店娱乐休闲系统、智能信息服务、智能客房服务等，是一个依托现代技术的全方位智能化系统。

8.1.2.2　人性化

智慧酒店建设的目标是让住客满意，而提供人性化服务是最能提升住客满意度的途径。智慧酒店想要实现人性化建设，需要从提供人性化的酒店设施、经营管理、酒店服务等多方面入手，以高科技为依托，在信息化、智能化建设中，充分考虑住客需求，体现人性化。

8.1.2.3　节能环保，绿色低碳

绿色环保是智慧酒店的重要特征之一，也是酒店建设需要考虑的要点之一，这方面可以通过以下几项内容实现。

① 通过实施酒店的无纸化办公\环保办公用品的使用等，实现酒店内部系统的绿色化；

② 减少酒店能源的无谓消耗。建立能源运行监测系统，对酒店电、热、水、暖、气等能源系统的运行状况进行实时监测，根据空太数据分析系统使用的高峰和低

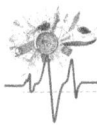

谷，有针对性地提出节能降耗的改进方案；

③采用节能设备降低能耗，例如，采用节能的LED照明系统、冰蓄水、地源热泵等新技术降低能耗。

8.1.3　智慧酒店应实现的功能

酒店智能化是一个不断丰富、发展的方向。作为直接为住客提供服务的场所，酒店应充分考虑住客的个人隐私和个性化需求，使其能充分感受到高科技带来的舒适和便利；同时，酒店也应将物耗、能耗、人员成本降到最低，创造效益。因此，智慧酒店至少应实现以下功能，如图8-1所示。

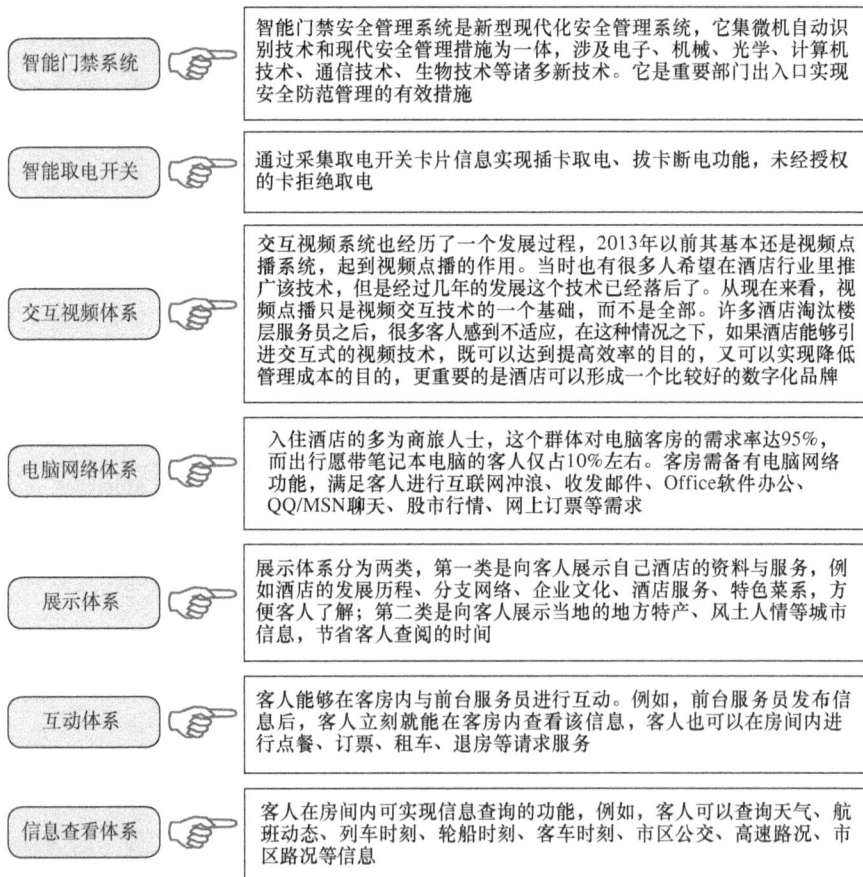

功能	说明
智能门禁系统	智能门禁安全管理系统是新型现代化安全管理系统，它集微机自动识别技术和现代安全管理措施为一体，涉及电子、机械、光学、计算机技术、通信技术、生物技术等诸多新技术。它是重要部门出入口实现安全防范管理的有效措施
智能取电开关	通过采集取电开关卡片信息实现插卡取电、拔卡断电功能，未经授权的卡拒绝取电
交互视频体系	交互视频系统也经历了一个发展过程，2013年以前其基本还是视频点播系统，起到视频点播的作用。当时也有很多人希望在酒店行业里推广该技术，但是经过几年的发展这个技术已经落后了。从现在来看，视频点播只是视频交互技术的一个基础，而不是全部。许多酒店淘汰楼层服务员之后，很多客人感到不适应，在这种情况之下，如果酒店能够引进交互式的视频技术，既可以达到提高效率的目的，又可以实现降低管理成本的目的，更重要的是酒店可以形成一个比较好的数字化品牌
电脑网络体系	入住酒店的多为商旅人士，这个群体对电脑客房的需求率达95%，而出行愿带笔记本电脑的客人仅占10%左右。客房需备有电脑网络功能，满足客人进行互联网冲浪、收发邮件、Office软件办公、QQ/MSN聊天、股市行情、网上订票等需求
展示体系	展示体系分为两类，第一类是向客人展示自己酒店的资料与服务，例如酒店的发展历程、分支网络、企业文化、酒店服务、特色菜品，方便客人了解；第二类是向客人展示当地的地方特产、风土人情等城市信息，节省客人查阅的时间
互动体系	客人能够在客房内与前台服务员进行互动。例如，前台服务员发布信息后，客人立刻就能在客房内查看该信息，客人也可以在房间内进行点餐、订票、租车、退房等请求服务
信息查看体系	客人在房间内可实现信息查询的功能，例如，客人可以查询天气、航班动态、列车时刻、轮船时刻、客车时刻、市区公交、高速路况、市区路况等信息

图8-1　智慧酒店应实现的功能

8.1.4　智慧酒店的建设内容

智慧酒店的建设内容见表 8-1。

表8-1　智慧酒店的建设内容

序号	建设内容	说明	
1	快捷预订服务	通过开发的智慧酒店App，用户可以查找当前区域内所有的酒店信息，然后随时根据需要选择酒店、选择房型及入住时间与离开时间	
2	酒店及客房实景展示	用户通过开发的智慧酒店App实景查看功能，利用智能硬件设备X9智能云摄像头可以远程查看酒店如大堂、客房等真实的环境信息，该功能旨在为消费者提供一个透明、真实的消费环境，同时可以远程呼叫酒店服务人员，通过双向语音服务实现面对面酒店预订	
3	精准导航	声波感知仪具有高精度定位和导航能力，其定位精度高度达1.5×2米，当部署在酒店时可以实现以下功能	
		酒店停车场的声波感知仪应用	当旅客将爱车开入停车场入口时，智慧酒店App收到声波感知仪发送的相关数据，然后App显示车辆应停入的指定位置；旅客要将爱车开走时，打开智慧酒店App即可轻松、快捷地找到自己的爱车
		声波感知仪应用	当旅客进入自己预订的酒店时只需使用智慧酒店App就能获取到智能设备——声波感知仪发送的数据，旅客可根据指示的导航路线找到自己预订的酒店，同时也可以实现对酒店内公共及娱乐区域的精确导航
4	移动快捷支付	用户通过智慧酒店App完成入住酒店类型的选择之后，只需要将手机接触声波POS设备即可看到相关信息及需要支付的金额，用户将手机二次接触声波POS设备即可完成支付。声波POS智能设备也可以将酒店现有的App变成移动电子银行卡，用户只需将钱存入App，通过手机接触声波POS设备即可完成支付	
5	移动呼叫服务	传统的呼叫服务要通过一系列麻烦的流程才能满足客户的需要，而客户利用智慧酒店App即可在移动终端上一键完成所有需要的服务，这样可以在满足客户需求服务的同时提升客户对于酒店服务的满意度	
6	电子会员卡	电子会员卡取代了传统的会员卡，让顾客的手机成为一张移动的电子会员卡，可以随时随地获取商家的优惠信息	

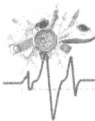

（续表）

序号	建设内容		说明
7	声波门闸		酒店智慧门闸建立在利用声波感知仪设备的基础之上，用户只需下载并安装智慧酒店App应用，通过智慧酒店App应用（通过声波原理完成数据对接并将其进行处理后回传至手机）即可开启酒店的门闸，简单而且快捷的方式让用户更加体验到移动互联网带来的便利
8	数据整合营销平台	大数据收集	① 人流量统计：通过App，酒店管理者可以统计客户人流量 ② 用户信息收集：通过App，酒店管理者可以收集用户信息，用以营销分析 ③ 顾客服务统计：通过App，酒店管理者可以统计客户的服务量，方便调整客服人员的配置 ④ 收入统计：通过App，酒店管理者可以统计酒店的收入情况
		大数据分析	通过收集到的顾客数据分析（如来访时间、查看酒店客房等信息）为商家提供精确的二次营销和精准营销的数据服务，商家可以根据信息分析出适用于特定客户或常客的不同的促销活动
9	智能化的运营管理	上网流量管理	可以管理酒店内用户连接Wi-Fi上网的流量，并可随时屏蔽和开通功能
		互动营销管理	结合酒店智慧App，开展多样化的游客抽奖互动活动，酒店向顾客发放具有酒店象征意义的纪念品，以达到对酒店的宣传，吸引更多顾客光顾及入住，带动酒店的发展
		优惠券、会员卡管理	酒店可以根据自己的会员卡和积分规则来设计会员卡和优惠券的管理、发放、使用规则

8.2 智慧酒店建设实施

8.2.1 智慧酒店建设常规设施和基本服务

智慧酒店要实现电子化、信息化和智能化，为旅客提供个性化的服务，需要利用物联网、云计算、信息智能技术等新一代信息技术；同时，其也离不开一些常规的设施设备和基本服务，如网络与通信、广播电视系统、会议设施和网站服务，只是这些设施设备和服务应该应用最新信息技术，才能够对酒店内各类信息进行自动感知、及时传送和数据挖掘分析，建立起智慧酒店需要的信息感知与传输平台、数据管理与服务平台和信息共享与服务平台。

智慧酒店建设常规设施和基本服务如图8-2所示。

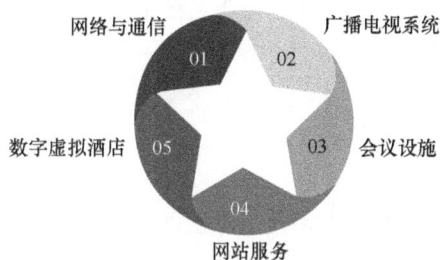

图8-2 智慧酒店建设常规设施和基本服务

8.2.1.1 网络与通信

1. 网络

酒店应实现无线宽带网络全覆盖，使客人可以方便地在酒店中将手机、电脑等终端以无线方式接入网络。客房应配有有线宽带网络，酒店应具有带宽管理的技术手段和多种计费方式，应具有防病毒和防木马的手段，还应具有上网行为监控功能、上网日志记录等功能，对敏感信息进行报警提示。酒店应建有较为完善的宽带信息网络，实现各功能区的有效接入。

2. 移动通信

移动运营商信号应覆盖酒店所有区域，酒店应保证 4G、5G 信号覆盖全面，用户的手机语音和数据通信畅通。

3. 固定电话

酒店固定电话交换机应接入 SIP 终端，可从电脑、平板电脑上发起呼叫，可以提供可视电话服务并可以提供电脑收发传真服务。酒店应建有电话报警点，电话旁公示酒店救援电话、咨询电话、投诉电话，客人可拨打报警点电话向接警处的值班人员求助。

8.2.1.2 广播电视系统

客房里的电视机应能收看适宜数量的中文节目和外文节目，具有视频点播功

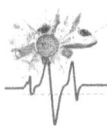

能，配备有线和卫星电视；酒店公共区域应能播放背景音乐。

8.2.1.3 会议设施

会议室是酒店尤其是大型酒店的基本功能区，智慧酒店的会议室应该具备以下功能或设施。

① 应具备灯光分区控制、亮度可调节、隔音效果好、同声传译的功能；
② 应具备会议投票、表决、主席控制系统；
③ 应具备电视电话会议功能，有多媒体演讲系统；
④ 应具备远程会议系统；
⑤ 应具备会议自动签到系统；
⑥ 应具备会议统计系统；
⑦ 应通过网络或智能终端等设备提供预订服务。

8.2.1.4 网站服务

酒店应建设具有独立的国际、国内域名的酒店官方网站，网站应提供多语言信息服务；酒店还应建有手机 WAP 网站及手机 App 应用，实现与网站的资源共享；同时建有网站电子商务平台，提供 7×24 小时网上咨询、预订与支付服务。

8.2.1.5 数字虚拟酒店

酒店应运用三维全景实景虚拟现实技术、三维建模仿真技术、360° 实景照片或视频等技术建成数字虚拟酒店，实现虚拟漫游。数字虚拟酒店应在酒店网站、触摸屏、智能手机上被发布。

8.2.2 智慧酒店智能系统建设

智能系统是智慧酒店的核心系统，具体包括以下几个子系统，如图 8-3 所示。

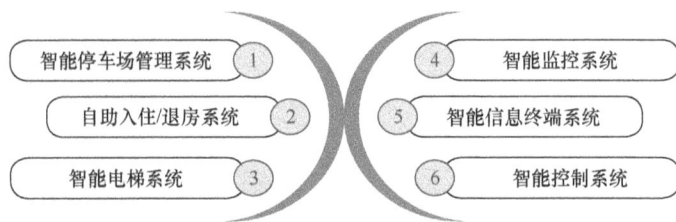

图8-3 智慧酒店智能系统的构成

8.2.2.1 智能停车场管理系统

酒店应建设智能停车场管理系统，提供智能卡计时、计费或视频车牌识别计时计费服务；车库入口应显示空闲车位数量；应提供电子化寻车、定位、导引服务。

停车场智能控制系统将集成了用户个人信息的非接触式 IC 卡作为车辆出入停车场的凭证，通过先进的图像对比功能实时监控出入场车辆，以稳定的通信和强大的数据库管理软件管理每一辆车辆信息。该系统将先进的 IC 卡识别技术和高速视频图像存储比较相结合，通过计算机的图像处理和自动识别功能，对车辆进出停车场的收费、保安和管理等过程进行全方位管理。

8.2.2.2 自助入住/退房系统

智慧酒店应提供手持登记设备（TABLET）远程登记服务，或在酒店内建有自助取卡登记 / 退房系统，客人进入酒店后，选择登记提供的身份证等有效证件，系统经过核实后，客人可进入房间自选模块，选定房间后，系统提示客人缴纳押金，押金缴纳完毕，系统自动吐出房卡。退房时，工作人员确认信息无误后，提示系统给予退房权限，顾客归还房卡，系统进行结算，顾客可选择打印发票或账单。

8.2.2.3 智能电梯系统

智慧酒店应建设智能电梯系统，通过 RFID 技术自动识别旅客房间卡信息，自动升降至旅客所在楼层；拒绝无卡进入电梯者的任何按键操作；应配备盲文，供盲人操作。智能电梯具有安全和节能的特点，能使酒店变得更加高档、更加智能化。授权用户通过刷卡才能使用电梯，访客需通过对讲系统或门厅保安获取临时授权卡才能使用电梯，这有效地阻止了没必要的电梯运行能耗，真正实现了电梯的有效运行，延长了电梯的使用寿命。

8.2.2.4 智能监控系统

智能监控系统应具有防盗功能和防破坏功能，同时，视频清晰度应很高，能在黑夜环境中识别车牌号码；应设置电子围栏，对超过围栏的车辆进行提醒；图像信息可供其他系统调用；应识别火灾并与消防系统联动。

8.2.2.5 智能信息终端系统

客房信息终端应支持多种形式（电视、电话和移动）的终端及多种功能（音视频播放、全球定位、便携式操作系统、3G 无线通信、触摸控制、无线网、视频通话、较高的分辨率），同时还应支持多种语言服务。

8.2.2.6 智能控制系统

客房智能控制系统应设置控制单元，网络通信方式支持 TCP/IP 方式，可扩展性好。智能终端应控制空调、灯光、电视、窗帘等，具有模式（睡眠、舒适等）设定功能，客房内应有节能措施。

此外，智能终端还应配备有智能导航系统（自动感应旅客的房卡信息、点亮指示牌、指引旅客找到自己的房间），智能可视对讲系统（为旅客提供视频咨询服务）和电视门禁系统（酒店工作人员可通过电视视频看到来访者实时图像）。

8.2.3 智慧酒店智能云服务建设

8.2.3.1 信息呈现

智慧酒店的信息呈现应包括以下 8 个方面的信息，如图 8-4 所示。

8.2.3.2 多媒体服务

酒店多媒体服务主要包括以下 4 方面的服务内容，如图 8-5 所示。

8.2.4 智慧酒店智慧管理建设

酒店智慧管理系统包括 ERP 系统、PMS、CRM 系统及应急预案和应急响应系统。

8.2.4.1 ERP系统

ERP（Enterprise Resource Planning，企业资源计划）系统包括物资管理、人力资源管理、财务管理系统。PMS（Property Management System，物业管理系统）具有预订、查询客房状态、留言、出账管理、报表、夜审等功能，方便与其他系统对接。

1　通过网站和智能信息终端显示酒店所在地的天气、温度和房间内的温度、湿度、空气质量等信息

2　通过网站和智能信息终端显示酒店介绍、酒店公告、酒店特色餐饮、会议设施介绍、服务指南和客房展示等信息

3　通过网站和智能信息终端显示航班、火车、长途汽车、地铁、公交等信息及其线路图

4　通过网站和智能信息终端显示酒店周边"吃、住、行、游、购、娱"相关信息

5　通过网站和智能信息终端提供地图查询服务

6　通过网站和智能信息终端显示旅客消费明细

7　通过网站和智能信息终端发布公告

8　通过网站和智能信息终端发布公益信息、地域文化、政策法规等信息

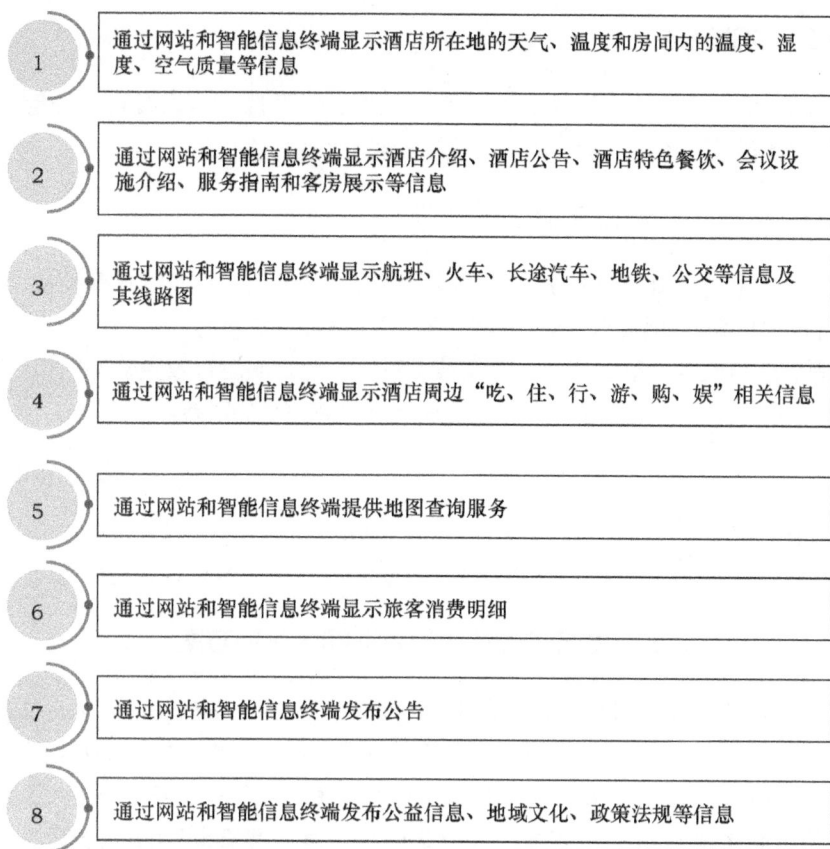

图8-4　智慧酒店的信息呈现内容

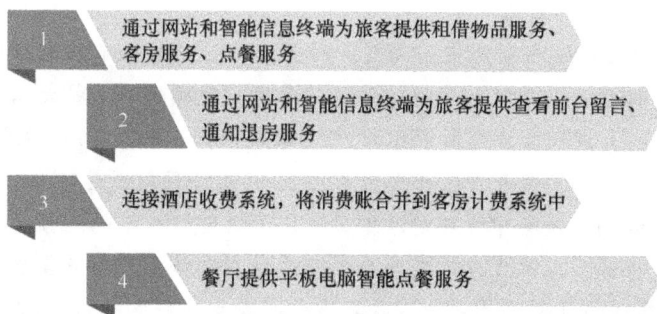

1　通过网站和智能信息终端为旅客提供租借物品服务、客房服务、点餐服务

2　通过网站和智能信息终端为旅客提供查看前台留言、通知退房服务

3　连接酒店收费系统，将消费账合并到客房计费系统中

4　餐厅提供平板电脑智能点餐服务

图8-5　多媒体服务内容

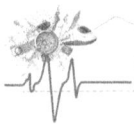

8.2.4.2　CRM系统

CRM 系统具有客人回访、建立客人档案、满意度调查、投诉处理等功能，可对各类数据进行挖掘分析，为客人提供多种在线预订的方式。

8.2.4.3　应急预案和应急响应系统

应急预案和应急响应系统须提供报警终端、摄像头、号角喇叭等设备，具备集成音视频报警、视频监控和广播喊话等功能。

酒店应与旅游行政主管部门实现技术对接，配合旅游行政主管部门实现在线监管，实现对旅游数据的及时上报，完成上下旅游信息的对接。

他山之石

IBM 发布"智慧的酒店"四大解决方案

2011 年 1 月 10 日，IBM 全球信息科技服务（Global Information Technology Service）部发布了 IBM "智慧的酒店" 4 个系列解决方案，即：机房集中管理、桌面云、自助入住登记和退房、无线入住登记和融合网络。其中，机房集中管理是 IBM 针对不断扩大规模的中国酒店所提出的 IT 整合外包方案；桌面云是酒店客户终端的虚拟化方案；自助入住登记和退房和无线入住登记是针对用户体验的全新数字化服务；融合网络是 IBM 针对新型酒店网络布设的架构规划。

一、机房集中管理

连锁型酒店逐渐成为中国酒店业的主流，而通常每个酒店都拥有自己独立的 IT 机房、服务器和管理软件。随着酒店规模的不断扩大以及人力成本的不断提高，连锁型酒店所承担的 IT 运维成本将不断提高，针对这一现象，机房集中管理和 IT 整合外包将成为酒店 IT 解决方案的新趋势。

在 IBM 的机房集中管理解决方案中，IBM 建议未来的连锁酒店应建设集中的 IT 机房，以取代分散在各个酒店的独立机房，进而使各个酒店不再需要设置单独的服务器及软件，只需通过网络连接到集中 IT 机房，即可使用大机房的服务器以及软件进行正常的酒店业务管理。

此外，IBM 建议酒店客户充分利用 IT 外包服务，减少酒店内部的 IT

人力成本和设备维护成本，并使用 IT 服务商所提供的设备租赁服务，直接获得更大的 IT 机房，在 IT 服务商专业人员的辅助下轻松实现智能化的酒店管理。

二、桌面云

酒店 IT 的传统架构覆盖数量众多并且极度分散的 PC 客户端，面临着难于管理、总体拥有成本高、难于实现数据保护与保密以及资源利用效率不高等诸多问题。IBM 针对以上难题设计了创新的云计算集成 IT 解决方案——"桌面云"，帮助酒店客户增强其竞争力，通过提高管理效率、减小运行和维护负担以及降低人力需求等，实现总体拥有成本的降低。

通过"桌面云"的部署，酒店可大大提升对于网络的管理化程度，实现桌面环境设立、配置、资源管理和工作负荷管理的集中化与简单化，有效地将硬件资源归集和共享，并且灵活地实现计算资源的重用以及桌面环境计算资源的动态分配。"桌面云"的运用更实现了用户端的零维护，降低了故障率和管理成本，免除升级的繁琐并最大化了使用周期，在有效控制使用权限的同时提高工作效率。此外，"桌面云"还带来系统安全性的提高，其对于数据输出的集中管理使客户端避免了病毒的感染，实现数据保护与保密。考虑到酒店级计算环境的规模性和复杂性，"桌面云"解决方案更从酒店客户实际需要出发，提供端到端的安全性能，简化验证流程并增强登录的安全性。

三、自助入住登记和退房 / 无线入住登记

在高峰时段，酒店的客人经常会需要排队等候。"自助入住登记和退房"以及"无线入住登记"解决方案能够为客人提供人性化、省时、便捷的服务，为客人省去不必要的排队时间，给客人带来更为出色的入住体验。另外，此解决方案具有无线无纸、节能环保的特点，在为客户提供简单省时的服务体验的同时，更帮助酒店细分客流，进一步提升效率。

自助入住登记服务可以让客人在大堂或电梯厅的自助登记设备上直接办理入住登记和退房手续。即使有 VIP 客人驱车入住，车库的自助入住登记设备也可在汽车进入车库的入口处同时完成入住登记和房卡制作操作。而无线入住登记服务为在 VIP 休息室沙发上休息的客人提供无线联网的触摸式电脑，客人只需要在触摸屏上显示的入住登记表上签字就可以完成入住手续，随后，USB 接口的小型制卡机立刻可以完成房卡的制作过程。

四、融合网络

IBM "智慧的酒店"解决方案提供基于 IP 技术的融合网络，集成电话、办公无线网络、客房上网、客用无线网络、电视系统、办公网络和安保系统。融合网络的实施，可通过提高员工工作效率、减少系统故障和降低运维成本，

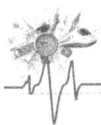

有效降低酒店管理、运行和维护的成本，实现了高级 Internet 上网服务、会议网络服务等增值服务，并通过便捷的无线网络和可靠的网络接入使员工可以使用任何端口连接办公网络，实现有线网络和无线网络的一体化服务。较传统网络而言，其显著提升了使用效率、可靠性和便捷性，在节省投资的同时降低维护和管理的难度。

在传统的酒店网络架构中，酒店往往建设独立的电话网、客房上网网络、管理办公网络、视频网络等分散的网络网络。而采用了 IBM 提供的融合网络技术后，酒店客户可以建设一张 IP 网络并同时覆盖以上各网络，避免多张线路网络设施的重叠和重复建设。对于酒店的建设方和管理方来说，IBM 的解决方案以实在的实施费用和具有竞争力的价格为他们提供了先进的技术和服务，而对于客人和员工来说，IBM 的解决方案为他们提供了高性能的网上浏览服务和全新的入住体验。

除酒店机房集中管理、桌面云、自助入住登记和退房以及无线入住登记和融合网络这四大最新解决方案之外，IBM"智慧的酒店"还提供多种服务，以满足酒店客户智能化、个性化和信息化的需求，包括楼层导航、互动服务电视系统、智慧电话、IP 电话、互动服务电视系统、电子猫眼、互动虚拟酒店展示和会议管理等高级功能。

他山之石

中国第一家智慧酒店——杭州黄龙酒店

杭州黄龙饭店是全球第一家智慧酒店，饭店共有598间豪华客房，其中包括豪华房、行政楼层客房、女士楼层、套房和服务式公寓，客房均配有舒适的现代化设施。杭州黄龙饭店以"科技"为品牌战略手段，打造智慧型酒店，一整套令人叹为观止的"智慧酒店"解决方案（最先进的无线网络、智慧客房导航系统、全世界第一套电视门禁系统、全球通客房智能手机、互动服务电视系统、机场航班动态显示服务、DVD 播放器 / 电子连接线及插孔、床头音响、床头耳机、四合一多功能一体机）使客人无论是徜徉其中、还是置身饭店外，都能获得超乎想象的世界领先的智能化入住体验。

一、高科技住店体验

无线无纸化入住 / 退房系统使客人可通过手持登记设备（TABLET PC）进行远程登记，在房内或是店外就能完成登记、身份辨识及信用卡付款手续。

自助入住/退房系统主要针对 35 岁至 50 岁对于计算机操作熟悉的商务人士，杭州黄龙酒店特别在大堂内设置 Kiosk 机，客人可通过其自助完成登记手续。

酒店还提供 VIP 快速通道，VIP 客人开车进入车库的同时即可完成登记入住和房卡制作。

酒店还提供客房智慧导航系统，客人一出电梯，系统会自动感应客人的房卡信息，之后通过三道指示牌指引客人找到自己的房间。

酒店还提供互动服务电视系统，内设八国语言自动选择功能以客人的母语欢迎客人入住，自动弹出客人上次入住时常看的频道，显示客人国家当地气候及杭州气候等信息。

酒店还提供电视门禁系统，若客人在不便应答的时候有人按门铃，门外的图像会自动跳到电视屏幕上，方便客人判断以什么形象去开门。

酒店还提供全球通用客房智能手机，智能手机解决了国外手机无法在中国使用的问题，从而可以实现全球拨打、免费接听的功能。现阶段，杭州黄龙酒店开放了部分信号区域，客人可在酒店或是杭州范围内的任何地方使用该智能手机。

酒店还提供机场航班动态显示/登机牌打印服务，每 15 分钟更新一次，方便客人及时了解班机最新状况；客人只需将电脑和客房内的四合一多功能一体机连接即可打印路线图和机票登机牌。

酒店还提供床头音响，每套床头音响都特制了 iPod/iPhone 专用插孔，同时具备播放和充电功能。

酒店还提供床头耳机，安装在床头背板侧面的电视耳机插口及放置在床头柜抽屉中的耳机，方便还未就寝的同行者继续享受视听服务。

二、智能会议管理系统

酒店还提供会议/宴会自动签到系统，与会的宾客佩戴内置 RFID 卡的胸卡进会议中心大堂后，会场导航显示屏会立即显示与会人员的姓名照片和身份信息等资料，并统计已到和未到的人数。

酒店还提供 VIP 客人自动提示服务系统，VIP 客人一进入酒店大堂，其信息会立刻显示到前台的电脑上和大堂经理/客户经理的移动计算设备上，同时，"欢迎某某贵宾光临黄龙酒店！"的欢迎词会以短信的方式发送至 VIP 客人的手机上。

酒店还提供会议/宴会统计系统以分析各类数据，并能将参会人员的具体信息汇总成报告，让每次会议的结果均可见可查。例如智能会议管理系

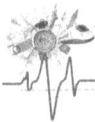

统会自动统计客人在不同的展区停留的时间、每个展区参观的人次等，展会主办方因此可以轻松地分析出哪些产品更具有市场吸引力。

豪华智能酒店——厦门凯宾斯基酒店

厦门凯宾斯基酒店是目前厦门最高的建筑，其是帆船造型的单体建筑，是厦门的地标性建筑。

厦门凯宾斯基大酒店的智慧酒店系统主要分为三部分：客控系统、面板系统、灯控系统。

一、客控系统：低碳、节能、安全、便利、舒适

客控系统设置不同温控模式，传达空调制冷制热的各项指令，使空调在不同模式时按设置温度运行，在为客人营造舒适环境的同时，达到最大化节省能源的效果。同时，系统可统计一天内客房的温度运行数据，便于酒店更好的管理分析。

客控系统软件可对电器设备的开关进行真实反馈，形成每天使用曲线图，从而根据使用信息统计分析用电量，更好控制各种设备的耗能情况。

客控系统可通过客控软件将不同电器设备加入相应场景模式进行控制，包括日常、会客、起夜、就寝、阅读、观影等模式，具体情况根据客户需求而定。

客控智能照明系统通过照明度感应器与各灯光控制器的相互配套使用，将客房照度调节至最舒适状态并最大限度地为酒店节能。

防盗监控将门框门磁、衣柜门磁、保险柜门磁与客控系统连接，如果在设定时间内门关出现异常，客控系统将发出警报提醒客人注意财产安全。

二、面板系统：组合灵活、以客为尊

进门面板、卫生间面板、床头面板、智能门口显示器面板多采用智能控制、触屏设置。

三、灯控系统：随空间需求而变

不同主题空间采用不同的灯光环境，宴会厅灯光氛围可根据需求调节为富丽堂皇型或庄重典雅型；大堂吧是宾客休憩的场所之一，灯光氛围梦幻迷离；餐厅灯光温馨舒适；咖啡厅灯光则浪漫休闲；泳池康体区灯光活泼动感；总之，各类灯光环境随空间需求而变。

第9章

智慧旅行社建设

旅行社是旅游产业链中尤为重要的一环，它作为旅游活动的主要组织者和具体实施者，是旅游业的窗口，起着龙头带动作用。它是启动旅游市场和优化旅游产品的重要保障。

智慧旅游时代的旅游管理经历了以目的地管理代替旅游景区管理、以精细化管理代替粗放式管理、以社会全行业管理代替单一行业管理的转变。智慧旅游给传统旅行社经营模式带来了极大的冲击，也对旅行社规模化经营提出了更高的要求。传统旅行社应以新业务为发展动力，大力发展电子商务，发展全方位的业务，由此来应对智慧旅游时代的挑战。

旅行社智慧化是一种方向和目标，它是时代进步的产物，是智慧旅游不可或缺的重要一环。

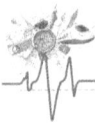

9.1　智慧旅行概述

随着大众旅游时代的到来，以云技术、物联网为基础的智慧旅游技术的兴起，推进了旅行社行业的优化升级，促使旅游服务、旅游管理、旅游营销发展得更加智慧，提高了旅游的质量与体验。旅行社对电子商务的应用日益广泛，电子商务与旅行社业的结合是旅游业未来发展的一个重要方向，也是旅行社行业参与国际市场竞争的重要手段。

9.1.1　何谓智慧旅行社

智慧旅行社（Intelligence Travel Agency，ITA）利用云端计算、物联网等新技术，通过互联网或移动互联网，借助便携的终端上网设备，将旅游资源的组织、游客的招揽和安排、旅游产品开发销售和旅游服务等旅行社涉及的各项业务及流程高度信息化、在线化和智能化，实现高效、便捷和低成本规模化运行，创造出游客满意和旅行社企业盈利的共赢格局。相对而言，在线旅行社（OTA）是智慧旅行社的基础。在线旅行社主要突出的是在线的方式。智慧旅行社是在在线的基础上，强调技术升级，强调人性化、个性化的升级，强调与环境的互动，它的服务是个性化的和有记忆性的。

智慧旅行社不仅能让游客更加科学、快捷地自主选择旅游服务商、旅游线路产品，更能实现移动化、虚拟化旅游行程规划，提升游客出游前的体验度。同时，在旅游过程中，游客能享受到全程定位、安全预警、紧急救援、移动终端查询与预订、在线支付、电子行程单及电子合同下载、智能导览等旅途服务。此外，游客还可通过社区游记与照片的分享、行程满意度评价等反馈完成整个旅程。

9.1.2　智慧旅行社的智慧表现

9.1.2.1　移动App

伴随着智能终端的普及，移动 App 迅速发展，移动终端的 App 在效率上明显优于传统线上业务。对于用户来说，手机支付等条件的成熟以及基于移动端用户体验的创新，也使其随时随地无处不在的瞬时需求能够被满足，移动终端将成为在线旅游的下一个掘金点。布局移动终端能为用户提供多样化增值服务，包括行前服务通知及进度查询，行中即时分享及信息查询，行后评价反馈；为资源提供商提供移动管家服务；为旅行社内部提供掌上 OA 系统，包括处理渠道订单、反馈信息等，能够最大限度地适应消费者的高效、精准、一致的消费体验需求，从而为顾客提供个性化、多样化的服务。

9.1.2.2 品牌体验店的智慧化

未来，旅行社门店将成为一个体验室，旅行社职员就是旅游咨询师，他们可用一部投影仪无线操控所有的画面和信息，向游客提供专业意见，量身定制出最符合顾客需求的旅游产品，以适应游客希望得到的高效、精准、一致的消费体验。

品牌体验旗舰店的室内设计和装潢，应着重使游客产生完美的体验，这涉及游程前、游程中和游程后的每一步。智慧旅行社在传统的旅行社门店基础上，通过最新的信息技术，以游客互动体验为中心，以先进的业务系统为保障，全面提升游客在旅游活动中的自主性和互动性，从而为游客带来智慧化的旅游服务，为旅游企业开拓更高效的营销平台和更广阔的客源市场。其具体特点如图 9-1 所示。

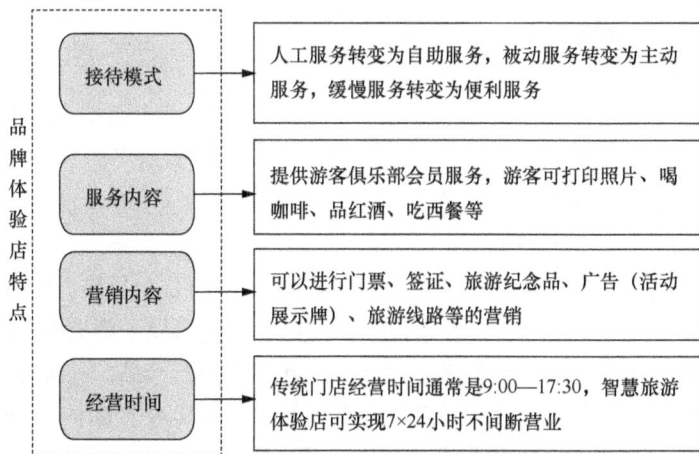

图9-1 品牌体验店的特点

9.1.2.3 建立网络柔性服务模式

基于智慧旅游技术的发展，游客需求的多样化，旅行社要逐步建立起网络柔性服务模式。该模式有两大原则，如图9-2所示。

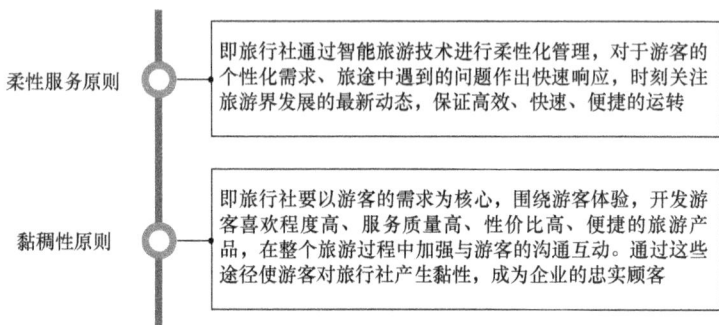

| 柔性服务原则 | 即旅行社通过智能旅游技术进行柔性化管理，对于游客的个性化需求、旅途中遇到的问题作出快速响应，时刻关注旅游界发展的最新动态，保证高效、快速、便捷的运转 |
| 黏稠性原则 | 即旅行社要以游客的需求为核心，围绕游客体验，开发游客喜欢程度高、服务质量高、性价比高、便捷的旅游产品，在整个旅游过程中加强与游客的沟通互动。通过这些途径使游客对旅行社产生黏性，成为企业的忠实顾客 |

图9-2　网络柔性服务模式的原则

网络柔性服务模式包含了三大模块：虚拟导游服务模块、在线旅游产品消费服务模块和旅行社社区服务模块。

（1）虚拟导游服务模块

旅行社网站应设立一个虚拟导游服务模块，该系统服务与现实旅游流程一致，游客可以在该服务模块任意选取虚拟导游。该平台首先通过遥感空间信息对景区所在地进行定位，游客自行游览景区三维实景景区，游览中还配有3D场景和视频流等技术形成的声像、真实导游解说等。游客们可以在该平台上互动交流，在出游前提前享受旅游服务和旅游体验。

（2）在线旅游产品消费模块

在线旅游产品消费模块主要是为旅行社与旅行服务商在线交流而设计的，它除了可以提供基本的旅游线路服务、咨询服务、游客搜索服务之外，还提供旅游产品网上预订、购买和售后服务等。

（3）旅行社社区服务模块

旅行社还可以构建社区服务平台，例如微博、微信公众号等。旅行社通过微博对热点话题品评、抽奖、投票、发布，引起游客关注，还可以了解更多的游客需求。旅行社通过建立健全游客管理档案，设计面向社区的全新产品。一次旅程结束后，旅行社可以通过平台了解游客旅游期间存在的问题以及其对于整个行程的满意度；还可通过对游客情感沟通的售后服务，进一步了解游客需求，这也有利于旅行社进行品牌拓展和培育忠诚的顾客群。

9.2 智慧旅行社的建设实践

9.2.1 智慧旅行社的建设理念

9.2.1.1 "以人为本"的建设理念

我国智慧旅游的建设存在数字化与智慧化混淆的问题，偏重于技术的提升，而往往忽略掉智慧旅游建设的核心部分——实现人对旅游信息的智能感知和方便利用。旅行社作为第三方机构，如果不能帮助游客节省时间，提供清晰、明了的旅行指导和服务，会失去竞争优势。智慧旅行社不仅应提供多语言、多币种的全方位服务，还为客户提供优先选项，帮助旅客解决信息过载问题，整个设计完全是以顾客的便利为首要考虑因素。

9.2.1.2 重视技术更新以及人才引进

在智慧旅行社建设中，如果说业务智慧化和管理智慧化是对智慧旅行社的基本要求，那么新技术应用就是对智慧旅行社的成长性要求，交流顺畅、运作好的技术平台和提供技术保障的技术团队成为智慧旅行社正常运行的有力保障。在日新月异的当今世界，只有不断更新技术，强化人才建设，旅行社才能做强做大。

9.2.1.3 多模式适应市场需求

旅行社根据不同的用户和不同的市场，采取不同的经营模式。

9.2.1.4 开发多渠道交流功能

近年来，随着智能手机的普及和旅客使用手机的普及，在很大程度上扩展了在线旅游业市场空间，这也成为去哪儿、携程、爱 GO 网等在线旅游企业向移动互联网发力的主要原因。旅行社能否成功开拓在线市场，让用户可以随时随地轻松获取信息成为衡量智慧化的重要指标。因此，国内旅行社在智慧进程中，除了经营网站外，还应关注对于各种系统应用程序和手机 App 的开发。

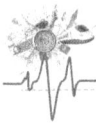

9.2.1.5 在线平台在同质化中的存异发展

在交易模式的不断重合下，国内旅行社必须通过创新发展模式来突破服务瓶颈。旅游服务品类日渐丰富，不仅包括景点门票、机票、火车票、酒店等的预订服务，也包括"景点＋住宿、景点＋车票"等多种套餐服务，当众多产品趋于同质化，有特色和个性的服务越来越少，竞争最终会消失。大数据加速旅游的智能化，旅游产生的大数据，是为顾客以及会员设立了一个档案，用以收集他们的个人喜好、预订信息以及其他选择，能为客户提供量身定做的服务，使客户对旅行社更加忠诚。旅行社的大数据储存和筛选功能，减轻了旅客选择的数据负担，也让客户意识到服务的价值，从而使提供这种服务的公司能在竞争中脱颖而出。

9.2.2 智慧旅行社建设应满足的功能

智慧旅行社建设应满足的基本功能为以下几点。

9.2.2.1 面向游客服务

网站服务平台功能要求：旅游资源展示、公司公告、同业分销、在线客服、在线预订等。

9.2.2.2 内部管理系统功能要求

旅行社应通过"内部办公""客户管理""供应商管理""出团管理"等系统实现内部管理的网络化和自动化。智慧旅行社应实现对旅游资源供应商的统一在线管理，包括供应商基本信息、要素价格、合同记录及财务信息等。旅游资源供应商主要包括景区、饭店、交通工具以及旅游保险等。

9.2.2.3 手机客户端功能要求

旅行社通过"导游助手"为导游带团提供方便。其主要功能包括线路行程、游客清单、短信群发、行程单修改、景区签入、导游和旅行社之间的互动等。

9.2.3 智慧旅行社建设的基本要求

我们应从业务智慧化、管理智慧化和新技术应用 3 个方面对智慧旅行社的建设规范进行要求。其中，业务智慧化和管理智慧化是对智慧旅行社的基本要求，新技术应用是对智慧旅行社的成长性要求。

9.2.3.1 业务智慧化

业务智慧化的内容与要求如图 9-3 所示。

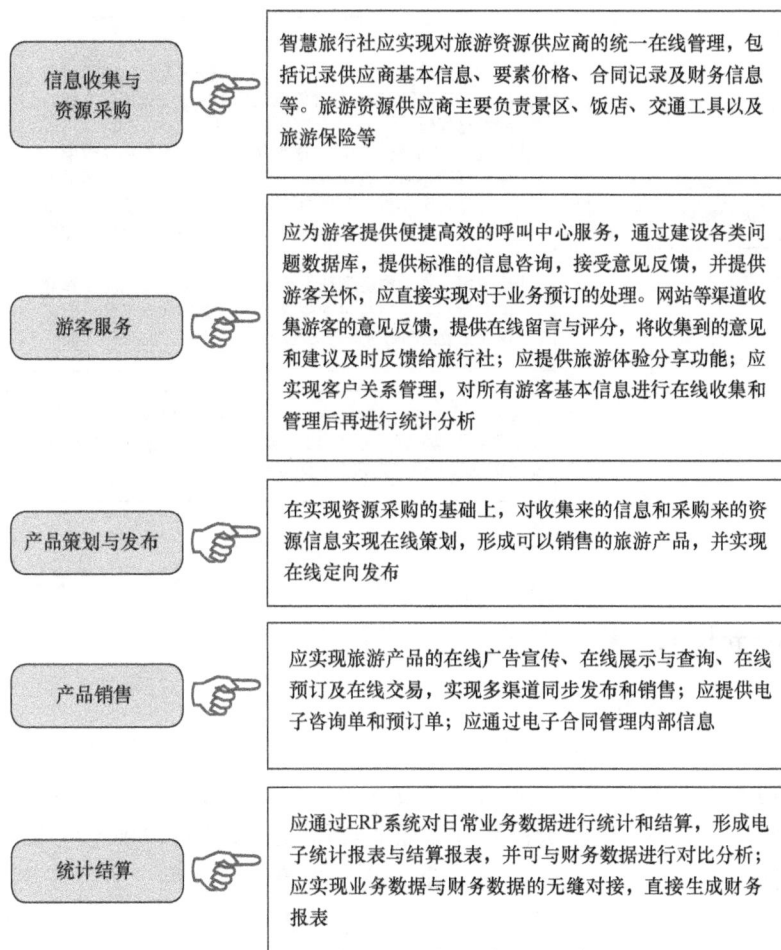

信息收集与资源采购	智慧旅行社应实现对旅游资源供应商的统一在线管理，包括记录供应商基本信息、要素价格、合同记录及财务信息等。旅游资源供应商主要负责景区、饭店、交通工具以及旅游保险等
游客服务	应为游客提供便捷高效的呼叫中心服务，通过建设各类问题数据库，提供标准的信息咨询，接受意见反馈，并提供游客关怀，应直接实现对于业务预订的处理。网站等渠道收集游客的意见反馈，提供在线留言与评分，将收集到的意见和建议及时反馈给旅行社；应提供旅游体验分享功能；应实现客户关系管理，对所有游客基本信息进行在线收集和管理后再进行统计分析
产品策划与发布	在实现资源采购的基础上，对收集来的信息和采购来的资源信息实现在线策划，形成可以销售的旅游产品，并实现在线定向发布
产品销售	应实现旅游产品的在线广告宣传、在线展示与查询、在线预订及在线交易，实现多渠道同步发布和销售；应提供电子咨询单和预订单；应通过电子合同管理内部信息
统计结算	应通过ERP系统对日常业务数据进行统计和结算，形成电子统计报表与结算报表，并可与财务数据进行对比分析；应实现业务数据与财务数据的无缝对接，直接生成财务报表

图9-3 业务智慧化的内容与要求

9.2.3.2 管理智慧化

管理智慧化的内容与要求如图 9-4 所示。

订单管理	👉	应通过在线的方式向旅行社提供电子预订单、电子订单、电子行程单、电子订单的结算单，电子导游领队任务单，团队地接任务的电子通知单，实现订单的在线流转，并可对上述电子单据进行数据统计和分析
团队管理	👉	应实现通过ERP系统对所有团队、导游领队、旅游大巴的即时信息进行管理和查询统计，实现导游领队、旅游大巴的在线调度与在线监管
内部管理	👉	①应可通过ERP系统实现对业务数据和财务数据的实时监控；应通过ISO质量管理体系认证实现业务流程和文档的标准化管理 ②应通过OA系统对旅行社企业内部的日常工作加以管理，包括行政事务、资源管理、会议管理等；建立完善的人力资源管理制度，实现内部业务流程垂直分工的企业组织架构；通过OA系统与ERP系统的对接，实现自动化绩效考核 ③应使用成熟的财务管理系统实现在线收、付款与结算等财务管理，可在线自动生成财务报表和数据报告；应实现业务数据和财务数据的在线对接和对于财务数据的监控
与行业监管的技术对接	👉	应与旅游监管部门实现技术对接，实现旅游数据（团队、电子合同、游客和保险）的全面及时上报，配合旅游监管部门在线审批和监管，完成上下游信息的对接

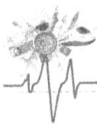

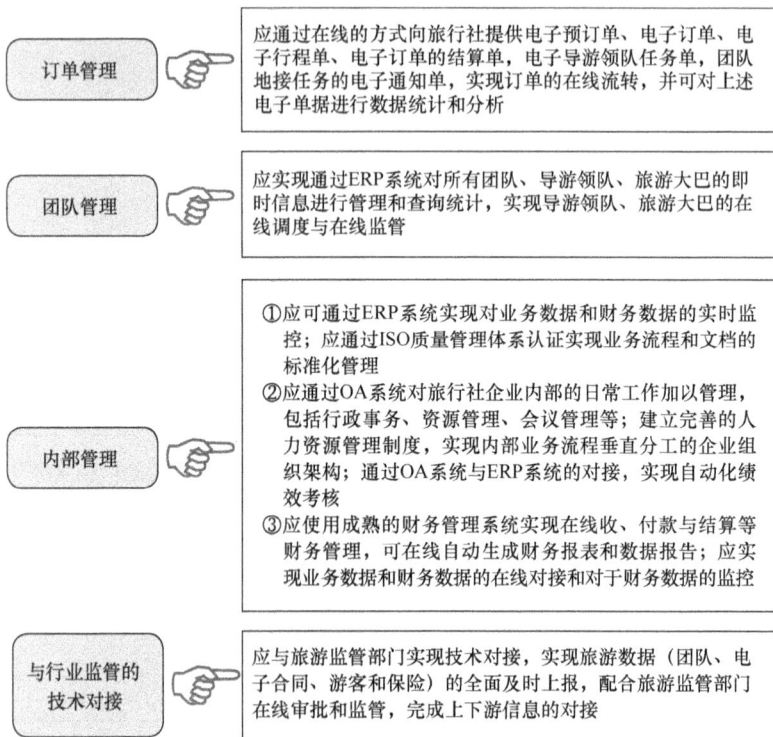

图9-4　管理智慧化的内容与要求

9.2.3.3　新技术应用

1. 技术应用创新

智慧旅行社在建设时应在国内业务、入境业务、出境业务、单项服务、会议奖励等业务上实现在线操作，鼓励使用电子印章技术、射频技术和全球定位技术（可应用于旅游大巴管理、团队行程管理和身份识别定位中），鼓励通过数据挖掘技术对业务、游客、供应商数据等进行挖掘分析，应用云技术实现资源共享和云服务；鼓励积极开发或引进新技术，并将新技术应用于旅行社业务。

2. 手机客户端

手机客户端应满足如下功能：通过"导游助手"，为导游带团提供方便。其主要功能包括提供线路行程、游客清单，进行短信群发、行程修改、景区签入、导游和旅行社之间的互动等。"导游助手"的系统架构如图9-5所示。

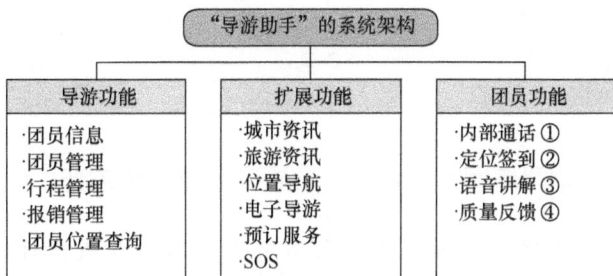

图示说明：

① 团员与团员之间、团员与导游领队之间的相导互通；

② 直接通过手机上的按键，进行位置信息的签到；

③ 内置景点介绍信息，根据地理位置服务自行讲解；

④ 内置紧急联系和投诉电话，方便游客与服务人员的沟通。

图9-5　"导游助手"的系统架构

9.2.4　智慧旅行社的对接要求

为保证"智慧旅游大平台"的整体性和"智慧旅行社"的高效运行，"智慧旅行社"和"智慧旅游大平台"之间、"智慧旅行社"各系统之间都必须实现有效对接，使得各系统之间能资源共享、信息互通、数据统一，从而作为一个整体，更好地为海内外游客服务。

9.2.4.1　旅行社各系统之间的互通要求

旅行社各子系统应在实现资源共享、数据统一的基础上，整合成"智慧旅行社"统一服务平台。

目前，很多大的旅行社都建设了比较完备的网站或内部管理系统，但每个系统之间基本上都是相互独立的，是一个个的"信息孤岛"。为了更好地发挥"智慧旅行社"的作用，避免重复劳动和数据混乱，旅行社需对各子系统进行统一规划、有效整合，实现资源共享、数据统一，打造优质高效的"智慧旅行社"统一服务平台。

9.2.4.2　和"智慧旅游平台"的互通要求

"智慧旅行社"服务平台必须和"智慧旅游平台"实现对接，做到"智慧旅行社"服务平台发布的信息能同步展示在"智慧旅游平台"上，在丰富"智慧旅游平台"信息和服务的同时，为旅行社的旅游产品开辟新的宣传和预订渠道。

他山之石

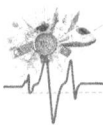

智慧旅行社 Booking 发展中的智慧化启迪

将传统的旅行社销售模式放到网络平台上的在线旅行社（Online Travel Agent，OTA）模式正在成为旅行社智慧化的重要方向。近几年，根据调查显示：在线旅行社已经成为欧洲酒店的主要分销渠道，其在线预订量约有 50% 来自 Priceline 拥有的 Booking，30% 来自其他的在线旅行社，其余 20% 的预订来自酒店自身的网站。本文分析总结 Booking 的智慧化设计，希望对我国的 OTA 发展和旅行社的智慧化建设提供一定的借鉴。

一、Booking 概况

Booking 是世界上第一个酒店在线预订网站，2005 年被 Priceline 公司收购，成为 Priceline 旅游市场细分战略中的重要部分。Booking 最初的市场定位是针对欧洲的，但是因其发展模式的灵活性和强效性，其发展速度和规模完全超过初始预期，如今 Booking 已经开始涉足新兴地区的旅游业。以中国为例，无论是传统的在线旅行社携程，还是新兴的旅行社交网站蚂蜂窝、穷游网等，用户在上边搜索海外酒店时，其都会优先跳转到 Booking 的网站。

二、Booking 智慧化建设亮点

（一）滚动式发展构筑庞大用户群

如图 9-6 所示，Priceline 围绕酒店、机票、租车三大核心板块，构筑以用户为核心的战略体系，针对细分用户和区域市场平均每 2 ~ 3 年进行一次具有战略意义的收购，采取多模式滚动开发，积累了庞大的用户资源。现今，Booking 已经拥有 38 万家酒店的住宿资源，为顾客提供 170 多个国家的在线预订服务，在世界各地拥有 70 多家办事处，共有超过 4000 人参与其中。

（二）基于目的地搜索的"结构性优势"

Evercore 的一项证券调查报告称：Booking 的转化率是行业平均水平的两到三倍，而且它在竞争中凭借"结构性优势"胜过了其他 OTA 对手，如 Expedia。Booking.com 的付费搜索基于目的地，而它的对手们却基于始发地。"始发地模式"是指在搜索中添加目的地后，随着目的地数量的增加，市场团队与销售成果的关联度会降低；而 Booking 的"目的地模式"，则是基于目的地的市场损益情况，能更好地优化市场投入，有利于在更大范围内实

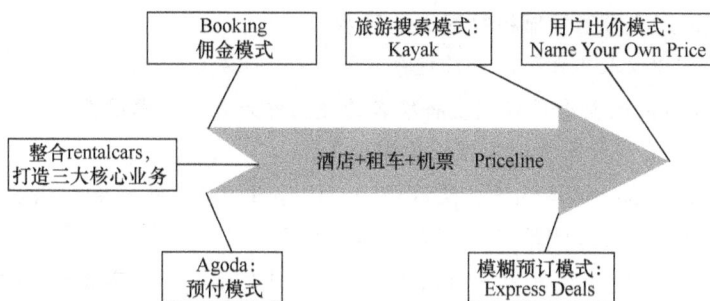

图9-6 Priceline的战略体系模式

现转化率的提升。

（三）分销成本较低的佣金模式

Booking能吸引数量庞大的全球用户，除了因为它丰富的住宿资源，还因为它采取了相对较低的分销成本。作为酒店的合作伙伴，相对于以预付模式为主，还需额外收取2%~3%的信用卡手续费的其他竞争者来说，Booking的分销成本更加低廉，再加上其灵活的订房取消政策，其逐渐形成了显著的销售优势。

（四）强大的技术支持团队

Booking通过不断引进新技术和培养技术人才，强化自己的技术团队，为自身的智能化服务提供保障。

（五）良好的网络平台建设

Booking提供了41种可用语言，近百种交易货币，以方便游客和商家共享信息。它具备调研和网站记忆功能，可给出优先选择，减少游客在海量信息搜索里花费的时间。

（六）开发多途径预订渠道

使用移动设备预订住宿的用户人数迅猛增长，移动设备在网络住宿市场的地位也越来越重要，因此，Booking开发了适用于安卓、iOS及Windows8系统的应用程序，在过去3年间已拥有2000万次下载量，图9-7所示为Booking的预订渠道。

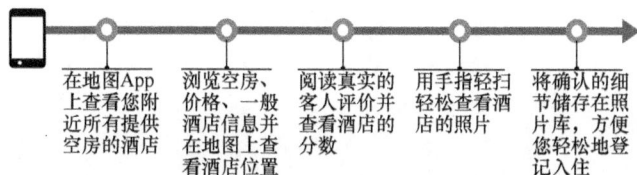

图9-7 Booking的预订渠道

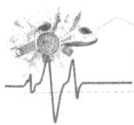

三、对我国智慧旅行社建设的启示

（一）"以人为本"的设计理念

Booking 的整个设计完全将顾客的便利作为首要考虑因素。

（二）重视技术更新以及人才引进

在智慧旅行社建设中，交流顺畅、运作好的技术平台和提供技术保障的技术团队是其正常运行的有力保障。在日新月异的当今世界，技术发展迅速，旅行社只有不断地更新技术，强化人才建设，才能不落后于时代。

（三）多模式适应市场需求

Priceline 公司不仅在欧洲成功地采用了佣金模式，还根据不同市场和受众群体，开发了适用于北美市场的创新模式和适用于亚洲市场的预付模式。根据不同的用户和不同的市场采取不同的经营模式，就是 Priceline 的市场细分战略给国内旅行社发展带来的启示。

（四）开发多渠道交流功能

近年来，随着智能手机的普及和消费者使用手机习惯的改变，在线旅游业的市场空间很大程度上扩展了，这也成为去哪儿、携程等在线旅游企业向移动互联网发力的主要原因。旅行社能否成功开拓在线市场，让用户可以随时随地轻松获取信息成为衡量智慧化的重要指标。因此，国内旅行社在智慧进程中，除了重视自身的经营外，也应关注各种系统应用程序和手机 App 的开发。

（五）在线平台同中存异发展

在交易模式的不断重合下，国内旅行社必须应用创新发展模式，突破自己的服务瓶颈。

（六）大数据加速旅游智能化

所谓大数据，就是为顾客以及会员设立的一条主记录，用以收集他们的服务记录、预订信息以及其他选择，能为客户提供更合适的服务。旅行社的大数据储存和筛选功能，减轻了消费者的数据负担，也让客户意识到服务的价值，可以让公司在竞争中脱颖而出。

第10章

旅游电子商务

　　旅游电子商务具有用户范围广、营运成本低、无时空限制以及能够同用户直接交流等特点，为用户提供了更加人性化、个性化的服务。旅游业是典型的信息密集型和信息依托型产业，在旅游业中应用电子商务系统，无疑能提高顾客的满意度，提高旅游企业的竞争能力，赋予旅游业无限的生机和活力。电子商务为旅游业的发展插上了信息化的翅膀。电子商务必然会介入传统的旅游业，因为旅游业是对因特网最敏感的产业之一，旅游业与软件、网上书店被称为最适合在网上经营的三大行业。

10.1 旅游电子商务概述

10.1.1 旅游电子商务

　　旅游电子商务是指以网络为主体，以旅游信息库、电子化商务银行为基础，利用最先进的电子手段运作旅游业及其分销系统的商务体系。旅游电子商务为广大旅游业同行和爱好者提供了一个互联网的平台。平台利用先进的计算机网络及通信技术和电子商务的基础环境，整合旅游企业的内部和外部的资源，推动旅游信息的传播和推广，实现旅游产品的在线发布和销售，为旅游者与旅游企业之间的知识共享提供平台。

　　旅游电子商务是一个涵盖各类旅游企业、旅游服务提供商、旅游机构以及旅游者等多方参与的、多层次的、复杂又相互关联的网状系统。

10.1.2 旅游电子商务的主要类型

　　按照不同的标准，旅游电子商务有多种分类方法。下面介绍根据交易类型分类的旅游电子商务类型。

10.1.2.1 B2B交易形式

　　旅游企业之间的产品代理，如旅行社代订机票与酒店客房，旅游代理商代售旅游批发商组织的旅游线路产品等。

　　组团旅行社之间相互拼团。当两家或多家组团旅行社经营同一条旅游线路，并且出团时间相近，而每家旅行社只拉到为数较少的客人时，旅行社在征得游客同意后可将客源合并，将客人交给其中一家旅行社负责，以实现规模运作，从而降低成本。

10.1.2.2 B2E交易模式

　　B2E（Business to Enterprise）中的E，指旅游企业与之有频繁业务联系，或为之提供商务旅行管理服务的非旅游类企业、机构、机关单位。大型企业经常遇到大量的公务出差，并经常会处理会议展览、奖励旅游等事务。他们会选择和专业的旅行社合作，旅行社负责提供专业的商务旅行预算和旅行方案咨询，开展商务旅行全程代理，从而帮助企业节省时间和财务的成本。还有一些企业则与特定机票代理商、旅游酒店保持固定的业务关系，由此享受优惠价格。

10.1.2.3　B2C交易模式

B2C 旅游电子商务交易模式即电子旅游零售。交易时，旅游散客先通过网络获取旅游目的地信息，然后在网上自主设计旅游活动日程表，预订酒店客房、车船机票等，或报名参加旅行团。对旅游业这种旅客高度地域分散的行业，B2C 旅游电子商务模式方便旅游者远程搜寻、预订旅游产品，克服距离带来的信息不对称的问题。B2C 旅游电子商务还包括旅游企业向旅游者拍卖旅游产品，旅游电子商务网站提供中介服务等形式。

10.1.2.4　C2B交易模式

C2B 交易模式是旅游者提出需求，企业通过竞争满足旅游者的需求；或者旅游者通过网络结成群体与旅游企业进行讨价还价的模式。C2B 旅游电子商务主要通过电子中间商（专业旅游网站、门户网站旅游频道）进行。这类电子中间商提供一个虚拟开放的网上中介市场，提供一个信息交互的平台。网上的旅游者可以直接发布需求信息，旅游企业查询信息，然后双方通过交流自愿达成交易。

10.2　开展旅游电子商务的益处

10.2.1　对旅游企业的益处

对于旅游企业来说，开展旅游电子商务的优势有以下 3 点。

10.2.1.1　降低旅游企业经营成本

首先，电子商务减少企业交换信息的成本。企业之间的信息沟通与交流是企业间形成各种关系的基础，开通电子商务的旅游企业，借助于网络可以很方便地与其他企业建立网络型商务联系。

10.2.1.2　为旅游企业提供一种全新的信息发布媒体与快捷的销售渠道

旅行社可以将景点特色、人文景观、服务设施和交通情况等以图文声像的方式制作成不同语言界面的网上浏览主页，供全球范围的消费者浏览查询；也可以通过电子邮件向特定的客人发送有针对性的信息，从而提高信息的接受率。

10.2.1.3　旅游电子商务没有物流的限制

旅游业本身并不是以实物交换为主的行业，旅游业的需求方认为旅游者购买的是一种人生经历；供给方认为旅游公司提供各种服务，以此获得收入，并不涉及任何实物交易。结合旅游行业的特点，旅游业更适合开展电子商务，电子商务涉及信息流、资金流与物流的协调整合问题，而旅游业却并不涉及复杂的物流问题，至于资金方面，也可以通过网上结算的方式实现直接付款。

10.2.2　对消费者的益处

对于消费者来说，开展旅游电子商务的优势有以下 3 点。

10.2.2.1　更加便捷

开展旅游电子商务的企业可以为消费者提供详细的目的地信息和目的地预览，并为决策者提供参考信息；另外，也可以利用品牌优势及第三方认证，解决服务及信誉问题；还可以突破时空界限，为消费者提供全天候、跨地域的服务。

10.2.2.2　获得更多优惠

旅游电子商务是为企业节省信息搜寻费用的一个重要途径。旅游互联网的介入大大地降低了企业寻找信息的成本，使旅游者可以直接从旅游目的地和相关企业中获得更多、更有用的信息，使旅游者有更多的选择机会，这是旅游互联网深受旅游者欢迎的社会基础。开展旅游电子商务的企业可提供更具有竞争力的产品价格，还可为消费者提供大量的折扣和优惠政策，从而给消费者带来实惠。

10.2.2.3　可以开展个性化旅游

随着消费水平的提高和生活节奏的加快，团队式、赶时间、赶行程的旅游方式已经不能满足大众要求，越来越多的消费者追求舒适、自由的个性化旅游。旅游电子商务通过网络的双向交流作用，逐渐改变销售策略，面向大众提供个性化的旅游定制服务，从而满足人们的消费要求，以自订行程、自助下单为主要特征的网络旅游已成为人们旅游采用的主要方式。

相关知识

我国旅游电子商务网站的发展

一、旅游电子商务网站发展阶段

第一阶段（1997—2000年）：1997年中国旅游资讯网和华夏旅游网的成立标志着我国真正出现基于互联网的旅游网站。此阶段旅游网站具备的信息量很少，网站只由一到数张设计简单、以景点介绍为主的网页构成。

第二阶段（2000—2001年）：2000年4月，以网上预订为主的青旅在线诞生，电子商务模式首次引入旅游网站。此阶段，旅游网站提供的预订服务包括交通及住宿企业的电话等联系方式，游客想预订仍需绕开网站，直接联系相关公司。

第三阶段（2001—2002年）：2001年2月，随着金旅雅途网的成立，中国出现了一批以网上交易平台服务为主要业务的旅游网站。此时，旅游网站已具有较强的互动性，并且开始提供在线服务。游客从网上预订客房后仍需通过银行等途径汇款，预订的飞机票等也只能被上门递送。

第四阶段（2002年至今）：2002年4月，中国第一个旅游目的地营销系统——"南海目的地营销系统"在广东省南海市建成，南海旅游网成为中国首个运行DMS的旅游网站。从此以后，功能强大的数据库系统诞生，游客可以很方便地实现食、住、行、游、娱、购等信息的在线查询，甚至可以借助多媒体工具在网上进行虚拟旅游。

二、网站的类型

根据网站的不同性质，我国的旅游网站可被分为8类：政府旅游部门网站、

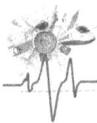

应用服务供应商网站、旅游企业网站、专业旅游网站、网络内容供应商网站的旅游频道、各类旅游目的地咨询网站、地方性旅游网站和个人旅游网站。

此外，旅游网站还可根据专业属性、服务类型、提供信息等不同要素被分类。我国的专业旅游电子商务网站类型见表10-1。

表10-1　国内专业旅游电子商务网站分类

网站类型	主要网站	业务简介
大型综合旅游网站	华夏旅游网 中国旅游资讯网 中国旅游商务热线 携程旅行网 再见城市网	为旅游者提供包括"吃、住、行、游、购、娱"六大要素在内的全部旅游资源，提供全国各地的旅游信息查询，游客也可以直接在网上订票、订房、订团、订旅游线路等
旅行社类网站	广之旅的专业旅游电子商务网站"中国旅行热线" 广州岭南电子旅行社 广东省中旅、国旅假期、新之旅等旅行社的门户网站	可以提供网上线路预订、多家银行信用卡网上支付等服务
酒店及预订类网站	中国酒店供应信息网 凯悦酒店预订网 中国商务旅行预订服务网络 北京昆仑饭店、上海青年会宾馆、上海龙柏饭店、北京饭店、上海和平饭店等门户网站	提供酒店的服务和设施介绍，并提供预订服务
航空公司及机票预订类网站	信天游网站 各大航空公司的门户网站	信天游网站的主要服务内容为航空信息查询、在线机票预订，也提供酒店、汽车等多项预订服务并提供相关信息；航空公司门户网站可提供航班信息、机票预订服务和其他专业服务
景区及地方性旅游网站	各省市的地方性旅游网站和各主要旅游景点的网站，较著名的有黄山旅游网、海南旅游资讯网、武夷山旅游、（丽江）云南旅游网等	提供地方性旅游景点、旅游线路、服务设施等相关信息，有一些也提供网上预订服务

三、旅游电子商务网站存在的问题

旅游电子商务网站存在的问题有以下3点。

①大多数旅游电子商务网站的构建，无论从网页设计的科学性、有效性，还是从网站的服务内容、服务范围、服务功能等来看，都非常不规范，存在很多问题。

②在旅游电子商务体系中，支付方式仍不健全，由于支付困难，普遍缺乏对网上预订的约束力。

③由各级政府到各家旅游企业建立的网站多数内容简单、图像单一、信息发布不完整、更新速度慢、对消费者缺乏回访的吸引力。这类旅游网站的建设多以信息公布和搜索为主要目的，在实现供需双方网上信息的即时交换和网上交易等方面存在较大欠缺。48%的省级政府旅游网站未使用正规域名，而且绝大多数专业网站没有设立旅游投诉模块。

10.3　智慧旅游电子商务平台建设

在智慧旅游电子商务平台系统中，信息是以游客为中心而组织的，通过旅游景点、旅行社、酒店、旅游商品等商家的入驻，平台整合游客所需的吃、住、行、玩、娱、购等方面的信息，为游客打造一站式服务。

10.3.1　平台建设目标

平台建设的目标是打造旅游服务提供商与游客之间的沟通桥梁，使游客能够在平台获得吃、住、行、玩、娱、购等方面的全方位信息，为游客打造一站式服务，使旅游服务提供商可以提供新的网上市场流通渠道，降低经营成本，提高经济效益。

10.3.1.1　服务游客

平台旨在通过智慧旅游的建设将旅游带动地区经济发展所涵盖的六大元素（行、食、住、游、娱、购）进行有序的整合，为游客提供便捷的服务。

①网站为游客提供一站式服务，并使游客在任何需要的时间、任何地点均能

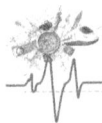

获得相关的旅游信息和服务。

②游客通过互联网和移动终端都能查到相应的旅游信息，能够预订相应的旅游产品并享受旅游信息服务。游客可通过呼叫中心、在线网站、手机短信等多种基于网络的现代化信息沟通交流手段获得所需要的旅游信息和服务。

③游客通过相关旅游信息化门户网站，可方便地获得所需要的食、住、行、游、购、娱的信息和服务。

④游客通过相关旅游信息化平台，可随时随地方便地与相关部门、单位进行交流、沟通并获得及时的信息反馈。

10.3.1.2　服务主管单位

平台旨在通过智慧旅游的建设提高旅游生态环境检测和保护的能力，提高对游客及工作人员的安全检测和保护能力，提高对景区综合管理的监控能力，提高旅游业务的营销和服务能力，满足相关政府部门推动旅游产业和旅游信息化的行政办公需求。

① 数据规范、标准、统一、集中；

② 管理信息上传、下达及时、准确、一致；

③ 行政管理流程顺畅、快速、协同；

④ 各类信息方便查询、统计，并逐步提供多维分析和决策支持。

10.3.1.3　服务企业

平台旨在通过智慧旅游的建设使企业经营与地区旅游资源更有效地结合，拓展企业的营销宣传渠道，为企业发展创造更多机遇。

① 企业可通过平台方便地进行信息化的管理和运营，享受旅游平台提供的信息化服务；

② 企业可通过平台进行高效、有序的管理和信息沟通、交流；

③ 企业可方便地获取和应用平台提供的全面的经营、管理、市场信息和数据，以切实提高经营管理效益；

④ 企业可方便地获得平台提供的电子商务服务，更好地吸引消费者，更好地与行业合作伙伴进行密切配合，切实提高经济效益。

10.3.1.4　服务旅游目的地

服务于旅游目的地的基本需求是逐步实现整合营销、整合服务、统一管理，消费者可以通过先进的目的地营销平台，在获得相关旅游信息资源的同时，获得相关旅游产品信息、服务信息和配套资源的情况；旅游企业和主管部门可实现整合营销、服务和管理。

10.3.2 电子商务平台的系统功能

10.3.2.1 游客服务

游客服务功能模块如图 10-1 所示。

图10-1 游客服务功能模块

（1）智慧终端

平台通过手机应用程序向游客提供食、住、行、游、购、娱的介绍和预订服务，并可以利用手机的 LBS 特性向游客提供地图服务和位置服务，也可以将商家与游客更好地对接。

（2）饮食服务

饮食服务的内容见表 10-2。

表10-2 饮食服务的内容

序号	服务内容	说明
1	美食介绍	通过平台对目的地的饮食介绍，游客可了解当地饮食情况。平台向游客推荐当地特色美食，游客也可了解平台上其他游客推荐的美食，从而在游览之余享受当地美食
2	餐厅介绍	平台介绍当地知名餐饮机构和特色店铺，引导游客顺利找到美食餐厅和餐厅聚集地，同时促使餐饮企业提升服务水平，打造良好的口碑

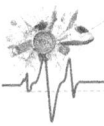

序号	服务内容	说明
3	在线预订	平台提供地区餐饮商户网站频道，展现商家的简介、资质、特色菜点、相关荣誉、甚至内设或房间的全景，能够在指定频道发布可预订的套餐规格、就餐人数、详细菜谱、价位、折扣方式、预订开放时间、每天预订的数量等信息。游客在填写身份信息后，可选择订餐日期及时间、套餐规格、详细菜谱、就餐人数等，最后进行费用的在线实时支付。游客收到预订信息后，商家将及时通过必要的联系方式与游客进行反馈或确认。游客在线付款成功后可凭电商平台发送的手机二维码或密码到商家消费

（3）住宿服务

住宿服务包括以下 3 个方面，如图 10-2 所示。

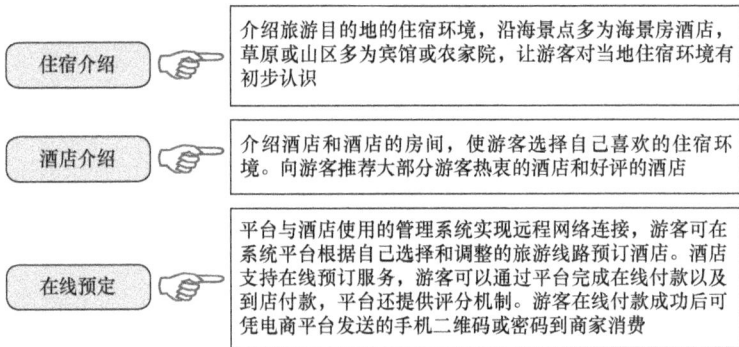

住宿介绍 ☞	介绍旅游目的地的住宿环境，沿海景点多为海景房酒店，草原或山区多为宾馆或农家院，让游客对当地住宿环境有初步认识
酒店介绍 ☞	介绍酒店和酒店的房间，使游客选择自己喜欢的住宿环境。向游客推荐大部分游客热衷的酒店和好评的酒店
在线预定 ☞	平台与酒店使用的管理系统实现远程网络连接，游客可在系统平台根据自己选择和调整的旅游线路预订酒店。酒店支持在线预订服务，游客可以通过平台完成在线付款以及到店付款，平台还提供评分机制。游客在线付款成功后可凭电商平台发送的手机二维码或密码到商家消费

图10-2　住宿服务

（4）出行服务

出行服务包括以下两个方面，如图 10-3 所示。

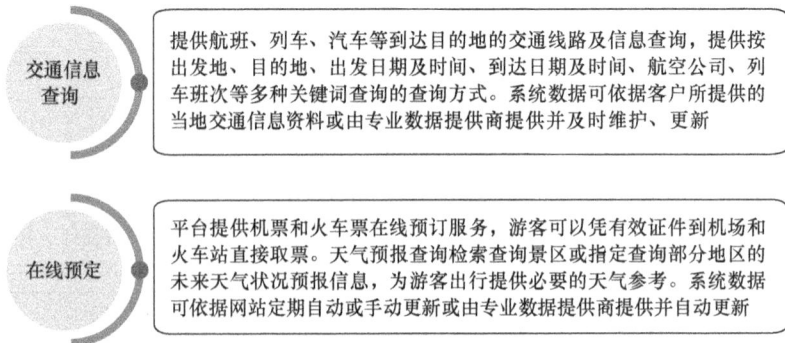

交通信息查询	提供航班、列车、汽车等到达目的地的交通线路及信息查询，提供按出发地、目的地、出发日期及时间、到达日期及时间、航空公司、列车班次等多种关键词查询的查询方式。系统数据可依据客户所提供的当地交通信息资料或由专业数据提供商提供并及时维护、更新
在线预定	平台提供机票和火车票在线预订服务，游客可以凭有效证件到机场和火车站直接取票。天气预报查询检索查询景区或指定查询部分地区的未来天气状况预报信息，为游客出行提供必要的天气参考。系统数据可依据网站定期自动或手动更新或由专业数据提供商提供并自动更新

图10-3　出行服务

（5）游览服务

游览服务包括以下几个方面，具体见表10-3。

表10-3　游览服务的内容

序号	服务内容	说明
1	景点介绍	游览景点通常是旅游的首要目的。平台以文字、图片和多媒体方式向游客介绍景点
2	景区门票预订	经过安全认证服务后可直接与景区自动售票服务器进行数据对接，实现网络订购门票功能，在购买流程中游客能自主选择路线，并能自主选择喜欢的旅行社
3	定位导览服务	通过游客下载手机导览客户端，或租用定制导览终端的模式提供自助导览服务。 ①通过电信提供的LBS服务接口为用户提供定位、导航功能； ②提供与GPS相结合的报警服务； ③提供其于定位服务的相关配套的服务，如搜索周边设施； ④自动为用户生成最佳的旅游行线路等，并实时记录用户轨迹； ⑤自助播报功能，根据用户所处位置自动播报相关的景点信息
4	位置服务	用户开启手机旅游产品的位置服务，即可得到自己所在位置
5	自助导览服务	①语音播报导游 存储和管理预先录制的景点导游语音，结合呼叫中心平台，智能转接游客电话呼入，自动识别游客的按键输入选择，通过语音IVR互动导航，正确地播放景点导游语音，使得用户能够通过电话拨入享受到移动自助语音导游讲解的服务。 ②短信导游 可以通过手机短信输入该景点识别号并通过短信将其发送到"旅游信息服务平台短信特服号码"，短信平台回复层次化的景区景点内容文本介绍或访问链接，使用支持数据网页浏览的手机的用户可以通过该视频链接访问景点的相关信息介绍。 ③二维码导游 智能手机可以拍摄指示牌上的二维条形码，获取用户识别号，省去输入识别号的操作环节
6	景区实时流控告警	在景区的出入口部署客流分析系统，通过与景区的客流分析系统进行对接，游客可以实时查看景区客流情况，方便游客选择游览路线，避免拥堵

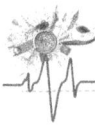

（6）购物服务

系统可为游客提供地方特产展销平台，游客可根据需求按商家或商品类型搜索和挑选商品，再完成在线实时支付。游客在线订购商品后，商家核对、发货，游客收到商品后进行最后的确认，整个购买过程完成。交易流程中每个环节的变化，游客都会收到站内短信、电子邮件甚至手机短信等多种方式的同步通知，整个交易流程透明化、人性化。

（7）娱乐服务

平台介绍目的地的娱乐项目，例如：温泉、高尔夫球场、游乐场等，体现项目所处的位置、环境特色甚至会场的内设全景，并提供查看和预订服务。

（8）信息服务

信息服务包括以下几个方面，如图10-4所示。

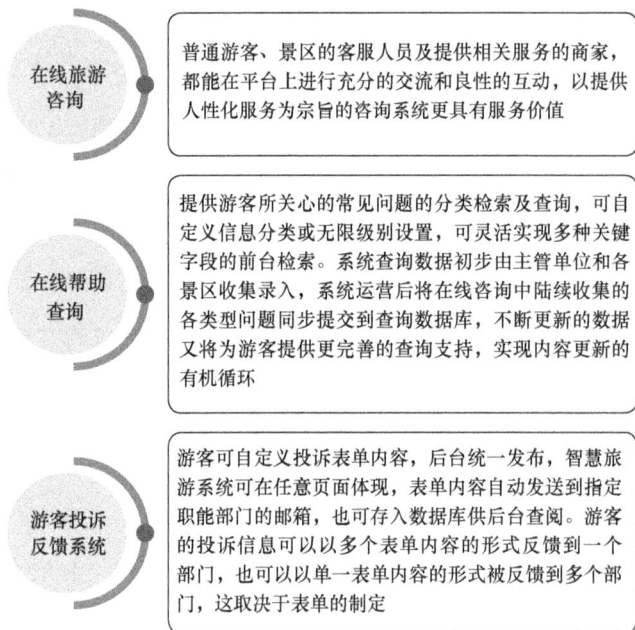

在线旅游咨询	普通游客、景区的客服人员及提供相关服务的商家，都能在平台上进行充分的交流和良性的互动，以提供人性化服务为宗旨的咨询系统更具有服务价值
在线帮助查询	提供游客所关心的常见问题的分类检索及查询，可自定义信息分类或无限级别设置，可灵活实现多种关键字段的前台检索。系统查询数据初步由主管单位和各景区收集录入，系统运营后将在线咨询中陆续收集的各类型问题同步提交到查询数据库，不断更新的数据又将为游客提供更完善的查询支持，实现内容更新的有机循环
游客投诉反馈系统	游客可自定义投诉表单内容，后台统一发布，智慧旅游系统可在任意页面体现，表单内容自动发送到指定职能部门的邮箱，也可存入数据库供后台查阅。游客的投诉信息可以以多个表单内容的形式反馈到一个部门，也可以以单一表单内容的形式被反馈到多个部门，这取决于表单的制定

图10-4　信息服务

10.3.2.2　企业服务

企业服务的功能模块如图10-5所示。

图10-5 企业服务的功能模块

（1）企业应用

企业应用为各景区、各商业企业、旅行社等提供在线服务和电子商务应用功能，以保障地区旅游资源的有效整合。

（2）会员管理

网站通过对会员的历史购买记录和浏览记录的分析可以了解会员的需求，并据此对会员进行有效的分类和产品推广，从而实现精准营销。

（3）旅行社管理

企业服务与在线订票，客户服务中的价格以及所选旅行社进行挂钩，并能自动统计各旅行社的佣金、折扣、奖励等经费，核算通过后，可通过网络银行确认实现直接支付。

（4）团队预订管理

网站以公司库的形式分类管理规模不等的旅行社经营机构，每个商户都有专门的网站频道体现商家的简介、资质、经营特色、相关荣誉、企业文化等，并能够在指定频道发布可预订的旅游线路、组团方式、出发／返回日期、价位、折扣方式、预订开放时间、每天预订的数量等信息。游客填写身份信息后，可选择某个旅行社的旅游线路，确定出行日期、出行人数、出行天数等细节，最后进行费用的在线实时支付。收到预订信息后，商家将及时通过必要的联系方式与游客进行反馈及确认。

团队预订管理系统在传统的旅行社运营模式基础上，积极拓展网络空间，以打造地区旅游品牌为宗旨，以服务地区旅游为目标，以智慧旅游系统为平台，充分整合当地的旅行社资源，创造互惠互利的网络经济模式，带动旅游及相关产业的发展。

（5）景区营销管理

景区营销管理是智慧旅游营销体系的核心，为景区市场营销和销售活动提供了信息化管理平台，采用业界先进的以客户关系管理为核心的商业营销理念。

旅游电子商务平台对景区的营销工作的支持作用有以下几点，如图 10-6 所示。

1	为支持营销工作提供全面、集中、统一的营销基础数据，包括合作伙伴信息（旅行社、酒店）、客户信息（高价值客户、团体客户）等
2	提供市场营销活动的管理，包括市场营销战略，市场预算制订，市场目标，成果确认，预计利润计算等
3	提供销售活动管理，覆盖旅行社销售、VIP客户销售，包括销售计划管理、从商机到订单的整个销售过程管理、销售周期分析、景区旅游产品价格管理等
4	提供客户/合作伙伴的服务管理，客户/合作伙伴的服务反馈记录和跟踪处理，根据客户/合作伙伴的价值，提供关怀服务

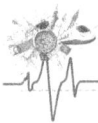

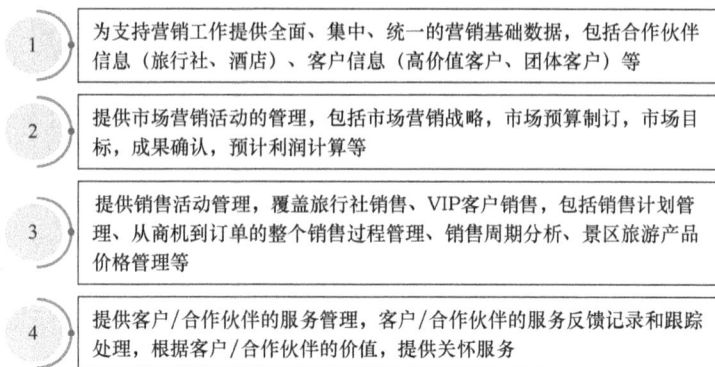

图10-6　平台对景区的营销工作的支持作用

（6）旅游信息发布

旅游信息发布的主要内容包括景区概况、重点景致、旅游服务、旅游资源、旅游产品、动漫天地、电子期刊、自由行、在线调查、链接和共享以及其他内容，主要服务对象为各景区管理与经营单位，旅游信息内容见表10-4。

表10-4　电子商务平台应发布的旅游信息

序号	项目	说明
1	景区概况	包括景区概述、旅游形象主题、宣传语言、形象标志、音频和视频旅游宣传制品等
2	重点景致	包括经典景观、主要景点、美景图库等
3	旅游服务	包括票务、客运、交通指南、宾馆酒店、旅游向导等
4	旅游资源	包括景区景观、河流、森林、度假村等景区环境和生态资源的介绍
5	旅游产品	包括旅游服务设施、旅游线路信息等相关产品信息发布
6	动漫天地和电子期刊	是网络整合营销的有效传播方式。景区可以凭借自己或第三方的创意策划能力和设计制作能力，为自己的旅游产品量身定做多款网络动漫传播内容和电子期刊，通过景区信息门户网站进行发布
7	自由行	包括自助旅游线、自助手册、旅游须知等
8	在线调查	以客观问卷的方式收集游客对景区的产品、服务等方面的意见，以便持续改进

（7）业务渠道管理

为旅行社提供渠道管理平台，对旅行社渠道进行有效的信息化管理，实现景区和渠道伙伴的紧密协作，优化渠道的运作过程，提高旅行社渠道对景区的盈利贡献。业务渠道管理内容主要包括合作伙伴管理和分析、渠道营销、渠道销售、渠道服务和渠道商务，见表10-5。

表10-5 业务渠道管理内容与要求

序号	管理内容	要求
1	合作伙伴管理和分析	即规划、分析渠道业务，提供所销景区旅游产品和辅助性服务。主要功能包括合作伙伴生命周期管理、合作伙伴规划、合作伙伴细分、合作伙伴培训和认证、渠道合作伙伴评价以及合作伙伴和渠道分析
2	渠道营销	即通过旅行社合作伙伴收集景区旅游产品需求，提供相关信息、统一品牌运作和激励机制来吸引旅行社成为合作伙伴。企业推动其旅行社合作伙伴销售其景区旅游产品和服务，与合作伙伴一起开展市场营销，激发市场需求。主要功能包括线索管理、景区旅游产品目录管理、内容管理、担保管理、营销活动管理等
3	渠道销售	即推动旅行社合作伙伴更有效地销售更多的景区旅游产品。向旅行社合作伙伴们提供与自己销售团队相同的知识、工具和专家建议。深入了解所有销售渠道的需求，对未来业务发展进行准确预测。主要功能包括账户和联系人管理、活动管理、商机管理、价格和合同管理、互动销售和旅游产品定制、报价和订单管理、佣金管理、销售跟踪和预测等
4	渠道服务	即向合作伙伴提供维护客户关系所必要的工具和技能。主要功能包括合作伙伴知识管理、服务请求管理、实时合作伙伴支持、投诉和退订管理等
5	渠道商务	将合作伙伴（包括分销商、经销商、代理商、零售商）加入到自身的电子商务策略中，实现跨越企业界限的协作式销售。为渠道合作伙伴提供电子商务平台，在线向最终用户销售产品。主要功能包括协作陈列室、分布式目录和内容管理、分布式订单管理、托管式订单管理、托管式合作伙伴站点等

10.3.2.3 政务及行业管理

政务及行业管理功能模块的内容如图 10-7 所示。

图10-7 政务及行业管理功能模块

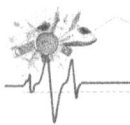

（1）政务公开

政务公开模块以发布信息为主，通过栏目管理功能实现栏目的自定义建设，并且可以为每个栏目进行个性化的页面定制，通过用户和权限管理，对应的部门可以管理各自的栏目，发布信息和初审信息在部门内部完成，部门终审后发布信息，这一方面可以保证政务公开的准确性，另一方面可以保证内容更新及时。

（2）行业管理

行业管理模块通过电商平台对地区旅游从业单位、各景区及配套设施单位进行有效管理，为各单位办事提供便捷通道，及时获取行业信息与通知。

（3）文化宣传

智慧旅游系统应有一定的篇幅展现地区旅游资源，对地区历史文化、民俗风情、民间工艺、特色美食、绘画摄影、地方特产重点加以宣传，具体内容见表10-6。

表10-6　文化宣传

序号	宣传内容	说明
1	历史文化	介绍地区历史、民俗风情、文化产业、文艺作品、文化遗产、名人、地质地貌等信息
2	区域概况	介绍地理位置、生态环境、自然资源、历史沿革、基础设施、经济社会发展状况
3	景区景点	将主要景点和景区以图片、视频、文字的方式展现给公众，吸引更多游客前来参观
4	民俗风情	在系统平台上打造几条精品旅游线路并将其推荐给公众，包括食、住、行、娱、购、游一体化的旅游线路
5	特色美食	介绍本地区的饮食文化以及特色美食、菜系特点、菜品等相关信息
6	地方特产	介绍本地区的土特产品、加工产品，可以与电子商务平台数据共享或直接跳转到电子商务平台供广大游客选购

（4）品牌宣传

品牌宣传的内容，如图10-8所示。

（5）数据分析

数据分析包括两个方面，如图10-9所示。

旅游信息发布 ☞ 旅游动态、旅游公告、行业信息、政策法规等多种分类信息发布，可自定义分类或无限级别设置，支持文本、图片、动画、视频等多种表现形式，各类信息内容可体现在任意网站频道或页面，前台发布十分简易，审核、发布模式可灵活设置

景区景点展示 ☞ 按照景区的划分或推荐的旅游线路详细展示景区内各景点的风景特色、历史渊源以及文学典故等，支持文本、图片、动画、视频等多种表现形式。景区、景点展示可以与景区公告、相关游记、风景图片、经典视频甚至门票预订、特产购买实现同步互动，为游客提供便捷的浏览操作和立体的景点印象

景点导航演示 ☞ 以全景式动画的表现手法，直观、生动地向游客演示整个景区的地理位置、景点分布及简短文字介绍等，从而能够让游客对整个景区的景点形成全面的了解

风景图片展示 ☞ 全面展示景区美妙绝伦的风光照片，自定义图片无限分类形式，重要页面有幻灯片播放功能供选，更适用于让部分游客或所有用户上传自己的精彩作品，甚至可以专辑、专栏的形式推出，可同步设置图片文件的尺寸、大小、审核、发布等细节

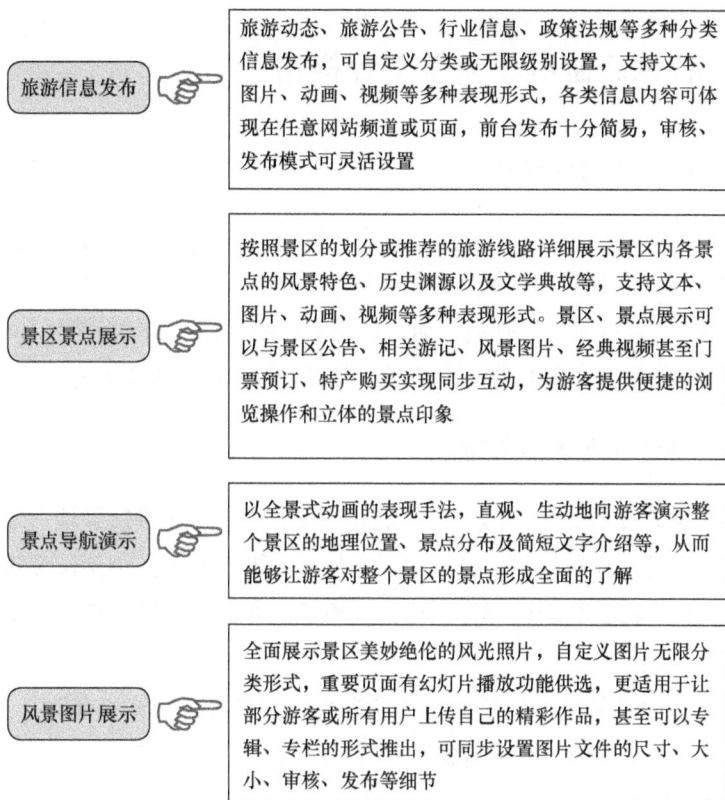

图10-8 品牌宣传的内容

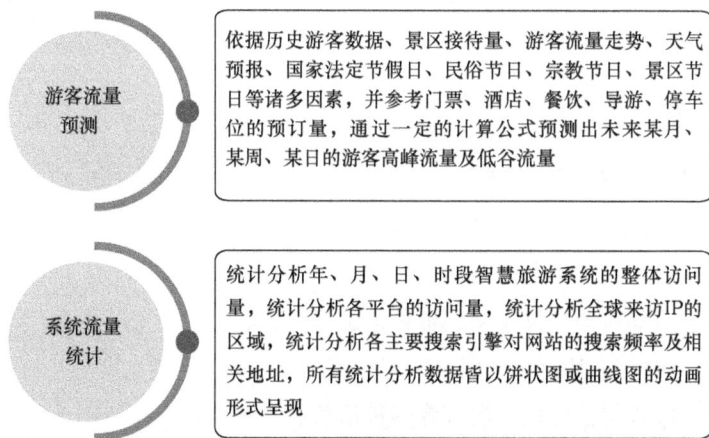

游客流量预测 — 依据历史游客数据、景区接待量、游客流量走势、天气预报、国家法定节假日、民俗节日、宗教节日、景区节日等诸多因素，并参考门票、酒店、餐饮、导游、停车位的预订量，通过一定的计算公式预测出未来某月、某周、某日的游客高峰流量及低谷流量

系统流量统计 — 统计分析年、月、日、时段智慧旅游系统的整体访问量，统计分析各平台的访问量，统计分析全球来访IP的区域，统计分析各主要搜索引擎对网站的搜索频率及相关地址，所有统计分析数据皆以饼状图或曲线图的动画形式呈现

图10-9 数据分析的两个方面

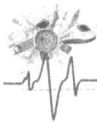

10.3.3 智慧旅游电子商务平台构建

10.3.3.1 平台的总体结构

平台的使用者包括游客、旅游服务商和管理员,管理员的工作包括管理会员、处理纠纷和发布新闻等。服务商的职能包括注册、登录、发布商品、订单管理和客户管理等。游客的主要工作有注册、登录、在线预订、购物车管理和订单管理。对于游客的在线预订,主要有电子门票、酒店、旅行社、机票等方面。

10.3.3.2 平台的业务流程描述

游客登录或注册会员,游客在选定好门票、酒店、旅行社等项目之后,若无满员或其他情况,选择相关信息,进行支付,并可以使用多种支付方式。系统确认支付完成后,后台开始进行订票或预订酒店等业务,订票成功之后以邮件形式通知客户。

服务商,由系统核对客户的付款信息之后,直接生成订单并对其进行分类,以此简化工作流程。工作人员看到订单后开始处理订单,处理完成一笔订单之后,将订单做"已处理"标记,并以电子邮件的方式通知客户。

管理员负责平台运营的稳定,对平台管理与维护,包括会员管理、新闻发布等。同时接受游客和服务商的投诉,处理投诉意见,将处理意见与处理结果反馈给游客和服务商。

10.3.3.3 数据库设计

数据库需求分析有以下 5 种。

① 用户和管理员具有不同的身份。

② 用户信息记录用户资料。

③ 电子门票包含多种类型、各种价位等信息。

④ 预订包含预订时间、预订人等信息。

⑤ 留言包含留言标题、内容等多种信息。

经过上述系统功能分析和需求总结,平台设计出这样的数据项和数据结构,如图 10-10 所示。

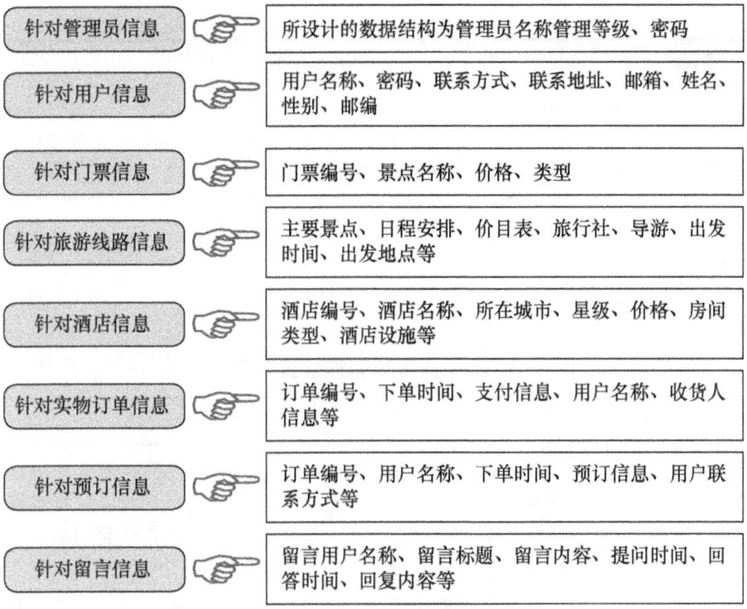

针对管理员信息	☞	所设计的数据结构为管理员名称管理等级、密码
针对用户信息	☞	用户名称、密码、联系方式、联系地址、邮箱、姓名、性别、邮编
针对门票信息	☞	门票编号、景点名称、价格、类型
针对旅游线路信息	☞	主要景点、日程安排、价目表、旅行社、导游、出发时间、出发地点等
针对酒店信息	☞	酒店编号、酒店名称、所在城市、星级、价格、房间类型、酒店设施等
针对实物订单信息	☞	订单编号、下单时间、支付信息、用户名称、收货人信息等
针对预订信息	☞	订单编号、用户名称、下单时间、预订信息、用户联系方式等
针对留言信息	☞	留言用户名称、留言标题、留言内容、提问时间、回答时间、回复内容等

图10-10 数据项和数据结构

10.3.3.4 平台功能模块设计

（1）基础功能模块设计要求

基础功能模块设计要求，见表10-7。

表10-7 基础功能模块设计要求

序号	模块	要求
1	注册登录模块	用户在登录时，在登录界面中输入用户名称和密码，如果此项与数据库中的某个用户名和密码相对应，则弹出"欢迎登录"提示框，并跳转到用户界面，否则会弹出用户名或密码错误提示
2	查询模块	查询模块使用Javascript脚本语言编写，根据用户的选择对机票、景点、酒店查询，通过条件的筛选，查询结果会相应变化，如酒店查询可以通过酒店所在地和酒店名称等内容查询。用户可以根据需求，通过对条件的筛选，查找到自己需要的产品或服务。在购买机票时，可以根据出发城市、到达城市、出发日期、航空公司等机票属性进行筛选。在购买门票时，用户可以根据景区的星级、评分、价格等内容进行筛选
3	预订结算模块	用户在浏览相关商品或服务资料后，可通过本模块在线预订，再将预订或购买按钮传递产品ID给购物车。在购物车页面可以删除不再需要的产品或更改数量，购买总价也会根据相应情况进行变更。如对产品或服务满意则可直接结算，此时可以修改个人资料、选择付款方式和送货方式

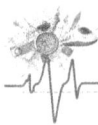

（续表）

序号	模块	要求
4	留言簿模块	网站掌握各方面的反馈信息，并为客户提供在线帮助，本系统可设置简单的留言簿模块。通过此模块，客户可以上传留言、查看以往的留言信息。留言信息包括留言的用户名称、留言时间及留言内容

（2）业务功能模块设计

业务功能模块设计要求，见表10-8。

表10-8　业务功能模块设计要求

序号	模块	要求
1	电子门票销售系统	入驻景点负责景点门票的定价、描述以及交付服务，负责店铺的管理与运营。顾客可以通过景区目录、热门景点以及景点搜索在平台寻找到中意的旅游景点，购买电子门票或套票后购买支付。目前很多景点已经支持使用电子门票进入景点，在游客支付成功后，电子门票系统的制作单元可以自动制作唯一的二维码，通过通信系统自动发送到顾客手机并保存到数据库中，顾客通过扫描手机上收到的二维码即可进入旅游景点。电子门票系统包含电子门票的产生、发送以及验票等过程
2	酒店预订系统	提供酒店价格、星级、位置、酒店配套设置等信息，供游客自行筛选，同时提供通过热门景点对附近酒店筛选的功能。酒店预订系统与酒店使用的管理系统远程网络连接，使游客可在系统平台根据自己选择再进一步调整旅游线路，预订便捷的酒店。酒店综合管理系统向平台提供数据和应用接口，允许授权用户访问。通过酒店提供的接口，平台对酒店信息资源整合，实现各酒店、宾馆的资源共享，实现异地查看客房状况、异地提供订房服务以及对酒店宾馆经营状况的综合查询统计等功能
3	餐饮预订系统	提供所在地区餐饮商户网站频道，展现商家的简介、资质、特色菜点、相关荣誉、甚至内设或房间的全景式动画展示，能够在指定频道发布可预订的套餐规格、就餐人数、详细菜谱、价位、折扣方式、预订开放时间、每天预订的数量等信息。游客在填写身份信息后，可选择订餐日期及时间、套餐规格、详细菜谱、就餐人数等，最后在线支付费用。游客在收到预订信息后，商家将及时通过必要的联系方式与游客进行反馈或确认
4	旅行路线选择与个性化定制	旅游线路是旅游经营部门凭借旅游资源、旅游设施和旅游服务，针对目标市场，为方便旅游者进行旅游活动而设计，旅游线路合理连接客源地和一系列旅游地、旅游区和旅游点的线性连续空间。旅游线路具有代表性，能够满足大多数游客的需求。智慧旅游电子商务平台可通过数据挖掘，根据游客自身的喜好与日程安排，运用科学的算法，智能的为游客推荐旅游线路，实现超市型旅游路线智能设计

第11章

智慧乡村旅游

　　乡村旅游是国内旅游业发展的重要组成部分。乡村旅游将独特的乡村资源和地方自然优势相结合，满足了城市居民回归自然的心理需求。

　　智慧乡村旅游可以充分利用"智慧旅游"具有的资源信息整合快速、运营推广手段多样、在线服务方便快捷等诸多优势，并通过大数据进行区域联合，在带动农村地区群众加快脱贫致富步伐的同时，解决目前乡村旅游发展中遇到的基础设施落后、同质化严重、粗放式经营、服务理念缺失、品牌意识欠缺等问题，全面推动乡村旅游向着标准化、信息化、智能化的方向发展。

11.1 乡村旅游概述

11.1.1 乡村旅游的内涵

乡村旅游也被称作农业旅游、观光农业、绿色旅游、田园旅游、生态旅游等。乡村旅游作为一种可识别的旅游活动，于18世纪后期在欧洲出现；到了20世纪，乡村旅游成为一种更加普及的、享受型的活动。我国真正意义上的乡村旅游始于20世纪80年代，其在特殊的旅游扶持政策的指导下应运而生。乡村旅游是以农村地区为特色，以农民为经营主体，以旅游资源为依托，以旅游活动为内容，以促进农村发展为目的的社会活动。乡村秀丽的田园风光，与城市截然不同的悠闲、自在的生活方式及安静祥和的生活氛围，是城市游客尝试乡村旅游的主要动机之一。乡村性和地方性是乡村旅游独有的核心吸引力，也是其发展的重要资源。"乡村性是乡村旅游整体推销的核心和独特卖点"，依托优美的乡村自然环境，挖掘浓郁的地方特色，展现真实的乡村生活，是发展乡村旅游的基本条件，也是开发乡村旅游产品、发展乡村旅游的基本要求。

11.1.2 乡村旅游的模式

由于地理条件的差异以及乡村旅游兴起原因的不同，各地乡村旅游的内容各有侧重。经比较分析，我国各地乡村旅游的形成过程主要由地理区位所决定。乡村旅游的布局模式在乡村旅游发展的过程中意义重大。我国乡村旅游根据资源特点及开展的旅游活动的内容可分为以下模式，如图11-1所示。

11.1.3 乡村旅游的类型

乡村旅游的类型，见表11-1。

| 森林公园模式 | ☞ | 区位条件好、山峦起伏、溪流交错、森林茂密、环境优良、景色秀丽、气候舒适、面积较大的森林地段可开发为森林公园。这是人们回归自然、休闲、度假、野营、避暑和科考的理想之所 |

| 度假区（村）模式 | ☞ | 指在自然风景优美、气候舒适宜人、生态环境优良的景观地带建成的度假区（村），可满足游客度假、休闲的目的 |

| 观光购物农园模式 | ☞ | 开放成熟的果园、菜园、花圃、茶园等，让游客入内采果、拔菜、赏花，享受田园乐趣。这是国外农业旅游最普遍的一种开发形式。它满足了人们休闲放松、回归自然的需求 |

| 民俗文化村模式 | ☞ | 农村某些地方具有特定的民俗风情、文学艺术、园林建设、文物古迹，如衣着、饮食、礼仪、歌舞、戏剧、音乐、绘画等，这些都是重要的旅游资源，对城镇居民有着强烈的吸引力。民俗文化村可设在民俗文化旅游资源丰富的地方，其可举行多种多样的民俗文化活动，以招揽游客前来观光、度假和休闲。这不仅有利于民族文化的传播，更有利于民族文化的传承 |

| 休闲农场模式 | ☞ | 一种供游客观光、度假、游憩、娱乐、采果、农作、垂钓等的模式。这是游客体验农民生活、了解乡土风情的好方式 |

| 农业公园模式 | ☞ | 将农田区划为服务区、景观区、农业生产区、农产品消费区、旅游休闲娱乐区等部分，建成一个公园式的农业庄园。这能够促进城镇居民对乡村农业的了解 |

| 租赁农园模式 | ☞ | 指农民将土地出租给城镇居民种植粮食、花草、瓜、果、蔬菜等的模式。其主要目的是让市民体验农业生产过程，享受耕作乐趣，以休闲体验为主，而不是以生产经营为目标。多数租用者只能利用节假日到农园作业，平时农园则由农地提供者代管。租赁农园所生产的农产品一般只供租赁者自己享用或赠予亲朋好友。这是城镇居民体验乡村农耕生活的绝佳方式 |

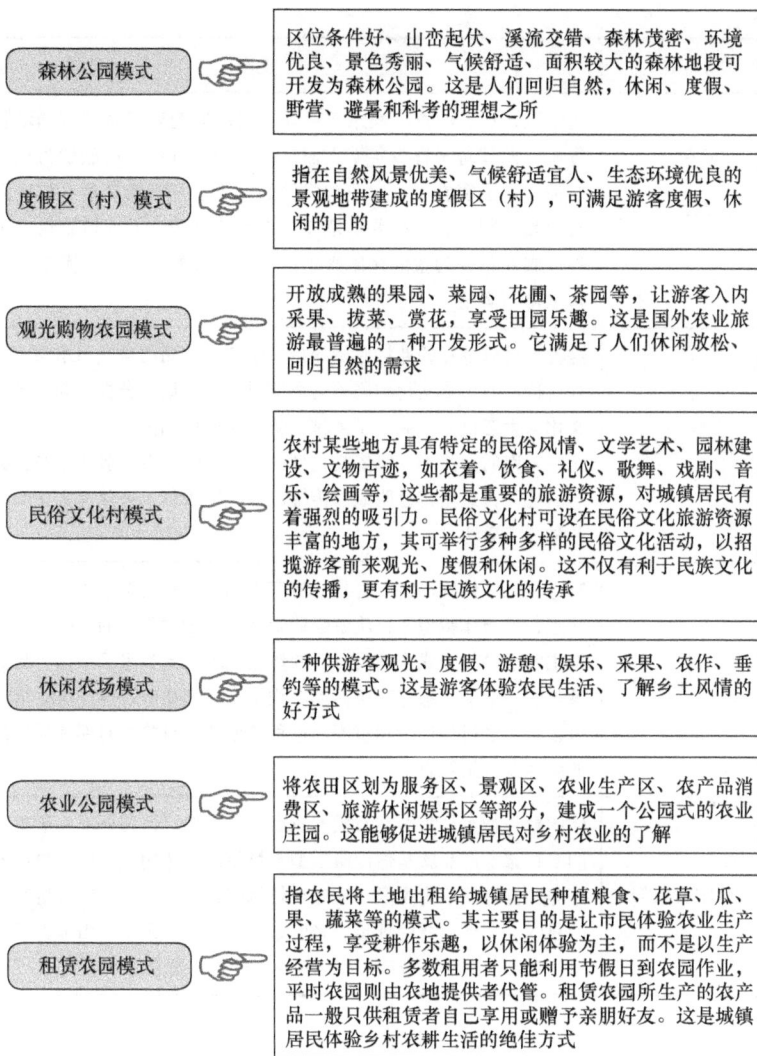

图11-1 乡村旅游的模式

表11-1 乡村旅游的类型

序号	类型	说明
1	观光游览型	观光游览型乡村旅游是以乡村景象为载体、以绿色景观和田园风光为主题、以单纯自然的农业风光为吸引物的旅游类型。这种类型的农业风光开发需要有较大的体量，比如油菜花田、百草园等；农业观光园包括由各种花卉、果品、稀有植物等构成的农业公园

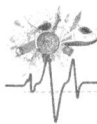

序号	类型	说明
2	知识教育型	集学习知识、游览、娱乐于一体，对游客起着拓宽视野和增长见识的作用。尤其对于青少年学生而言，知识教育型乡村旅游为他们提供了一种深入了解农村、农业和农民的途径。知识教育型乡村旅游可以以农业教育园、农业科普示范园、农具陈列馆、农业博物馆为载体，开展以农业科普为主的休闲娱乐活动，在轻松愉快的氛围中让游客的求知欲得到满足
3	民俗文化型	这种乡村旅游目的地将原始的自然生态、秀丽的自然山水与人文生态景观、特色的历史文化和原始的乡情习俗有机地结合在一起，带有极强的文化与生态色彩，突出了乡村旅游的地域性和民族性特点，如广西的阳朔、云南的丽江等。民俗文化型的乡村旅游开发一般集中在少数民族聚居的地区，这里特色明显、传统民俗风情浓郁，并伴有文化韵味甚浓的各种节庆活动
4	参与体验型	21世纪是"体验经济"时代，游客更加注重在消费过程中的参与感和体验感，参与体验型乡村旅游强调游客在旅游过程中的体验感知，通过开发主题活动的方式来满足游客的体验要求，比如采摘果品、品尝美食、参与农事活动、参与节庆活动、购买土特产品等。通过这些活动，游客可以亲历乡村的环境和氛围，这种类型的乡村旅游对那些寻觅淳朴乡情的游客具有无限的吸引力
5	休闲康乐型	休闲康乐型乡村旅游在我国的发展并不理想，但国外发展最早、最成熟的乡村旅游产品就是休闲康乐型乡村旅游。休闲康乐型乡村旅游以康体疗养和健身娱乐为主题，通过乡村休闲运动的开发，实现游客强身健体的目的。比如，林中远足、采蘑菇、挖竹笋、采茶、山地野营、森林滑草、滑雪、游泳、漂流、森林探险、徒步、攀岩等

11.1.4 乡村旅游建设的原则

乡村旅游建设的出发点和着力点，是从现有资源出发，打造乡村旅游新模式，通过资源整合，建立乡村旅游线路和相关链条，并不断对其进行丰富和完善。乡村旅游建设模式是在新农村建设的五项要求基础上，依据建设原则，以特色为引领、以龙头为先导、以产业链为纽带、以人文精神升华为境界。乡村旅游是发生在非城市区域的以乡村文化景观（农业生产及农村聚落）为主要依托的旅游活动，所以应坚持如图11-2所示的原则。

乡村本真原则	☞	乡村旅游使游客远离城市，走近农村，看到农村景观，住进古朴的农舍，体验农村生活，这也正是乡村旅游的魅力所在
突显特色原则	☞	开发乡村旅游必须具备自己的特色品牌，注重特色的挖掘与深化。应保持景点的固有特色，突出与其他地方的不同之处，注重对原汁原味的本色景点保护，这是农村旅游的亮点和突出点。由于各地区条件不同、交通状况不同，因此，并非所有的乡村旅游资源都会开发，并取得一定的经济效益，所以要有选择、有重点地发展乡村旅游。乡村旅游的发展在开发时序和布局上要有一定的针对性，应结合当地历史与民族文化资源，依托区位优势和大型景区优势发展，让引力的作用通过特色得到提高
持续发展原则	☞	当前，乡村旅游发展迅速，带来的经济效益非常明显。在利益的趋动下，就会有人竭泽而渔，只看到眼前利益，抛掉了长远利益和子孙后代的利益，不能合理地开发乡村旅游资源，造成旅游资源的极大浪费。所以，在发展乡村旅游过程中，我们要有序稳步地持续开发，逐渐拓展
重视引导原则	☞	在乡村旅游开发中，农民具有不可忽视的重要作用，要把乡村旅游做活、做大、做强，必须加强对农民的培训和引导，让当地农民在对自身文化资源的利用中获得利益；并通过教育培训，使他们成为当地旅游业发展的主体，提高他们的文化遗产保护意识，并能够从长远和大局认识到乡村旅游与社会主义新农村建设的重要意义

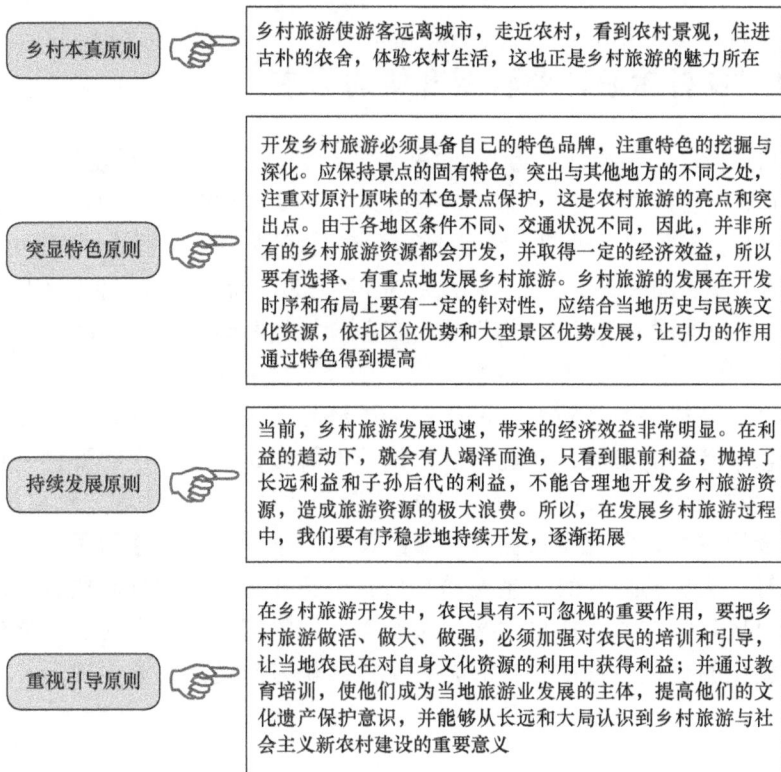

图11-2 乡村旅游建设的原则

11.2 发展智慧乡村旅游的必要性

　　乡村旅游在经历了"政府主导、农民参与"的起步阶段和"市场导向、企业主体、农民参与"的快速发展阶段之后，从2011年起进入了"城乡统筹、市场主体、度假引领"的转型升级阶段，但其发展一直停留在此阶段，没有成功实现转型升级。而"智慧旅游"的兴起，则为乡村旅游指明了今后的发展方向——乡村旅游智慧化，"智慧旅游"为乡村旅游成功实现转型升级带来了契机。

11.2.1 乡村旅游产业转型升级的需求

乡村旅游产业在经历一段时期的快速发展后，由于过度依赖现有资源，仅仅依靠产业规模的扩建、配套设施的完善等方式发展，欠缺创新意识，目前进入了发展缓慢甚至是停滞的时期。然而社会经济的快速发展、人民生活水平的提高、日常生活节奏的加快以及现代信息技术的不断创新，促使旅游行业发展的步伐不断加快，这也促进了"智慧旅游"项目在全国大力发展的热潮，旅游行业迎来了新时代。

如今，乡村旅游产业经营者已逐渐不满足于自身的发展现状，希望能借助"智慧旅游"的发展，在现有乡村旅游发展资源的基础上得到创新性的突破，开创乡村旅游发展的新纪元。乡村旅游产业经营者的经营理念和其主动、积极配合的态度，以及乡村旅游发展的现状，推动乡村旅游紧跟时代发展的步伐，努力实现转型升级；也推动乡村旅游产业经营者充分利用各种现有资源以及现代科学技术，抓住"智慧旅游"发展的契机，加大对乡村旅游标准化和智能化的建设，推动乡村旅游朝着智慧化方向发展，全面提升乡村旅游的品位。

11.2.2 游客对乡村旅游市场需求的变化日益凸显

乡村旅游是以吸引游客的注意力、满足游客的旅游需求为手段，从而获取利益的一种旅游方式。乡村旅游主要以游客的旅游市场需求为导向。游客对乡村旅游市场需求的变化对乡村旅游产业经营的成败具有决定性的作用，是促进乡村旅游发展及转型升级的主要动力。

目前，随着信息化水平的不断提高以及科学技术的不断创新，旅游发展逐渐步入"智慧旅游"阶段，游客对新兴事物的接受能力也随之不断增强。同时，由于社会竞争愈加激烈，生活节奏日益加快，尤其在忙碌的都市生活中，工作压力愈发加大，游客渴望回归自然的旅游需求日益强烈，这些需求对乡村旅游市场的影响也日渐凸显。因此，在当前"智慧旅游"发展的新时期，各地应抓住此次良好的机遇，结合游客对乡村旅游的多样化和个性化需求，充分利用各种现代科学技术，对乡村旅游产业进行适当的调整，并在调整过程中不断对其完善，推动乡村旅游产业提档升级，努力发展智慧乡村旅游，满足游客的个性化需求，全面实现乡村旅游的智慧化发展。

他山之石

浙江乡村旅游开启"智慧模式"

随着旅游与互联网技术的深度融合发展，智慧旅游正引领旅游业的转型升级，为实现乡村旅游的可持续发展提供了新的动能。

回顾近年来乡村旅游的发展，我们可以看到物联网、云计算等电子信息技术的运用，全方位、立体化的智能化升级了乡村旅游，打通了智慧乡村旅游的新通道。这不仅实现了对旅游信息的智慧化收集、处理，同时还将信息化渗透到乡村旅游活动的各个环节，为塑造乡村旅游创意新形态、加大乡村旅游营销推广力度、创新乡村旅游投融资方式、大幅度提升乡村旅游品质等积蓄了发展势能。

一、服务升级——乡村旅游全方位体验

在浙江大地，乡村智慧旅游基础服务系统结合各乡村旅游景点的特色，为游客们提供了低成本、高效率的智慧服务模式，促进了游客一体化、全方位的旅游新体验，在一定程度上提升了乡村旅游的品质化水平。

在临安，市旅游局与国内知名OTA（在线旅行社）开展特色目的地专项合作，与携程、同程平台达成一致，将临安的酒店、景区等产品整合成"临安旅游主题页"，网罗了境内优秀的乡村旅游资源。游客只需动动手指，就可轻松订购临安范围内所有的景区门票、酒店、民宿和农家乐。

奉化创建了以奉化旅游商务网、WAP网、手机App客户端为网络支撑的智能平台，关于乡村景点怎么走、玩什么、吃什么、住哪里的信息，游客都可以通过手机一览无余，同时游客还能评价或投诉乡村景点提供的服务。

舟山的嵊泗花鸟岛全面推行了智慧旅游，一条龙量身定制最佳行程。使用"一卡通"，通过手机App自助导航、景点二维码导游、多媒体信息查询、实时安全监控、流量动态分析，实现了智慧化订购、智慧化服务、智慧化休闲、智慧化管理，实现了旅游服务的便利化。

淳安千岛湖建设了一套智慧绿道信息化系统，可以实时监测绿道的运行状况，实现了"运行监测""信息服务""安全保障""互动体验""统计分析"五大核心功能，更好地为骑客提供信息服务，并引导游客前往周边进行深度消费，带动绿色经济的可持续发展。骑行者还可以在微信公众号开通"约骑"功能，实现组团骑行。

再如，"浙里好玩"旅游综合服务平台也是依托互联网大数据、人工智

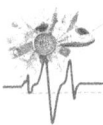

能等技术，做好重点旅游资源的整合、旅游活动的发布、旅游产品的推荐等，为全省搭建"好玩、玩好"的互联网共享平台。其致力于服务游客，提升游客的满意度，为深入乡村旅游的"最后一千米"贡献力量。

"互联网+"让乡村旅游更加"触手可及"，其不仅提供了全方位的智能化体验服务，还开辟了乡村旅游发展的新空间，释放了新动能，让人们更加向往乡村。

二、渠道拓宽——农产品变身旅游产品

如今，乡村旅游电子商务采购平台、旅游商品在线运营平台也在陆续建立，并逐渐成为旅游业发展的主要阵地之一。乡村旅游通过各类电子商务平台的优选和推荐，使乡村生态农产品再一次撷取了人们的视线。单一的农产品被赋予了新的内涵，走向了旅游市场，实现了旅游目的地商品的转换，成为农旅结合的重要载体，为当地农民拓宽了增收渠道。

在松阳县大木山茶园附近的新天地度假酒店中，在丽水"百兴菇业"菌菇文化体验景区内，在丽水市农业投资发展公司办公楼里，一批批被称为"丽水山耕农旅产品智能体验商店"的自动售货机闪亮登场。"我正愁没时间选购当地特色农产品，看到入住酒店的这个自动售货机，就尝试了一下，扫码支付很方便。"杭州来的陈女士选购了一罐蜂蜜，并称如果合口味的话以后还可以直接在网上选购。

不仅如此，丽水还借助"淘宝丽水馆""赶街""一机游丽水"以及各农产品旅游地商品营销网店等，同步建立、拓展电子商务销售渠道。经过"保鲜处理"后的生鲜和高山水果蔬菜可以通过四通八达的物流在最短的时间内发往上海、杭州、宁波等城市，以保障农产品旅游地商品的长期销售。

作为全国乡村旅游创客基地之一的浦江新光村，通过互联网技术和大数据思维，打造了"旅游+创客+古村落+互联网"的乡村旅游新业态，借助浦江具特色的非遗、书画、手工艺品、国学馆、花艺店、咖啡馆及个性化农产品等旅游创新产品，形成了线下体验、线上销售的发展模式。

"乡村旅游为新零售提供了消费的新场景，而有温度的特定乡村消费场景体验也将进一步促进线上的二次、多次消费，这是线上线下融合发展的体现。""廿玖间里"创始人陈青松如是说。

可见，智慧乡村旅游的通达之路，不仅仅止步于建设免费 Wi-Fi 网络和微信、微博等平台，增强网络宣传、咨询、预订和支付等功能，还在于加强游客的交互体验，深层次地引领游客进行消费升级。

正如浙江省旅游信息中心相关负责人所指出的："互联网+乡村旅游"，关键在于充分发挥互联网在乡村旅游游前、游中、游后的优势，做到线上

线下的高度融合，打造服务体验的闭环，形成旅游大数据生态链，最终服务于美丽经济的发展。

在全域旅游纵深发展的浙江，互联网引领着乡村旅游发展的新风尚，全方位地为乡村旅游提供了智慧管理、智慧服务、智慧营销、智慧运营以及智慧体验，生动地勾画出了新时代下智慧乡村旅游发展的新图景，为全域旅游添加了新的注脚。

11.3　智慧乡村旅游的建设要求

《北京智慧旅游乡村建设规范（试行）》对智慧乡村旅游的建设内容及要求进行了明确的规定，这一规范可以作为全国各地进行智慧乡村旅游建设的参考标准。

11.3.1　村级网站

① 应展现村级景观、餐饮、农产品、休闲娱乐信息，包括本村旅游项目图文介绍、360° 全景旅游图片和旅游介绍视频等。

② 村级网站内容应支持在电脑、智能手机等显示屏上显示，实现多屏互动，便于用户随时随地浏览，同时支持点播观看。

③ 应做到及时更新网页内容。

④ 在北京旅游网智慧乡村旅游频道下的网站发布信息。

⑤ 能够通过微博等手段对外发布微游记、旅游攻略等文字、视频信息。

⑥ 应可以支持在线支付，支持手机支付。

⑦ 应实现严格审查与发布网站域下所有文字、图片、视频等信息。

11.3.2　民俗旅游接待门户建设

① 独立网站：应独立拥有介绍餐饮菜品、住宿房型、采摘项目和其他旅游项目的内容及价格的网站。

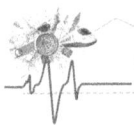

② 电子票：能够支持游客在网上购买电子票。能够扫描识别二维码电子票或其他形式的电子票。

③ 电子身份认证：能够支持通过手机识别游客的电子身份认证。

④ 客户服务电话：应提供固定的联系方式，便于游客咨询服务，并保持电话畅通。

⑤ 刷卡便捷服务：应可以提供借记卡、信用卡刷卡服务，POS 终端应符合国家相关标准。

⑥ 手机支付服务：能够满足手机支付，并符合国家相关标准。

⑦ 在线预订：包括但不限于互联网在线预订、电话预订的方式，接受游客预订。能够以多种方式通知民俗旅游户预留房间、餐桌等，并短信通知用户。提前一天向用户确认预订结果。

11.3.3　无线网络

① 实现全村民俗旅游接待户客房、休闲渔场、观光果园和观光农园等各乡村旅游接待单位室内有线网络的无线覆盖，并免费向游客提供无线上网服务。

② 全村民俗旅游接待户客房、休闲渔场、观光果园和观光农园等应达到 10Mbit/s 及以上光纤接入，覆盖率应超过 80%，20Mbit/s 及以上光纤接入覆盖率应超过 20%。

③ 村内的游客服务中心、小广场等游客聚集地应实现无线网络（WLAN）热点覆盖，能够与室内无线网络无缝切换，实现双点畅游。

11.3.4　智慧应用

11.3.4.1　基于位置的信息服务

智慧乡村旅游应在旅游乡村出入口、重点旅游项目等位置利用位置服务的技术手段向游客手机提供各类旅游信息，包括民俗村介绍信息、周边餐饮信息、周边住宿信息、周边游玩项目信息等自助导览、自助导游信息。

11.3.4.2　信息触摸屏

智慧乡村旅游应在游客服务中心、重点旅游项目等位置设置信息触摸屏，提供自助导游导览信息、旅游资讯信息、地图交通信息、天气预报等信息查询以及语音公用电话服务和免费上网服务。

11.3.4.3 在线培训

智慧乡村旅游应能够为本村民俗旅游接待户提供农村政策法规、乡村旅游服务规范、智慧服务操作技能等互联网在线培训。

11.3.4.4 视频安全监控

① 在旅游乡村主要出入口、重点旅游项目等位置设置视频监控点。

② 能够实现网络在线监控、实时远程控制与调度、集中上联，在保障乡村、景区安全的前提下，便于管理部门统计了解人流、车流情况，方便统一管理。

③ 能够通过视频监控系统实现对人员、车辆的识别和统计，实现对旅游景区、民俗旅游户的人员安全监控、人车流量统计等功能，对安全风险服务进行提示，包括人车流信息情况通报、气象交通信息提示、安全信息提示等。

11.3.4.5 农产品食品安全监控

智慧乡村旅游在休闲渔场、观光果园、观光农园等高端农产品的种植、养殖、生产等环节采用先进的通信技术、物联网技术、视频技术，以实现对农作物生长环境的监控，并将其进行集中展示，保障农产品有良好的生长环境，吸引城镇居民消费。

11.3.4.6 农产品销售运输安全管理

智慧乡村旅游高端农产品的销售应具备物流跟踪管理程序，通过 RFID 技术、全球定位技术对农产品运输全流程实时监控和跟踪，保障运输过程安全。

11.4 智慧乡村旅游发展措施

11.4.1 建立乡村旅游网站，加强宣传

11.4.1.1 我国乡村旅游网的建设状况

目前，我国已建立起多个乡村旅游网站，其中以中国休闲农业网（中国乡村

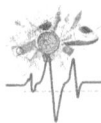

旅游网）为主，其是由原农业部、原国家旅游局主办，原农业部农村社会事业发展中心承办，农业部信息中心、国家旅游局信息中心为技术支持单位的政府网站。该网站按照"政府引导、服务市场，统筹协调、资源共享、起点求高、内容求精、快速起步、逐渐完善"的要求，以各级农业和旅游行政管理部门、休闲农业与乡村旅游提供者和消费者、乡村旅游相关服务机构等为服务对象，创建了政府服务、游在乡村、活动专题及互动沟通4个功能版块，共20多个数据库。该网站是为各级农业和旅游部门、休闲农业和乡村旅游经营管理者、广大农民和旅游者服务的综合性信息服务平台。

11.4.1.2　建立地方性的乡村旅游网站

虽然我国已经建立起多个乡村旅游网站，但为发展当地的乡村旅游，各地区也需要建立一个统一的、综合性的乡村旅游网站，将当地的旅游资源集中在一个平台上，打造当地的乡村旅游资源数据库，实现旅游数据共享，并致力建立"PC端综合推广网站＋移动端O2O服务App平台＋第三方电商平台＋线下旅行社推广"四方联动的智慧宣传模式。

PC端的网站以旅游宣传为主，辅以旅游服务预订、网上交易等功能。移动端的App平台，以O2O服务功能为主，包括预订景点门票、预订客栈酒店、预订餐饮娱乐、预订自驾车服务等功能；同时其与第三方电子商务平台联合推广，例如策划"乡村旅游节"之类的主题活动；还与线下的旅行社合作开展乡村团队游或自驾车团队游。这种模式主要通过互联网技术实现乡村旅游的线上线下无缝对接，将当地闲散的乡村旅游资源集中到一个网络平台，并借助平台的影响力，实现营销推广与游客的在线互动。

11.4.2　加强乡村旅游目的地的信息化建设

旅游网站是旅游信息系统的外在表现，从市场推广媒介来看，目前乡村旅游信息的宣传主要依靠互联网。另外，乡村旅游信息的宣传还借助于无线通信、GPS技术，以手机／PDA等移动设备为终端，为游客提供观光园区旅游观光路线选择、景点查询与浏览、旅游者实时位置定位等旅游自助服务，并提供用户订购项目和产品的及时通知等信息服务功能。

提升乡村旅游信息化管理和服务能力必须依靠完善的信息化基础设施，这些基础设施主要包括数据库、物联网和无线的网络通信技术等。其中，标准化的数据库是智慧旅游景点建设的基础条件。数据库融合了海量的来自政府和游客的信息，这能帮助乡村旅游产业制订新的发展策略，并提供可靠的数据信息。

为了实现智能旅游景区的建设，相关人员应注重对物联网各个环节的配置。随着第四代移动通信技术的广泛应用，手持智能终端的游客可以随时接入无线网络中，并能实时地分享旅游体验。为了实现这一目标，相关人员应强化对无线通信网络的建设，为游客提供智能化的旅游服务。

乡村旅游目的地信息系统的建立可以促进目的地智能化管理的实现，比如对植物的湿度和温度的控制、对住宿、娱乐场所信息的智能化查询、对工作人员的调度和管理等工作，可以使各项工作达到最好的状态。

11.4.3　政府提供配套支持

由于基础设施、乡村经济发展状况、配套服务设施、交通条件等客观因素的影响，乡村旅游的发展受到一定的限制。乡村旅游要得到大力发展，首先要得到政府的相关政策的支持。

① 当地政府可以确定部分乡村旅游扶持项目，给予资金支持，同时在税收等方面给予优惠；

② 政府需对有很大发展潜力但基础设施比较落后的地方给予支持，例如给予交通、医疗等方面的支持；

③ 当地政府可以联合高校、科研机构、行业专家等对当地的旅游文化进行挖掘，并建设与推广旅游品牌。

当完善相关配套设施以后，乡村旅游才能更好地与电子商务 O2O 服务模式相结合，从而得到更快的发展。交通、住宿、餐饮娱乐等设施完善后，利用 App 的实时沟通功能，乡村旅游系统可以及时反映某乡村的民宿客栈数量变化情况、交通情况、停车场停车位数量变化情况和附近娱乐餐饮设施的情况。通过这种实时沟通功能优势，在传统的乡村旅游中所产生的旅游资源过度消耗的情况会得到改善。

11.4.4　发挥智慧旅游的整合优势

乡村旅游产生的集中区域相对同质化的问题已经凸显。虽然部分地区在当地政府的帮助下尝试着对区域分类建设，但受限于区域地理环境，具体实现还存在困难。智慧旅游具备强大的资源整合优势，加之城市高速公路网、高铁网的快速建设，私家车拥有量的不断提升，当地政府只要对大区域范围的资源进行高效的

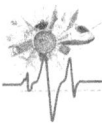

整合，即可解决同质化的问题。如当地政府可围绕高速公路建设智慧乡村旅游带或智慧乡村旅游环线，整合线路上的各种乡村旅游资源，构建多样化的乡村旅游模式。

线路上的乡村旅游资源的类型、模式、内容差异较大，在进行区域整合后，一方面可避免竞争，实现优势互补；另一方面各方可集中优势产品进行区域联合营销，打造出一系列的特色乡村旅游精品，以共同提升产业竞争力。

智慧旅游的整合将最大限度地促进区域资源整合的实现，从而促进乡村旅游企业的经营内容由"单一内容"转变为"多内容整合"。实现乡村旅游的智慧化建设，必须通过乡村旅游资源的优势与智慧旅游的优势的全面整合，只有这样，智慧乡村旅游建设才能有基础、有支撑、有内容、有形式、有空间、有想象。

11.5 乡村旅游企业的智慧化策略

11.5.1 发挥智慧旅游的技术优势

乡村旅游运营企业普遍存在着信息化基础薄弱、缺乏技术人员等问题，这些情况要想在较短时间内有一个大的改变，也是不现实的。移动互联网、云平台、智能移动终端可以解决上述问题。例如，省或市建设统一的智慧乡村旅游服务云平台，平台集成数据中心、数据管理、产品管理、客户关系管理、分销管理、消费验证管理及产品预订、导航导游等多个实用功能系统，并开发针对旅游管理部门、乡村旅游运营企业及游客等不同用户的智能移动终端 App 应用，实现对乡村旅游运营企业提供基于 SaaS 模式的"一站式服务"的目标。乡村旅游运营企业负责人只需一部智能移动终端（智能手机或联网的 iPad），就可向云平台提出接入申请，并提供景区基础资料、产品资料、营销计划等信息（含照片及文字类信息），即可实现"一步到位、全面入网"！

11.5.2 发挥智慧旅游的信息优势

乡村旅游景区大部分处于城市郊区或距离城市较远的农村地区，当地信息相对闭塞，与外界交流沟通不畅，缺少一个有效的旅游信息互动、共享平台。但智慧旅游最大的优势是可以将信息集成、信息共享、信息互动，信息交流的问题放在云平台上可以得到很好的解决。乡村旅游运营企业可以通过在智慧乡村旅游服务云平台中集成 GDS（全球分销系统），在乡村旅游企业、OTA 及游客间搭建起一座信息沟通的桥梁，从而实现乡村旅游运营企业的产品信息、营销信息到 OTA 平台的"一键发布"；游客也可以通过 App，在第一时间了解企业的产品和促销信息。同时，由于云平台是由政府主管部门牵头建设的项目，其集成气象、交通等游客关注的各类涉旅信息并不困难，因此，其可被建设成为横向与涉旅部门信息集成，纵向打通上至游客、中至 OTA、下至乡村旅游运营企业的信息集成平台。乡村旅游运营企业通过接入云平台，即可实现与外界的信息交流、互动与共享。

11.5.3 加强企业网站的建设和网站宣传

在今后的乡村旅游产业发展中，相关运营企业应加强自身网站建设和网站宣传工作。网络媒体的信息传播优势在于传播速度快、传播范围广，相关运营企业可以充分利用网络平台对自己企业的旅游信息进行宣传，并与较为热门的公共服务网站进行合作，使游客可在公共服务网站上预订乡村旅游产品，这样才能真正助力电子商务和电子政务服务的顺利衔接，以此来提升乡村旅游产业信息化的服务质量。

11.5.4 打造新型"VR+ 乡村旅游"的体验式营销模式

VR（Virtual Reality，虚拟现实）是综合利用计算机图形系统和各种现实及控制等接口设备，在计算机上生成的、可交互的三维环境中提供沉浸感觉的技术。传统的旅游宣传模式是"电视和网络平台广告 + 展览会 + 推介会"的模式，这些都是平面的视觉引导模式。相关运营企业采用 VR 技术则可以提高游客的体验度，让游客在视觉、听觉上全方位接触旅游目的地，满足游客在购买旅游产品前想要体验的要求。这可以改变原来的旅游产品推荐方式，为乡村旅游爱好者提供一种更加直观的途径去了解旅游产品。相关运营企业可与旅行社合作，在各地主要的旅行社开设乡村旅游 VR 展示厅，游客可以在购买乡村旅游产品之前通过 VR 技术进行游前体验；另外，可在前面所述的 App 里增加 VR 展示功能。

第12章

智慧旅游App方案

以互联网、通信技术为核心的信息技术引发了整个旅游业的革命，已全方位渗透到旅游业的经营、管理和运作模式中。无数旅游电商、旅游OTA、微博、微信等，都着手抢占旅游市场这块蛋糕。

智能手机作为智慧旅游的主要便携终端，旅游App的发展势头异常强劲。旅游类App的出现丰富了智慧旅游的概念，可以帮助政府统计旅游数据，引发旅游和软件企业的合作，方便旅游者的各种旅游活动。旅游App作为旅游移动互联网的一个重要构成，已经成为移动互联网中一项重要产业，引起了国内外众多旅游企业的关注。

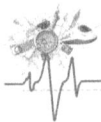

12.1　智慧旅游手机端App的发展状况

12.1.1　手机在旅游业中应用的发展历程

手机在旅游行业中的应用发展与手机性能的不断完善息息相关。日本 NTT DoCoMo 公司早在 1999 年就开创性地推出了 i-MODE 手机业务，为旅游者提供完备的信息查询服务，包括实时路况、地图查询、航空票务及航班信息等查询，取得了空前的成功。后来迅速普及的第三代手机即 3G 手机与前两代手机的主要区别是 3G 手机提升了传输声音和数据的速度，它能够在全球范围内更好地实现无缝漫游，并能处理图像、音乐、视频流等多种媒体形式，提供包括网页浏览、电话会议、电子商务等多种信息服务，给旅游业的发展带来了全新的体验和机遇，是发展智慧旅游的必备技术支撑。

12.1.2　国内旅游类 App 的发展现状

近年来，随着使用智能终端的旅游者人数不断增加，旅游产业进入一个崭新的无线时代。与传统的营销方式相比，旅游类 App 成本低廉，内容丰富，在全面展示产品信息的同时，更容易被消费者所接受。目前各类针对细分市场的 App 也不断涌现，如线路预订、导游导购、行程规划、旅游点评、资讯提供、定制服务等。面对日益激烈的竞争环境，App 的运营面临越来越多的困境。一款成功的 App，其内容质量、用户体验和后期的推广都非常重要。

12.2　智慧旅游App的特征

旅游 App 是在 PC 旅游网站基础上，对其功能进行平台转移或细化其某一项业务使其仅适用于智能终端。它除了具有传统 PC 端在线旅游网站的优势外，智能手机旅游应用程序带来的种种便利在旅游的整个过程中都得到了最大程度的彰显。

12.2.1　可移动性

旅游者在旅游过程中需要大量的信息，而传统旅游网站的使用又必须依赖计算机设备和互联网，这给旅游者造成极大的不便。移动互联网和智能手机的出现从根本上解决了这一问题。相对于 PC 端的旅游网站，旅游 App 弥补了原有 PC 模式对时空的依赖以及便携方面的限制，使用智能手机等移动终端的旅游者，可以在任何时间、任何有网络覆盖的地方，通过旅游 App 查询旅游信息、享受旅游咨询服务、分享旅游体验、预订酒店与航班、导航景点线路、购买旅游产品等。

12.2.2　可定位性

自驾游、自行车旅游、背包游等更加自主的旅游形式的盛行，使游客在旅游过程中获取旅游目的地景点、酒店、美食、娱乐场所等位置成为主要信息需求。旅游 App 的出现，让旅游者从"看图找路、寻人问路"的处境中彻底解放了出来。旅游 App 为喜好自助游的游客提供了强大的电子地图和语音导航功能，游客只要通过智能手机运行旅游 App，就可以借助人性化的电子地图和语音导航轻轻松松地到达想去的地方。此外，拥有导航功能的旅游 App 还为游客提供了 GPS 定位，具备搜索周边超市、餐馆、银行等场所的功能，满足游客的日常生活所需。另外，游客在旅游过程中出现紧急情况时，可以运用定位功能将自己的确切位置告知有关部门，从而提高救援效率。

12.2.3　核心功能突出

相比 PC 端，智能手机端拥有可移动、便携、使用不受地点限制等无可比拟的优势，但它也具有屏幕尺寸小、触摸式交互形式单一、CPU、内存方面系统限制等缺点。不同于提供综合旅游服务的 PC 端旅游网站，一款旅游 App 通常只提供一项核心功能，并附加一些围绕此核心功能的辅助服务。相比旅游网站，旅游 App 具有"小而精"的属性特征。

12.2.4　页面简洁

传统旅游网站单个页面显示信息较多，让浏览网页、搜索信息的游客看得眼花缭乱。旅游 App 则不同，主页面只显示功能模块，简单干净。游客打开旅游 App 后可以快速查询自己需要的旅游信息，进行在线交易。

12.3　智慧旅游手机端App的应用前景

12.3.1　智慧旅游手机端 App 在不同主体之间的益处

12.3.1.1　于游客的益处

智能手机旅游应用程序给游客带来了极大的便利，尤其是喜欢背包游、自驾游的自由行游客。游客只需通过电脑或智能手机下载自己需要的旅游 App，就可以在任何时间、任何有网络覆盖的地方享受旅游 App 提供的各种服务，如顺游线路推荐、著名景点查询、景区实时游览人数查询、投诉、智能导游等。

12.3.1.2　于旅游服务商的益处

智能手机旅游应用程序在旅游服务商与旅游者之间建立了沟通交流以及业务查询办理的新桥梁。它不仅在感官上拉近了彼此之间的距离，而且更加便捷的在线查询预订功能极大地促进了旅游电子商务在线预订量的增加。另一方面，旅游智能化、信息化更加深入地渗透到了旅游活动的方方面面，极大地节约了旅游服务商的人力和物力。旅游服务商的各种营销活动也有了新的平台。

12.3.1.3　于旅游管理部门的益处

智能手机旅游应用程序的出现和普及，不仅加快推动我国旅游行业从传统僵化管理模式向新型智能信息化模式的转变，提升了我国旅游业的整体水平和综合竞争力，而且使旅游管理部门与旅游业的主体——旅游者之间能不受地域时空限制，实时交互信息,为旅游管理部门及时发布各项旅游信息、了解游客诉求、解决投诉问题等提供了更为便捷的即时通道。同时,应用程序也方便了旅游管理部门统计归纳各项旅游研究数据,为其制订更为科学有效的旅游规划提供了坚实可靠的信息支撑。

12.3.2　旅游 App 营销促进智慧旅游发展

旅游 App 作为进一步渗透智慧旅游的有力工具和移动平台,成为智慧旅游的重要组成部分,是促进智慧旅游发展的重要举措。旅游 App 营销在以下 4 个方面有力地促进了智慧旅游的发展。

12.3.2.1　便于进行GPS导航及线路指引

GPS 导航与线路指引对于旅游行程的推进非常重要,游客在异地旅游,极有可能会因为对路况、路线和路程不了解等原因而影响旅游体验的心情。旅游 App 通过内置地图,可以帮助游客快速搜索和导航抵达线路,并提供相应地理位置的地图链接;游客除了能通过 App 及时定位和导航,还能将自己的位置通过通信软件共享给周边的朋友,便于相互之间取得联系;同时,对于远在外地的朋友而言,通过收藏旅游者发送的位置共享,在下次出游时还可以快速定位,节省查找线路的时间。

12.3.2.2　便于选择出游攻略及食宿推荐

游客离开居住地前往异地旅游,这意味着他们会面对极大的不确定性和风险性。因此,大部分旅游者在出游之前,都会做一份详细的旅游攻略,并搜集大量当地美食的介绍;为了将自己的旅程安排完美,他们还会在出游之前通过 App 预订住宿的酒店。无论是制订攻略、寻找美食还是预订酒店,都可以通过旅游 App 实现远程智能化操作。许多旅游 App 都自带行程游记分享、用户点评和商家活动版块,游客只需进入相应版块,便可以分享自己的旅程经历和查看其他用户点评,还可以在 App 上浏览丰富的照片、游记和推荐等第三方推送的信息,这些信息将会成为游客做出决策行为的重要依据之一;当游客在当地进行消费之后,还可以在 App 上通过点评和投诉等方式进行交流分享,而这些信息又会成为下一批游客做出旅游决策的重要依据之一。

12.3.2.3　便于查看景点介绍及线路安排

对于旅游者的旅游行程而言,景点选择和线路安排至关重要。而旅游 App 在景点介绍和线路安排方面的作用更加智慧化和智能化:一方面,对于没有相应旅

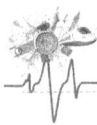

游行程规划的游客或者旅游行程规划不完善的游客而言，旅游 App 可以提供更具参考性的线路和沿线相关景点介绍，为旅游者提供科学合理的线路安排，或进一步优化和改良游客已有的行程安排；另一方面，已有完善的旅游行程规划的游客可以在旅游 App 相应版块或页面制订好行程单，在旅游过程中可以随时查看，避免因安排不充分导致各种突发状况出现而影响出游心情。

12.3.2.4 便于开展其他旅游服务

旅游 App 的智能化营销模式，可以根据不同类型的游客实时推送旅游景点、酒店、饭店、娱乐场所及购物场所的最新票价、团购活动和打折活动等具体信息；游客还可以通过旅游 App 实现即时订票、购物等活动，使整个旅游行程的安排更紧凑，效率更高。

由上述内容可知，旅游 App 通过实时提供多种个性化服务信息，为游客的旅游目的地行程安排提供了极大便利，这是旅游目的地开展智慧旅游的必备条件。游客通过使用旅游 App，实现了旅游行程安排的智慧化，即旅游 App 营销的发展促进了旅游目的地智慧旅游的发展。

12.4　旅游App的分类

12.4.1　预订类

对于游客来说，出行前需要解决行、住两大问题，因此机票、酒店等的预订是旅游之前要解决的重点问题。App 预订比起网络预订，最大的优势是可以随身随时地预订，迎合了用户的即时决策。除此之外，各家航空公司也推出了 App，为旅游者提供预订方面的服务；在住宿方面，各国际品牌连锁酒店以及国内经济型连锁酒店等都推出了 App 住宿预订服务。

12.4.2　导游类

旅游类 App 颠覆了传统的"导游"概念，以智能手机为载体，融合了地图、导航、语音解说、行程规划等多个功能。

12.4.3　分享类

旅行社区是移动互联网与旅游行业结合的重要形式。传统的旅行社区以点评、游记分享、目的地推荐为主。旅游的无形成果可以转化为有形的文字游记和摄影图片等，可与他人分享。很多人也愿意在朋友圈分享旅游行程中的各种见闻。

12.4.4　工具类

工具类 App 特色鲜明，功能单一，其作用是满足旅游者在旅行过程中产生的个别细节需求。

12.5　旅游类App的基本功能

旅游类 App 的出现，令"说走就走"式的旅行成为可能。其功能几乎涵盖了旅游的方方面面，主要有以下 3 种。

12.5.1　景点介绍

旅游类 App 帮助使用者筛选出与旅游相关的一切事物，避免了时间上的浪费。这里拥有最新最全的旅游景点的介绍；不仅如此，每个旅游景点均配备了相关的照片、音视频文件，以及景点的等级、官方对于景点的评价、景点的客流量和人们最为重视的游客口碑等内容。旅游类 App 也可以顺应游客的个人喜好，将最适宜的目的地推荐给游客。景点介绍功能是旅游类 App 最基本的功能，同时也是最为重要的功能。

12.5.2　游玩线路规划

当选择好心仪的目的地之后，规划出一条正确的游玩线路可以大大地节省旅

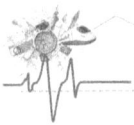

游者的时间。旅游类 App 可以帮助使用者选择在合理的时间里乘坐最正确的交通工具并规划出最正确的游玩路线。从而减少在旅行的过程中遭遇"人挤人""人山人海"等场面，也减轻了游客的消费。

12.5.3　票类预订

票类预订是旅游类 App 作为第三方软件所具有的基本功能。当游客选择好目的地并且规划好游玩路线之后，这些相关的信息都会保存在 App 上。使用者不必登录火车票、飞机票的相关预订网站，而是可以直接通过之前保留的信息在旅游类 App 上购买。这里的票类不仅仅指的是火车票、飞机票、长途汽车票，同样也可以通过 App 购买支持联网、购买电子门票并以及景点周边的酒店预订等。这样在到达目的地之后，游客可以省去旅游景点前排队买票的时间，也避免了在景点附近需找酒店，排队住宿的尴尬场面。

12.6　智慧旅游App的开发

12.6.1　不同类型 App 的功能

12.6.1.1　面向管理人员

旅游类 App 面向旅游行业管理人员，包括旅游主管部门、旅行社、酒店、景区工作人员等，实现数据的实时查询、现场采集及随时上报，以满足旅游管理人员随时掌握旅游体系信息的需求，提升旅游管理智能化水平，提高旅游管理人员工作效率。

（1）面向旅游局工作人员

这类 App 为旅游局工作人员提供手机客户端应用，包括统计分析、现场执法、企业查询、公告查询等功能。

（2）面向旅行社

这类 App 为旅行社工作人员提供旅行团队监控、供应商名录、导游员管理、电子行程、导游报账等功能。

（3）面向酒店

这类 App 与酒店管理系统对接，为酒店工作人员提供经营分析、电子查房、故障报修、客户状态等功能。

（4）面向旅游行业培训。

这类 App 使旅游从业人员能够通过 PC 和手机端在线学习、了解考试信息、成绩查询、资格年审等。

12.6.1.2 面向普通游客

如图 12-1 所示，游客可利用手机提前安排旅游计划，通过自己所在的位置，搜集周边的服务信息，预订餐厅和住宿，通过图像和声音随时了解各个景点情况，并可与其他的旅行者结伴同行或分享。

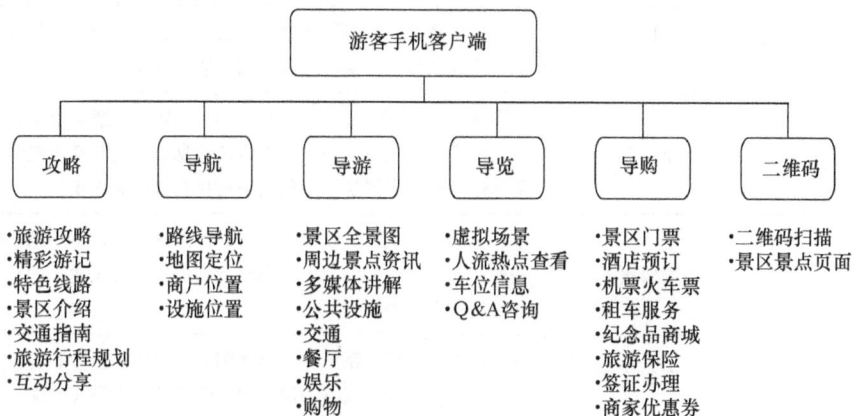

图12-1 游客手机客户端App的功能

游客手机客户端 App 的功能说明，见表 12-1。

表12-1 游客手机客户端App的功能

序号	功能	说明
1	旅游攻略	汇集旅行各种旅游信息，为旅行爱好者提供精美实用的出行指南，包括详细的交通、住宿、美食、景点、行程、实用信息、指南及网友提供的独特感受，做到随时随地查找阅读相关攻略，让旅行更轻松、更高效

（续表）

序号	功能		说明
2	导航	线路导航	可以帮助游客实时定位、引导游客到达目的地、规划乘车线路，实现"资源跟着行程走，导游时时伴游客行"，为游客提供全面、实时、贴身的导航服务
		地图定位	在景区地图上，输入要查找的人或商户，即可精确显示所在的位置，同时显示具体的行走路线，引导用户前往
3	导游	景区全景图	景区所有景点的完整展现，让游客一手掌握附近好玩又有趣的去处，同时根据GPS定位信息，推荐最佳旅游线路，也可以帮助游客选择最近、最省力、最省时、最冒险的抵达方式
		多媒体讲解	结合手机定位功能实时获取游客位置，及时向游客推送所在景点的音视频介绍，专业的语音解说，让游客了解这些山水风情、历史建筑的故事
4	导览	虚拟场景	虚拟现实系统通过对景区景点进行三维建模，更生动逼真地体现景点全貌，使游客获得身临其境的感受
		车位信息	游客通过智能终端，不但能查询景区周边各停车场位置信息、停车场内实时动态空位与方位信息，还能自动导航到空闲车位，同时方便游客浏览完毕后找到自己的爱车
5	导购	购票服务	景区、酒店、机票、车票、团购快捷预订，再也不用担心出去旅游买不到车票，随心所欲享受自由自在的旅途，展开一场说走就走的旅行
		商家优惠券	根据用户的位置，系统主动推送附近店家的优惠券和各种活动信息，让游客在旅行的途中也能随时随地享受各种优惠
6	二维码	购票入园	二维码操作的快捷高效和音视频直观生动的特点特别适合游客对信息化应用的要求，景区优惠券推送至游客手机上，网上支付后，游客在景区门口展示二维码即可入园
		景点介绍	在景区内各处设立的"二维码导览牌"是最称职的活导游。只要游客用手机对着导览牌上的二维码一拍，手机便可自动连到相应景点的Wap页面，页面上的景点基本情况介绍、景点照片、景区三维地图等一目了然

12.6.2　旅游类 App 开发的关键

目前旅游类 App 种类繁多且质量参差不齐，一些诸如用户体验性差、版本老旧、系统平台兼容性差等等缺点也层出不穷。开发者应该及时注意这些问题，删繁就简、标新立异地开发出既实用又操作简便的旅游类 App 来促进其进一步的发展与完善。

12.6.2.1　以人为本，重视用户体验和参与

App 的开发者必须站在使用者的角度，充分地考虑到旅游活动各个阶段旅游者的需求以及可能遇到的问题。拥有一个像其他产品一样的售后中心，例如在 App 的界面应该设立"反馈站"，耐心解答游客提出的问题，接受游客提出的意见，并提出较为出色意见的用户给予一定的奖励。让用户们参与到软件开发的环节当中，拥有一种主人翁精神。贯彻"以用户为本"的理念。"只有用户最懂得用户"，这样开发出来的软件必然深受广大用户的喜爱。

12.6.2.2　目标定位，合并App开发与营销

盈利是企业最终目的，而对于旅游类 App 来说，与之相关的企业主要分为旅游企业和 App 开发企业。一款旅游类 App 的开发最终的目的也是给旅游企业带来收益。首先，借助 App 开发推广与维护较为低廉的费用，企业能降低成本；其次随着大数据时代的到来和云技术的广泛运用，企业可以通过 App 的数据准确地定位旅游消费者和旅游的潜在消费者。

在准确定位目标后，旅游企业和软件开发公司应该通力合作。规模大的旅游企业或者软件开发公司可以兼并与自己利益相关的企业。

12.6.2.3　旅游App板块内容要精品化、功能要细分化

一方面，旅游企业在利用旅游 App 提供给旅游者用户信息时要对其进行有序排版和梳理，保证各版块内容的条理化和逻辑化，而不应像旅游网站那样将尽可能全面的信息展现给游客，由游客自己从中筛选出自己想要的那部分内容。因此，为了保证游客能够快速找到有用的信息，旅游 App 需要在保证信息精炼准确的基础上，还要对其内容进行及时更新；另一方面，游客用户的需求差异性要求旅游 App 的开发商们要找准自身定位，集中精力优化其核心功能，参照核心功能对其当前提供的服务进行适当的"减肥"和"增肥"。游客用户的个性化需求决定了旅游 App 只需提供核心功能突出的特色化服务，做精做好核心功能是旅游 App 开发商们的第一要务。

12.6.2.4　旅游App体验要极致化、操作要简单化

当今社会是一个体验与分享同步的时代，旅游 App 要着重体现其社交性和互

动性，优化共享服务，力争 PC 端和 App 信息互通同步，使游客在旅游 App 上搜索到的信息可以通过一键分享功能发布到微信、微博和 QQ 空间等社交媒体平台。同时游客也可以对搜索到的内容进行点评以及查看别人的评价，让旅游者用户从旅游 App 的使用者变为参与者。旅游 App 的开发商们要深入挖掘用户的内在需求和喜好，根据游客的行为习惯"量体裁衣"，注重游客的心理诉求，保证开发的旅游 App 不仅便于操作，而且能够在色彩、排版和归类等各方面给游客用户带采享受性体验。

他山之石

某智慧景区 App 方案

随着科技的发展，现在手机的功能也越来越多，越来越强大。手机软件与电脑一样，随时随地可以下载安装你想要的 App。目前，手机主流系统有 Windows Phone.、iOS、Android 等手机操作系统平台。手机 App 开发是随着信息科技时代的飞速发展而诞生的，它是时代发展的趋势所在。

App 创新性开发，始终是用户的关注焦点，App 应用市场的发展，得益于移动互联网的发展，以及智能手机的普及。App 开发将是未来信息技术的主流。作为 5A 级景区的腾冲火山热海来说，开发智能化的 App 旅游服务信息平台，也是势在必行的一种趋势，随着智慧景区的发展，如何更好更全面地服务游客，做好尽善尽美，已成为旅游行业凸显成效的重要品牌。

一、目的

集中打造旅游、商业、居住三大功能，火山、温泉、文化三大元素，休闲、居家、养生三大主旨为一体的线上线下手机互联网营销平台，最终实现智慧性旅游景区。

二、范围

①根据多系统集成于一体为原则，将门票、温泉、酒店、餐饮、购物集于一体，实现产品展示＋购物车＋移动支付＋独立会员系统＋评价的综合系统，具有快捷、安全等特点。

②基于 LBS 定位服务、实现具体位置地图导航系统。

③独立信息发布系统，实现商品描述、玩乐资讯。

④信息反馈系统，留言论坛。

三、项目概述

App 项目主要采用产品营销加销售的形式来宣传，采用服务和移动电商形式来做展示，并有效结合企业网站、微博微信等网络平台。

（一）目标

App 能通过企业微网站，展示公司文化概述，提供更多查询便民服务（路况导航、公车查询）、能展示各类优惠活动（二维码折扣）、留言簿、信息发布、微相册等；通过首页及主要菜单，可以实现在线预订支付、会员卡积分、天气查询（语音）、在线客服、旅游攻略（游记）等。

（二）功能

App 能实现产品线上线下一体化，快捷安全预订支付。App 能与收银系统和门禁系统整体对接，实现景区游玩一卡通服务。信息数据发布平台，可结合图片、文字、音频、视频、动画、地图定位等方式生动展现品牌和产品信息。

（三）特点

平台特点简洁、大方、稳重给人清新和令人信服的感觉，多采用圆角矩形布局。

四、项目需求

（一）App 首页设计功能需求

通过 App 缓冲页，进入首页，主要以展示公司文化，提供产品咨询、预订、便民服务，展示各类优惠活动，提供与游客在线互动以及多元化、智能性、综合性的功能。

形象缓冲页：用户在打开 App 的同时，一般会第一时间展示给游客的会是以图片为主的内容，显示标志性文字及建筑，并标明版权所有。其目的主要是为了通过个人手机端快速链接到公司 App 后台数据，显示主页功能。

主页设计主要以简单大方时尚为主，格调以景区特有的颜色为主题，实现清透水晶式的视觉设计，其布局主要分为四大块，依次为广告图片展示、文字图标导航、多功能模块、底部导航。

①广告图片展示：可以左右滑动页面上图片，点击图片跳转到相应的网页链接。

②文字图标导航：包括导览、攻略、预订、互动、我的、更多6部分功能模块，见表12-2。

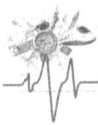

表12-2　文字图标导航的模块及说明

序号	模块	说明
1	导览	主要内容分为景区全景导览、景区景点介绍、景区内外交通、娱乐购物导览等。涵盖景点的图片信息，地理位置信息以及景区的概述、各个信息要素情况。一键点击"播报"可实现语音导游，同时游客可进行景点的点评及点评信息，并可实现和其他微博的用户分享
2	攻略	主要内容为景区简介、精彩游记、票务信息、游玩路线。可以随时随地查看当地的美食、住宿、购物、游玩路线、特色活动、文化地理等各种各样的实用信息，同时针对旅游景点还有门票、电话、交通方式、详细地址等全面的旅行信息。还能够查看精彩游记和攻略
3	预订	主要内容为电子票务、温泉、酒店、餐饮、团购等，提供游客门票价格、房型价格查询、在线购买、预约、查看评论，实现线上预订、线下入住消费及过闸入园。通过图文及微视频介绍温泉水质、功效及酒店配套设施、环境。实现会员评论，提高景区知名度
4	互动	主要以论坛形式为主，实现文字发布、图片上传、游记发帖、会员评论、收藏、点赞转发等功能。通过会员发帖，提高平台活跃度
5	我的	主要以会员卡位主体，包括会员注册、我的信息、我的订单、订单明细、优惠券、密码修改等功能。完成会员注册登录，显示详细个人信息，提供预约订单查询，方便用户修改户密码
6	更多	主要以信息咨询为主，提供便捷全面的客户服务支持，咨询、服务、急救、投诉电话的一键拨号功能建立起用户与景区的快速沟通桥梁。客户端分享功能为用户提供微博、微信、QQ等分享通道，支持App客户端下载及查看关于自身的介绍，可查看版本功能介绍，以问卷的形式提交用户的反馈意见及评论等

③多功能模块：针对不同季节及时间段，展示给游客各类信息如活动窗口、精彩视频、重大公告等。

④底部导航：包括首页、二维码扫描器、购物车、近期活动。

在显示不同页面的同时，底部导航可以快速返回主要关键的页面，通过二维码扫描了解景点详情、景点所在位置、人文历史背景等信息，快捷查询已购商品，查看及参与景区最新活动，提高用户积极性，增加平台使用度。

（二）App首页设计功能框架图

提供用户特点鲜明的功能和界面，达到用户体验的最佳化，围绕会员系统打造核心系统，提供个性化差异化的服务，如图12-2所示。

功能架构

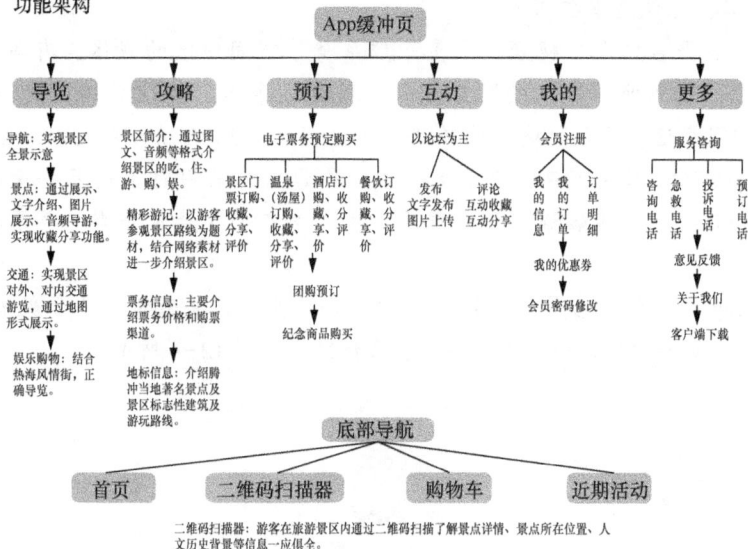

图12-2　App首页设计功能框架图

五、系统功能需求

（一）系统总体流程

　　用户通过 App 软件进入服务页面，将产生的数据，通过后台操作界面，传送至数据库进行筛选保存。它可给未来的数据分析提供有力的保障。如图 12-3 所示。

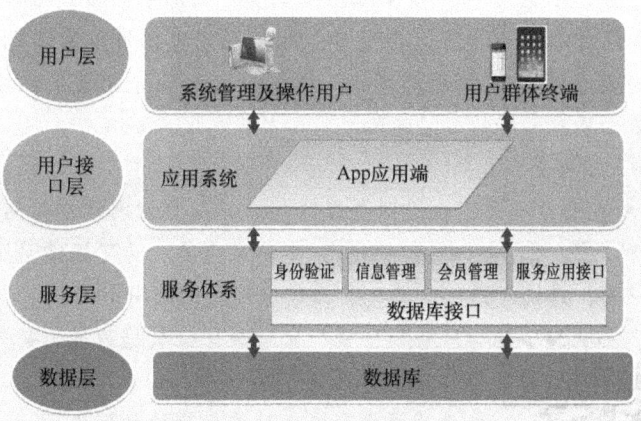

图12-3　系统总体流程图

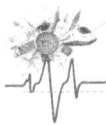

（二）系统基本要求

App 平台信息、视频、会员管理系统等空间内容的载体，有多种实施方式，建立使用独立的服务器作为系统服务器，保障数据运行畅通，用户访问畅通。服务器建议选择 Window server 2008 操作系统以上版本，搭建 MYSQL 或者 ORCALE 数据库，界面主体采用时下最具安全性的 PHP/JSP/.NET 网络语言开发程序。选用 HTML5 兼容安卓、苹果操作系统。

App 用户和后台管理员通过不同的操作页面，将数据汇总于数据库，实现数据统一管理，并产生各类报表及数据。如图 12-4 所示。

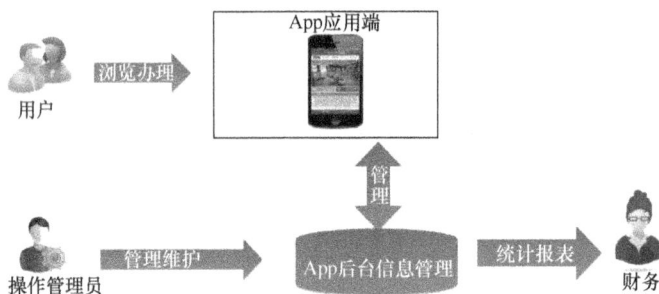

图12-4　统计报表的形成过程

（三）设计要求

从 App 的图标设计，到应用内部的图片选择，都将把景区的视觉识别作为首要任务，使 App 用户留下深刻印象，扩大形象宣传，增加消费的可能性。App 能精准目标用户，在节日、活动期间可以针对常客免费进行精准的消息推送，有效提升顾客体验，通过手机全面介绍景区环境、设施、服务等，给予用户良好的视觉体验。

（四）系统安全

作为 App 平台项目，除了业务工作外，其用户访问量在时间区段也可能很大，所以安全性、稳定性和运行效率非常重要，为了保障系统的安全，做到万无一失，建议考虑以下四个方面来保障系统的安全性。

①硬件防火墙，后台服务器使用防火墙来保证数据运行的安全和稳定。

②正版操作软件，定期升级系统补丁。

③数据库选择，一般选用效率和安全性非常好的数据库。

④后台系统的权限设计要确保严密，避免内部人员发布、修改或者删除平台信息。

（五）后台数据库要求

①服务器和网络设备的高效配置是基于数据库的安全、稳定设计的，其能提高后台数据运行安全，便于维护，没有数据冲突，保障系统及数据长期有效。

②在保障数据库安全的运行下，后台数据库确保有充足的空间来处理数据达到一定期限后的储存及备份的安全、稳定，

③根据页面显示的功能，对应操作员后台功能，实现数据一一管理，包含权限的分配，订单的管理、生成，各类报表的查询，会员信息、支付管理，信息发布管理等。

第13章

智慧旅游发展的难点与对策

　　"智慧旅游"一词已经成为旅游界的热词，很多地方都把构建智慧旅游平台作为助推旅游业转型升级的新引擎。但是，在互联网的作用下，智慧旅游也存在泡沫和泛化现象，与之相对应的智慧旅游也掺杂了一些"放大"的成分。创建智慧旅游，重要的是怎么利用好新技术手段服务旅游业。

　　很多人发现了智慧旅游的商机，也感受到了商机中所存在的问题和挑战。目前，智慧旅游面临的困境有两个，一个是技术上的障碍，即各个领域系统之间不相通，另一个是行政方面的规定和限制。本章分析了如何解决这些问题以及提供了相应的对策。

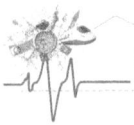

13.1　我国智慧旅游总体发展的问题与对策

13.1.1　我国智慧旅游总体发展的问题

旅游信息化工作在取得一定成绩的同时，智慧旅游的发展仍存在以下问题和制约因素，总体表现为基础设施跟不上发展、系统整合集成不够、协同创新和孵化机制缺乏、旅游信息化专业技术人才不足等问题。

13.1.1.1　旅游信息化应用水平有待进一步提高

政府管理部门和个别旅游企业具有较高的信息化水平，但社会总体信息化应用水平不高，旅游信息化认识水平有待进一步提升。

（1）信息化基础设施亟待改善

目前，许多城市尚未建立统一的旅游信息数据采集规范与标准，无法实现旅游信息资源的自动入库、动态更新和智能应用；旅游公共服务平台建设滞后，无法实现旅游信息资源的统一管理和交换共享，严重阻碍先行企业的旅游应用系统的开发进程；多数涉旅企业尚未开通光纤网络，无线网络覆盖亟待完善，监控系统仍停留在模拟信号和局部监控阶段；部分涉旅企业尚未建设独立的网站和客户端系统。

（2）旅游信息化应用尚待深化

虽然旅游主管部门和大部分旅游企业对业务管理、公共服务和市场营销的信息化需求强烈，但大部分单位仍未成立专门的信息化职能部门。旅游信息化应用发展不平衡，行业、地区间差距进一步拉大。旅游资源多、景区知名度高、发展基础好的单位和经济发展较快的地区有益尝试旅游信息化应用，但整体来看，大多数涉旅企业和部门缺乏信息化建设规划，信息化应用系统各自为政，"信息孤岛"现象严重，跨部门数据共享和交换困难，涉旅企业不能提供及时、科学、完整的基础数据，难以实现海量数据分析和数据挖掘，不能为行业管理和科学决策提供全面数据支撑。

13.1.1.2　公共基础平台和政务管理系统有待完善

目前，许多城市对景区、酒店、旅行社等旅游企业的行业管理基本还处于传统的行业指导和被动的监督管理状态。

（1）智慧旅游支撑保障体系尚未健全

目前，许多城市尚未建立完善的信息标准规范体系、组织协调管理体系、风险防范和应急管理体系、运营维护管理体系和智慧应用考核体系。虽然部分景区在游客安全保障方面做了一些基础工作，但基本都是零散的、各自为政的建设，且信息化程度较低，没有形成系统化、数字化、智慧化的游客安全保障体系。

（2）智慧旅游专题数据库亟待建立

目前，旅游数据上报、采集仍采用纸质或电话口述的上报方式，尚未形成统一、完善的数据统计口径（旅游政务管理已经严重延缓和滞后行业发展需求，阻碍旅游产业智能化改造进程）。旅游基础数据与公安、交通、工商、卫生、质检等部门还没实现信息互联互通、交换共享和智能处理，既影响跨部门旅游产业的运行监测、预测预警和安全应急联动机制的建立，也影响旅游事故处理能力和应急管理水平的提高。

（3）行业管理智能化水平尚待提升

投诉受理、安全预警和应急处理等行业管理需要从传统的被动、事后管理向过程和实时控制过渡。旅游信息化水平不高，影响旅游执法取证难、行政处罚执行难、应急管理能力弱等问题，进而影响了旅游目的地的品牌形象塑造。这些问题使规范市场秩序、维护游客权益、提高旅游满意度成为行业难题。

13.1.1.3　信息服务能力和旅游营销成效有待改善

目前，旅游信息服务缺乏系统性，急需拓展信息智能推送渠道，培育信息消费增长点。

（1）公共信息服务营销支撑力尚需改善

主管部门、行业应用等领域网站间相对独立，且各模块间不能互相连通，数据无法交换，运行效率低下，不能实现系统的整合及系统间信息的更新、分析、分流和管理。旅游信息获取效率不足，信息呈现渠道较少，导致旅游公共服务平台和旅游政府门户网站仅能满足传统信息发布、内部文件交流和部分行业管理（舆情监测）功能。旅游目的地营销体系松散，缺乏导向，难以适应不断变化的旅游市场需求。

（2）旅游营销的靶向性和精准化尚待提高

由于现有信息平台封闭，没有形成政府、企业、消费者之间的互动机制，缺乏标准统一、统计规范的旅游基础数据库和专题数据库，严重阻碍了数据的有效流通，降低了信息的使用效率。而且，旅游电子商务、旅游电子资讯相对分散，

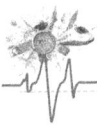

旅游数字化平台功能不完善。信息平台需要进一步完善信息采集、智能化数据储存、数字商贸、数据分析、全产业数字化集成等功能。

（3）旅游信息更新反馈机制亟待优化

现有数字化信息系统只能由政府向企业和消费者单向发布信息，企业和消费者只能被动接收信息，企业意愿和消费者需求很难反馈到政府相应的管理部门。游客旅游需求、旅游地理信息、旅游电子商务、旅游产品开发与线路设计等环节没有形成良好的信息交流和互动机制。

13.1.1.4　专业人才配备和建设资金投入相对不足

信息化建设投入资金增长较快，专业人才的配备和建设资金投入金额则相对不足。

（1）旅游信息化建设投入机制有待健全

各县（市、区）旅游信息化部门在机构设置、人员配备和资金投入等方面明显不足，旅游管理机构对行业信息化建设的导向作用不强。旅游信息化建设资金投入呈现出各自为战、重复投资和重投资、轻运营等现象。

（2）旅游信息化建设投入效用亟待完善

涉旅企业和产业部门重视信息化投入，但尚未形成部门联合、产业融合、行业整合的发展格局。而且，企业面向智慧旅游发展所需的生产性信息技术服务能力不足、旅游信息化效用不显著、旅游信息资源开发与利用尚未形成良性循环，导致他们投入热情大幅度衰减。

（3）旅游信息化建设人才配备有待改善

旅游信息化建设，需要专业人才提供技术支撑和运营维护保障。缺乏高水平、高层次的领军人物、技术骨干和专业技能人才、经营管理人才和运营维护人才，尤其是精通物联网、云计算、移动互联网等信息技术的专业人才队伍相对匮乏，加剧了涉旅企业和产业部门对旅游信息化建设效果的质疑，致使智慧旅游建设延迟和滞后。

13.1.2　我国发展智慧旅游的对策

13.1.2.1　政府要担起主导的责任

1. 政府担主责的必要性

根据国外已有经验，在旅游信息化发展的过程中，政府充当的角色有两种倾向——市场主导与政府主导。

一些西方发达国家，政府在发展智慧旅游方面让位给市场，由市场积蓄力量自然发展。同时，这些国家更多的从可持续发展的高度，以游客与旅游目的地的深层次关系、旅游业在经济社会全面发展中的作用等为关注重点，探索智慧旅游给旅游业带来的整体利益。

而以新加坡、韩国为首的国家，则采取政府主导方式推出智慧旅游整体战略。这些国家往往基于政府推动经济的思路，因地制宜，推出各自不同的智慧旅游发展战略，并利用政府整合资源的优势，实现了集成服务系统。

中国选择的是后者的思路，政府充当了主导者的角色。这一思路的优势在于政府作为主导者能整合各种资源优势、协调各方关系，从而节约资源，提高效率。但挑战是，政府作为主导者必须提出最佳的智慧旅游整体战略，即顶层设计既要高瞻远瞩，有前瞻性、科学性、系统性，又要因地制宜，符合客观实际，充分考虑各地方的实际情况，包括资金、技术、人才等各要素的现实境况，使战略实施的每一步都具有可操作性。

然而，智慧旅游的发展是一个涵盖多业态、多技术的系统工程，其内容复杂多样，涉及方方面面。智慧旅游的建设是一个更为复杂的系统工程，总体规划、建设与运营方案、过程监控，每一个环节都需要指导性的规范，以避免重复建设走弯路，形成各种资源的浪费。智慧旅游的建设还要充分考虑与智慧城市建设的集成、共享关系。

在构架智慧旅游整体战略时，我们制订主导智慧旅游的相关标准和评价体系时，要顶层设计与低层建设同步进行，要点面结合、条块结合、内外结合、上下结合同时兼顾。我们在设计国家层面上的统一平台、统一标准、统一构架等指导性纲领的同时，也要加快企业层面的标准化、精细化、程序化、数字化、信息化等的基础建设。

2. 地方政府的作用

在智慧旅游的发展建设和具体实施过程中，地方政府的作用无可替代。

（1）发展"智慧旅游"之前地方政府的工作

"智慧旅游"的建设和发展一般都涉及三个层面：应用层——旅游信息发布、市场营销、电子商务综合服务平台、旅游指挥调度服务平台；数据层——智慧旅游往往是以大数据的能力为依托；基础层——硬件、系统软件、基础数据库、网络、视频监控等。

地方政府在发展"智慧旅游"之前，首先要将这三个层面的环节通盘考虑，才可能做到全面、科学、系统。不同的地区要结合当地的旅游业实际情况在国家政策层面给出的大的框架指导下，地方政府要因地制宜、实事求是，具体分析、

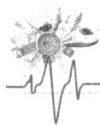

判断项目的可行性，经过反复研究、论证最终演绎出一个定制的、个性化的地方旅游业发展路径。盲目跟风与浅层次、低端的发展都是不可取的。同时，地方政府在发展"智慧旅游"之前，就要明晰自身的角色定位，明确的、合理的角色定位是一个良好的"智慧旅游"体系建立的基石。

（2）发展、建设"智慧旅游"的过程中地方政府的工作

在发展、建设"智慧旅游"的过程中，地方政府和城市旅游主管部门要明确自身正处在一个基于移动互联的在线旅游服务平台，并在政策和资金方面加以支持和引导。眼下，"光网城市""光进铜退"等基础设施的推进，是为建设包括"智慧城市"和"智慧旅游"在内的智慧系统做必要的基础准备。就像一些专业人士形容的那样，一个地区或一个城市，只有基础网络建设达标了，智慧系统才算是有了"躯干和四肢"，然后加上"新一代数据中心"这个"大脑"，智慧系统才是一个完整的系统，才有可能正常运转。要想发展、建设完备的"智慧旅游"系统，地方政府和相关主管部门绝不能忽视这些基础设施的建设，要下大力气做好基础工作。在此过程中，地方政府要主动创新发展模式，使眼前利益与长远利益相结合。

地方政府及旅游主管部门还要做好协调发展工作，加快建设旅游企业全生命周期的管理和服务系统，整合工商、税务、交通、气象、公安、卫生等部门的相关信息资源，建设基于LBS的游客全程信息服务系统，整合当地景点、交通、住宿、餐饮、购物、娱乐、天气、语言、汇率等与旅游相关的信息资源，为游客提供从出发到返程的全程信息服务。

地方政府还要注意引导更多的智慧旅游服务厂商投入公共服务领域的信息化建设中，比如云服务厂商、软硬件信息化企业、运营商等，在此基础上，还要考虑把门户网站、传媒企业等传统行业引入到"智慧旅游"的建设中。同时，地方政府还要注重地方产业链的培养，借发展"智慧旅游"之机，寻求地方经济的整体崛起。为此，地方政府在组织智慧旅游建设时，既要考虑国内一流的智慧旅游服务商，也要考虑本地旅游信息化厂商的培育，通过智慧旅游建设来带动本地信息化企业的发展，并借助本地化服务来实现智慧旅游的持续运营。

针对"智慧旅游"的具体建设，有专业人士提出了地方政府需要把握的6个关键点，如图13-1所示。

地方政府在建设"智慧旅游"的同时，一定要注意其同"智慧城市"的关系。这一点尤为重要，其可以避免重复建设与资源浪费。地方政府要发挥引导、协调、对接的作用，使两者之间能尽可能地实现各种共享。同时，在营销和宣传领域，地方政府也可以采取一种十分"智慧"的做法——借助旅游本身固有的"文化传播"特质和"智慧旅游"信息化传播的高效率来做好"智慧城市"的宣传。

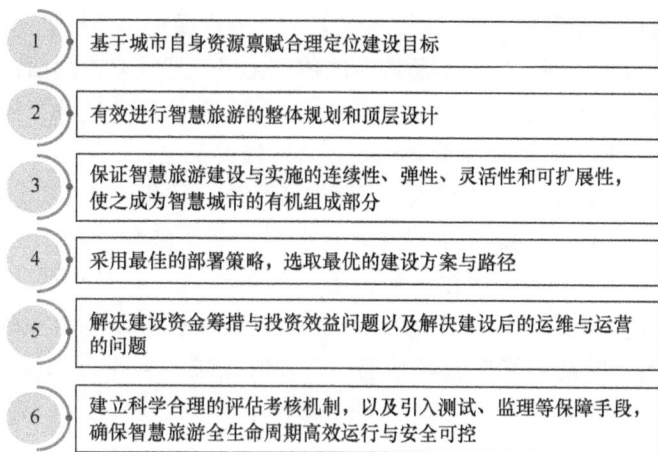

图13-1 地方政府需要把握的6个关键点

13.1.2.2 实现"产业支撑价值"

"产业支撑价值"是发展"智慧旅游"的重要价值之一，即智慧旅游不仅拥有产业融合、产业对接、产业跨越的功能，而且成熟的"智慧旅游"体系最终会形成一个庞大的"产业链"。这个产业链中，不仅包括景区、酒店、旅行社等传统的旅游产业的这些环节，还包括新型的智慧旅游规划、设计公司，智慧旅游软件及硬件服务提供者、运营商，用于旅游方面物联网的传感器设备和技术的服务商，酒店智能门禁系统、景区容量感应系统、手机加载 RFID 芯片等技术服务企业，云计算基础设施服务提供者和云计算应用服务提供者，旅游信息系统、地理信息系统建设者，景区环境监测技术服务商，下一代通信网络服务商，高性能信息处理和智能数据挖掘技术的提供商，GPS 导航技术、大数据服务提供者，虚拟技术提供商等。

由于"智慧旅游"的发展是一个复杂的规划、建设与运营的过程，地方政府要建立可靠运营、优质服务、有效监管的智慧旅游体系，"智慧旅游"的整体规划尤其重要。这就要求相应的规划、设计公司在面对这个崭新的领域时尽快地转型升级，在智慧旅游领域做前沿性的思考，操盘的"智慧旅游"整体规划也要经得起历史的考验，在人才吸纳与组合上不断创新。

13.1.2.3 提升信息化服务水平

信息化不是智慧旅游的全部，但它是智慧旅游的根基。旅游业的信息化建设要充分发挥市场的主体作用，鼓励在线旅游企业与传统旅游企业融合互补，协力

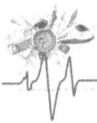

进行旅游经营模式变革和技术创新。传统旅游企业更要加强信息化建设，通过"互联网＋"进行自我创新升级。智慧旅游的信息化建设涉及方方面面，具体到一个景区，包含的内容有景区安全保障智能监控工程、景区电子门票工程、景区流量实时统计发布工程、景区应急管理、景区紧急救援工程、景区多媒体展示、网络虚拟旅游工程、景区自助导游工程和景区游客互动工程等。

提升信息化有利于提升旅游的管理水平。智慧旅游可利用先进的信息技术与公安、交通、工商、卫生、质检等部门形成信息共享和协作联动。行业管理者可以及时、准确地掌握游客的旅游活动信息和旅游企业的经营信息，提高旅游预测预警能力和应急管理能力，及时处理游客投诉和旅游质量问题，实现旅游行业监管从传统的被动处理、事后管理向过程管理、实时管理和事前预测转变。

13.1.2.4　完善旅游基础设施建设，构建旅游公共服务平台

完善智慧旅游相关基础设施建设，不仅包括交通、厕所、停车场、游客集散中心和旅游问询中心的建设，还要完善互联网基础设施建设。各省市应深化旅游信息化的程度。各省市要建立全市统一的智慧旅游综合管理平台和旅游资源数据库，将整个旅游目的地景区、景点、酒店、交通灯设施的物联网与互联网系统完全连接和融合，对景区地理事务、自然灾害、游客行为、社区居民、旅游工作人员行迹和相关基础设施、服务设施进行全面、透彻、及时的感知，将旅游数据中心建设成为旅游资源公共云服务平台，通过数据整合和利用各种智能的数据分析和数据挖掘工具提供旅游决策支持。

13.2　智慧酒店发展中存在的问题与对策

13.2.1　智慧酒店发展中存在的问题

13.2.1.1　智慧酒店的建设水平层次不统一

智慧酒店客房的建设基本是围绕能源成本控制、娱乐、酒店电子商务和可视

对讲等内容进行的。就目前上海的酒店业建设的状况而言，由于区域性的原因，层次相差甚远。而完成智慧酒店建设的这些五星级酒店中，也并非完全实现了智慧酒店的全部建设，只是引入了一部分的新型技术。而很多的酒店对于智慧酒店只是存在改造的意向，投资收益是阻止他们止步不前的原因。

13.2.1.2　智慧酒店产品设计有待加强

以酒店客房智慧系统为例，智慧客房的建设，主要涉及客房照明控制系统、能源节约控制系统、酒店娱乐交互系统、酒店电子商务操作系统和客房门铃可视系统。国内酒店在客房产品智慧化方面的进展情况与发达国家相比还存在一定的差距，具体表现为智能化系统使用率较低，且智能化水平参差不齐。

13.2.1.3　数据管理能力较差，信息处理和共享能力低

1. 酒店数据的意识缺失、渠道狭窄

在大数据时代下，酒店的机遇是把信息技术作为酒店的核心竞争力。在这种背景下，谁先占有数据，谁就在发展与竞争中占得先机。从当前我国酒店的保有数量来看，数据的"规模化"已毋庸置疑。以杭州的酒店业为例，酒店内部明显缺乏整理、收集、分析数据的意识。

2. 酒店对数据挖掘深度不够

酒店不重视数据预测分析的现象几乎是行业的通病。现有的数据仅作为相关汇总和后期服务使用，而作为深层次的挖掘分析明显不足。

13.2.1.4　智慧酒店建设各自为战，缺乏统一标准

自 2011 年国家旅游局划定首批"智慧旅游试点城市"，南京、苏州、宁波、北京等地的智慧旅游建设积极行动起来，并取得了显著成绩。全国各地对发展智慧城市中的智慧旅游、智慧酒店的呼声不断，业界不少人士也跃跃欲试。但就当前发展情况来看，智慧旅游的发展缺乏统一的评价标准，与相伴而生的智慧酒店建设也是各自为战。

13.2.1.5　智慧酒店未融入智慧旅游及智慧城市建设

智慧酒店是随智慧城市、智慧旅游建设而兴起的，然而，现实中智慧酒店建设存在的普遍问题是并未和所在地区的智慧城市和智慧旅游建设形成良好的对接。酒店的内部信息更新跟不上外部信息的步伐。在酒店的营销管理方面依然单打独斗而不依赖城市智慧旅游的统一营销平台。这样会阻碍酒店与外界的信息交流，

乃至阻碍酒店智慧化建设。

13.2.2　智慧酒店发展的对策

13.2.2.1　规划先行，有序推进

在智慧酒店建设中，建设与运营方案、分步实施方案显得尤为重要。有些系统对于酒店经营非常重要，但开发及运营维护成本巨大，智慧酒店可以由政府牵头，联合目的地多家酒店共同投资建设。有些系统的受益者还包括其他类型的企业，智慧酒店建设可以采取外包建设、外包运营的模式。一些资金投入较大而投资回收不明显，但是具有长远经济效益和社会价值的系统，公司是不愿意投入的，这些需要政府来投资，或者由政府引导做到政府和企业共同投资。智慧酒店的建设应积极引入国、内外先进的经营理念和建设、运营模式，鼓励多方参与，并采用外包建设和外包运营的模式。

智慧酒店总体投资大，建设周期长，如果没有科学合理的规划，不分顺序，盲目建设，不仅造成资金浪费，还达不到预期效果。

13.2.2.2　统一标准，系统开发

现代酒店管理流程，正经历着从传统的资金流导向，到高速信息流和服务流导向的转变。酒店内部系统的资源整合、统一规划对于酒店的发展至关重要。可以想象，如果酒店的电子商务系统、财务管理系统、房间管理系统的信息流动出现阻碍，这对酒店的管理来说无异于巨大的灾难。酒店的经营不应是孤立的，而是应与目的地营销紧密结合，将酒店的营销管理纳入目的地的统一营销平台，这也需要酒店的信息系统和外部的信息系统进行信息交流。

因而智慧酒店建设实行行业认证管理，制订统一的智慧酒店标准规范和等级，统一人员对智慧酒店内涵的理解，规范 IT 公司在智慧酒店和酒店信息化中的技术开发，因地制宜，结合实际，做好智慧酒店的顶层设计工作。统筹规划、系统布局，应当成为各地方政府和旅游管理机构开展智慧酒店建设的首要任务。

13.2.2.3　融入智慧旅游与智慧城市，实现平台共享

作为旅游"食、宿、行、游、购、娱"中的"住"，智慧酒店的建设不应该

是孤立的。酒店智慧建设的目的是实现信息的共享，即酒店既要准确吸收外部更新的信息又要将酒店收集整合的信息资源共享给旅游活动过程中的其他服务企业。智慧酒店积极融入智慧旅游与智慧城市，能有效实现酒店智慧化建设的目的，还能助推智慧旅游整体水平的发展。

13.2.2.4　建设多样化智慧酒店模式

在大数据时代下，完善与发展智慧酒店，必须不断丰富智慧酒店模式。具体而言，我国在建设智慧酒店方面，应大力借鉴国外先进经验，包括先进理念与运营模式；鼓励多方主体参与智慧酒店的建设，积极采用外包建设与运营模式。一方面，我国要制订智慧酒店总体规划，统筹考量系统功能、实际需求、资金投入、投资模式、建设与运营模式、投资回收周期等；规划系统建设顺序，分步骤完成实施方案。具体而言，智慧酒店的建设可以考虑以政府部门为主导，联盟多家智慧型酒店共同投资与建设。此外，智慧酒店建设应考虑政府部门投资、指导或政府部门与商家共同投资。综上所述，我国建设智慧酒店云端平台，应打破自身酒店建设层面，本着开发自有、合作共赢精神，打造一个真正的酒店互联网化平台。

13.2.2.5　完善智慧酒店相关技术

智能技术的完善程度必须符合智慧酒店的实用性需求。酒店管理者认识到智能技术的重要性，促使酒店业充分运用智能技术；主动参与研发过程，研究目标用户的新需要，给生产商提出详尽实际的技术要求。智慧酒店智能系统的建设应满足以下3点。

①酒店的后勤保障智能化。包含用户服务、购销、员工、经营查询、固定资产、营销等管理系统。

②酒店服务区域智能化。涵盖电梯楼层操控系统、智能入住系统、智能导航系统、客房视屏门铃系统、客房智能电话、多媒体互动电视与客房多媒体音响、智能点菜系统与智能会议系统等。

③酒店环境的智能化。应囊括酒店客房智能温湿控制系统、酒店客房环境智能控制系统、酒店智能调光系统、酒店数字监控系统、酒店智能楼宇控制系统、停车场监管系统与综合布线系统等。

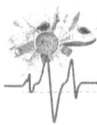

13.3 旅游电子商务的发展问题与对策

13.3.1 我国旅游电子商务面临的主要问题

制约我国旅游网络发展的不但有技术问题，而且还存在传统旅游业的经营环境和整个社会经济发展水平不平衡的问题。具体如图 13-2 所示。

1 缺乏信用。尤其在国内销售商对顾客的电子商务中，旅游企业的贸易信用如何？我们从屏幕上指定的商品与实际游玩的是否相符？服务质量如何？

2 法律法规建设的相对滞后使旅游电子商务的发展底气不足。电子商务相关法律、法规建设的落后，使参与各方的交易行为缺乏必要的自律和严格的监督，信息的真实性无法得到保证

3 网上支付的局限成为成功开展旅游电子商务的"瓶颈"。目前，在线的网上支付尚未真正解决，大量的"网上交易，网下支付"的支付模式，使电子商务难以冲破"瓶颈"的约束。无安全的信用承诺，使旅游电子商务的参与各方互不充分信任，大规模的旅游电子商务发展也就感到为时尚早

4 复合型人才的缺乏使现有的旅游电子商务网站发展水平较低，开展旅游电子商务缺乏大量既懂技术又懂经营管理的复合型人才。旅游电子商务网站的营运涉及多方面的综合知识，对公司对客户的要求都非常高。人才的匮乏也是影响旅游电子商务发展的原因之一

5 旅游网站经营的业务大部分与传统旅游企业重叠，缺乏适合网上交易的新型旅游电子商务产品。大多数旅游网站在发展电子商务时，推出的旅游产品缺乏针对性和个性化，更多的是将传统的旅游产品和服务简单地复制到网页中，没有特色与卖点

6 我国旅游商务网站数量较少，旅游电子商务总体发展水平偏低，能整合旅游的6大要素（吃、行、住、游、购、娱），并及时提供具有个性化、信息化、季节化旅游产品的旅游商务网站太少。由于缺乏专业资源在背后支撑，受到电子商务宏观环境还不成熟的限制，电子商务的功能也大多停留在低级阶段，网络与旅游实现有效对接存在困难，当然也难以缔造出真正的旅游电子商务

7 交易安全性仍然是影响旅游电子商务发展的主要因素，仍有相当一部分人因担心账户安全问题而不愿意使用旅游电子商务，账户安全问题成为旅游电子商务发展中最大的障碍

图13-2 我国旅游电子商务的发展面临的主要问题

13.3.2 发展我国旅游业电子商务的对策

13.3.2.1 政府积极扶持，搭建旅游电子商务平台

旅游业是政府主导型产业，政府主管部门应在宏观方面成为旅游业电子商务应用方面的组织者，从多方面对旅游电子商务的发展予以支持，完善旅游电子商务的软、硬件环境和法律环境，采用税收等价格杠杆来促进旅游电子商务的发展，同时加强互联网的基础建设，其次要加快制订、完善和修正旅游电子商务的相关政策和法律，消除制约旅游电子商务发展的政策和制度瓶颈。

13.3.2.2 传统旅游企业转变观念，实现资源整合，开展个性化服务

传统旅游企业与新兴的旅游网站之间的整合与战略联盟是中国传统旅游企业与旅游网站的共同出路与新的增长点。在旅游电子商务网站的发展中，最受制约的莫过于资源整合的问题，旅游网必须依托传统旅游业丰富的资源、庞大的客源才有生机。旅游企业只有转变传统的营销观念，建立自己内部的业务管理信息系统并和互联网高度融合，发展自己的品牌，才能实现规模化、网络化经营。此外，个性化的旅游产品越来越受到人们的欢迎，个性化服务的最大好处在于商家可以有针对性的促销，为客户提供比较满意的游行方案。这就需要旅游企业全面地收集、提炼和整合不同消费者的需求特点，然后将这些信息加以细分，并提供相应的产品和服务，使消费者可以自由选择旅游目的地、饭店、交通工具、旅游方式等。总之，旅游资源数据库是旅游电子商务发展的基础；信息质量和数量是旅游电子商务发展的关键；网络访问量是旅游电子商务发展的市场指针。

13.3.2.3 旅游企业加强与有关各方的协调与沟通

旅游企业电子商务离不开社会各方，尤其是 IT 业、金融服务业、交通部门以及行业协会等各方的参与推动。

① 旅游网络公司要想实现真正的电子商务，应加强与旅游行业主管部门、行业协会的合作，规范中国旅游业的相关标准，同时必须与交通部门积极合作，推行电子票务（机票、车票、船票），抢占市场份额。

② 我国应积极研究适合我国国情的电子票务，建立新的订票系统，并尽快与国际接轨。

③ 管理软件设计单位应当为各企业量身定做 IT 产品和服务，开发涵盖现有

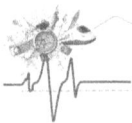

旅游业大部分业务的信息发布系统、酒店预订系统、机票预订系统、出入境游销售系统、国内游销售系统、外联销售系统、结算系统和团队日程管理系统等平台。

④ 旅游企业应积极与银行合作，借鉴发达国家的经验，普及信用卡、电子现金、电子支票等电子支付方式，使网上付款安全、方便、快捷、高效。

13.3.2.4 努力提高员工的素质，培养复合型人才

旅游网站的建设、运营和管理涉及多方面的知识，从业人员不但应具备较高的网络技术、电子商务知识，同时还应具备较熟练的旅游专业知识以及市场营销、管理等方面的知识。所以旅游主管部门和旅游企业的工作人员要搞好电子商务知识的培训，特别要加强各级领导的培训，这样才能适应高科技发展的要求。

13.3.2.5 切实提高旅游商务网站的服务水平和服务质量

网站是电子商务最重要、最核心的部分，是运作旅游电子商务成败的关键。建设旅游网站应避免重复建设、各自为政，应充分利用网络的强大优势积极推动横纵向延伸，来实现规模化经营，突出旅游产品的整体竞争力。旅游资源数据库是旅游电子商务发展的基础，我们应该加强旅游数据库建设，使旅游资源更充分具体，旅游信息质量更高。

13.3.2.6 加强交易的安全性

我们应该建设好安全可靠的通信网络，有效防护连接在网络上的信息系统，防止资料被窃取或盗用，同时我们更应该培训旅游电子商务人才，使其了解如何保护客人信息系统和资料的安全。考虑要到当今业务的分散性和互联网的风险性，在线数据的安全性和完整性必须像在数据库中一样得到保证。另外，我们必须确保旅游电子商务记录和事务的长期完整性，防止欺诈行为，这样才能提供旅游电子商务所必需的可信度。

13.3.2.7 加强品牌竞争

目前，知名旅游网站之间的竞争已经跨越了资金实力、信息丰富程度、交互程度等竞争阶段，真正进入品牌竞争的时期。如客户服务的质量、营销环节处理的好坏、广告宣传和形象的树立等。我们从网络的考察研究中可以发现，许多交易是产生在回头客订单，这说明此类网站都具有较高的信誉度和美誉度，品牌的力量起着举足轻重的作用。

13.4 智慧景区建设中存在的问题与对策

13.4.1 智慧景区建设中存在的问题

从总体上看，我国旅游景区行业信息化建设仍处于初步开发阶段。近几年，虽然国内一些大型景区都配有电脑和上网设备，已建立了自己的局域网。但是，这仅仅只是在旅游电子商务领域等进行的初步探索尝试。部分景区设置了为游客服务的触摸屏、景区电子门禁系统、景区智能监控系统、GPS 车辆调度系统、LED 信息发布系统等。但智慧景区的建设过程中仍存在以下问题。

13.4.1.1 盲目跟风、资源浪费

国家旅游局对智慧旅游的重视使得景区在政府的扶持下走上了智慧化的道路。景区为了加强信息化建设，纷纷建立了网站、采购门票系统、电子监控等设备，部分景区在科学合理的管理下，成为智慧景区的示范点。但是有的景区也为了踏上智慧的列车，不根据自身情况做规划设计，盲目购买电脑、科技终端设备。不仅造成资源的浪费，还对景区的形象产生了负面的影响。

13.4.1.2 信息更新维护动力不足，难以同游客实时互动

据调查显示，大部分景区的网站都是委托网络公司代理维护的，但日后由于工作人员岗位变化、资金欠缺等各方面原因，景区已经与网络公司失去联系，所以有些景区的网站很久不更新。网站的游客留言板块是景区与游客互动并促进景区建设的重要手段，然而景区管理处的回复往往要等到第二天甚至更久，不能即问即答或迅速回复，也无法及时为游客解决问题，这已经成为制约景区网站与游客互动的瓶颈。

13.4.1.3 在线网络缺乏电子商务功能

随着旅游大众化，出行散客化的趋势，旅游者在出游前对网络媒体的信息收集已经成为景区浏览量持续增长的行为特点。景区企业强化电子商务，加强网络

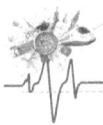

营销能够有效的推动景区的销售。但是，目前国内绝大部分景区都尚未建立起电子商务功能。例如，山东省 200 多家 A 级以上的景区，已建立景区自有网站的有100 余家，但没有一家提供网上预订服务。

13.4.1.4　管理者认识不足，认为景区越"古"越好

一些景区的管理者在景区工作时间少则十年，多则几十年，对原有景区的样貌有着十分难舍的感情，不希望景区改变模样。还有的管理者认为"景区一直就是这样的，科技设备的使用会使得其改变本色"。殊不知，时代的前进和信息的更迭已经在潜移默化地改变着游客的行为方式，游客的想法对于景区来讲是非常重要的。况且，智慧景区的概念不能简单地理解为硬件设备的使用，其还包括软件系统的智慧、管理统计的智慧、营销维护的智慧。

13.4.2　智慧景区建设的对策

13.4.2.1　智慧景区建设要树立全局和长远意识

需要我们注意的是，智慧旅游景区在发展和建设的过程中，一定要坚持目光长远化，站在全局发展的角度还要有足够的资金支持智能化设备的引进，同时注重员工的个人素质培养和操作能力的提高。智慧型景区是一个投资巨大、周期较长的项目工程，许多景区由于工程实施的前期和中期因为市场反响不佳，加之自身的资金链条断裂，导致发展难以为继，因此国家和当地政府一定要加大对景区的支持力度，一方面要加大对景区的政策支持力度和资金支持力度，减小景区发展智慧化建设过程中的资金压力；另一方面要注重政策性的引导和支持，使得智慧型景区不仅仅是一个口号或者空想，而要成为具体落到实处的项目。

13.4.2.2　发挥政府在智慧景区建设中的引导作用

智慧景区建设是一个系统工程，任何一家企业无法单独完成，需要很多相关部门的配合和支持。首先，智慧景区的构建是智慧旅游的一部分，而智慧旅游又是智慧城市建设的一部分。因此，智慧景区的建设需要政府统一安排工作内容与进度，需要政府统一制订建设标准和审定标准。为此，政府在景区建设中必须加强引导，整合不同资源，避免不同景区各自为政形成信息孤岛。其次，智慧景区建设需要大量的资金。除了极个别大型景区没有资金压力以外，全国大部分景区

存在建设上的资金缺口，这需要政府资金支持或者政策支持。最后，智慧景区的可持续发展和建设，离不开景区方和旅游消费者的支持。如何让景区和旅游消费者都支持智慧景区，就需要政府在投资和消费方面对景区和旅游消费者进行引导。旅游消费者对智慧景区的支持，是激发景区方对智慧景区建设积极性和热情的有力武器。

13.4.2.3 重视景区管理主导在智慧化建设中的主导作用

景区管理主体是智慧景区建设的主要力量，发挥景区管理主体的积极性对于景区智慧化建设至关重要。各景区管理主体在政府的引导下，通过分步建设，让智慧景区对消费者的价值一步一步凸显出来。当然景区智慧对管理方的价值也需要充分考虑。让管理方更方便、更迅捷地了解景区实时状况，解决景区突发事件是智慧景区需要发挥出的价值。因此，在整个智慧景区的建设过程中，各景区管理主体要以消费者需求为中心，管理和服务更方便和有效为原则，针对景区发展存在的薄弱问题，立足"远、中、近"规划，区分轻重缓急，集中力量，突出重点，使景区的智慧能真正为人所用，从而提高景区服务的效率。

13.5 旅游类App发展的问题与对策

13.5.1 旅游类 App 在用户体验方面存在的问题

13.5.1.1 强调企业目标容易忽视用户体验

过度竞争已经成为近年来旅游业内的诟病，这也促使业界专注于打造产业品牌和提升顾客忠诚度。品牌网站流量和用户数量的提升成为可持续商业模式建立的关键。很多旅游企业的移动策略成为了这一理念的复制品。在原有网络 App 的基础上，针对移动设备开发的优化版的网站和原生移动 App，迫使旅游者在使用 App 时不得不面对大量的移动旅行产品。尽管品牌和消费者忠诚度奖励具有一定的吸引力，但移动旅行体验本应具有的便捷性、简易性却大打折扣。

13.5.1.2　产品同质化引发价格战

旅游类 App 产品同质化程度越来越高，价格战成为最简单的竞争方式。作为服务的承载者，用户对于商家价格战的态度也是有喜有忧。能够以最低廉的价格享受旅行中的各项服务，对游客来说自然求之不得。但旅游运营企业利润空间本身有限，新技术对于降低成本作用尚不明显，价格战必然会导致在线旅游运营企业的利润下降、服务品质降低，进而必将影响用户体验。

因此，产品技术趋同的情况下，保证服务质量，提升用户体验才是关键。

13.5.1.3　品牌成为影响用户体验的双刃剑

手机 App 商店中最受欢迎的大多来自知名旅游品牌（如旅行社、酒店或航空公司）。知名品牌可以利用品牌为游客实现目标的同时获得好的用户体验。

游客为完成一次旅游，可能需要下载某航空公司、某酒店、某景区等多个 App，占用内存，操作烦琐。旅游类 App 应打破品牌的局限，将用户体验放在第一位，围绕着消费者的喜好和需求，吸引消费者成为品牌的代言人。

13.5.1.4　产品"照搬"使得App空间相对狭小

传统 OTA（ Over-the-Air Technology,空中下载技术 ）将旅行线路、景点门票、旅游度假产品等移植到手机端，其面临的最大问题就是开发商需要真正重视手机用户的体验和需求。

13.5.1.5　PC端与App端产品无法兼容

用户个人信息管理的同步功能是影响用户体验的关键要素。用户希望能通过 PC 端和 App 同步地管理自己的个人资料，分享行程、旅行攻略等。很多 App 没有对 PC 端与 App 端产品的互通给予足够重视，导致其兼容性差，数据不能同步。一些 App 可以较好地实现了数据的同步，方便用户通过 PC 端和 App 同步管理个人信息。

13.5.1.6　App丰富的功能与界面精简存在矛盾

电脑屏幕大，手机 App 功能却非常丰富，这二者之间的矛盾，成为影响用户体验的重要因素。很多手机 App 的功能相对于 PC 客户端要缩水很多；而追求全面的功能的 App，往往界面又过于复杂、导航不清晰。虽然游客需要多方面、多种类的信息，但是"大而全"，还是"小而精"，需要旅游类 App 的开发商们进行综合考量。

13.5.2 旅游类 App 的发展对策

13.5.2.1 市场要加以细分

旅游运营企业应根据客户的具体情况，将市场细分化，为客户量身定制 App，并对其进行推广，将其产品以一种更为直观、更为精准的方式推荐给客户，才能够以较低的成本迅速提高品牌知名度，提升客户忠诚度和黏度。

去哪儿旅行客户端满足游客对于机票、酒店等的查询预订需求，可帮助游客完成旅行前的采购。

途客圈是一个移动社交以及个性化旅行定制应用，定位于提供融合社交和移动的旅行计划服务。

"欣欣旅游线路"手机版则帮助游客享受便捷的一站式旅游预订服务。

13.5.2.2 形成旅行社区，增加旅游App的黏性

同购买其他商品一样，大多数用户会先从价格、销量、评价等方面考虑 App 的选择。用户评论是影响用户选择至关重要的因素，并且越有价值的评论，越能吸引到更多的 OTA 和搜索引擎的用户。旅游 App 吸引用户把自己在旅游中的见闻、经验等写下来，形成旅行社区，可以增加旅游 App 的黏性，甚至可以根据用户的旅游经验，开发新的线路。

他山之石

面包旅行——您的个性化旅行社区

"面包旅行"的用户不仅可以在旅途中随时用手机记录精彩瞬间、录制旅行线路，还可以随时通过新浪微博等社交网络将游记分享出去。"面包旅行"具有以下七大功能亮点。

好看实用：各式各样的用户，用面包记录着世界各地的旅行趣事，从未有过的旅行体验你也许只能在这里看到。

轨迹追踪：开启轨迹追踪功能后，您的旅途路线和地理位置信息都会

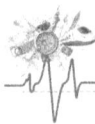

详细记录在面包旅行的行程中。

旅行产品：精选热门旅行产品大集合，来一场说走就走的旅行。

离线阅读：零流量，随时随地离线阅读精品游记。

旅行社交：向游遍七大洲的旅行达人取经，精准约伴，精彩出游。

达人带队：独创出游模式每月限量推出，不止是度假享受，更是人脉爆点。

旅行成就：用编辑的优质游记，赢得万人的仰慕。

13.5.2.3　制订网站策略以及App策略

对旅游企业来讲，最理想的情况并不是直接照搬 PC 端产品，而是分开制订网站策略以及 App 策略。

13.5.2.4　核心功能不要太多

App 的核心内容是功能，也是它能提供给用户的核心价值。核心功能不能太多，否则会使用户在使用过程中产生困惑，影响用户体验。在用户交互的设计过程中有一个理念叫作 "one-click"，即让用户只需进行一次交互操作就能到达目的地，避免多层交互产生的用户疲劳与用户困惑。

13.5.2.5　为旅游者提供有特色的信息服务

App 需要真正解决用户旅游过程中的实际问题，为旅游者提供有特色的信息服务。在同质竞争激烈的大环境下，有特色的信息甚至可以决定一个 App 是否可以留存在用户的手机里。

总之，丰富而良好的用户体验，是旅游类 App 营销的成功基石。每一个 App 的设计者，都应注重游客体验而设计，站在游客的角度去理解用户的需求、操作与感受，提升旅游产品的竞争力和生命力，在带给游客前所未有的用户体验的同时，深化旅游企业品牌印象。

参 考 文 献

[1] 张静.浅谈智慧旅游模式下旅行社的未来发展对策 [J].《现代商业》，2015（12）：84-86.

[2] 欧启均.大数据真正让旅游产业"智慧"起来 [N].西安日报，2017.

[3] 张凌云，黎巎，刘敏.智慧旅游的基本概念与理论体系 [J].旅游学刊，2012（27）：66-72.

[4] 王辉，金涛，周冰，等.智慧旅游 [M].北京：清华大学出版社，2012.

[5] 王有玲，陈孟炎.中国旅游电子商务发展前景浅析 [J].经济师，2005（01）：144-145.

[6] 刘军林，范云峰.智慧旅游的构成、价值与发展趋势 [J].重庆社会科学，2011（10）:121-124.

[7] 金卫东.智慧旅游与旅游公共服务体系建设 [J].旅游学刊，2012（02）:5-6.

[8] 裴盈盈，袁国宏.智慧旅游浅析 [J].当代经济，2012（05）：46-47.

[9] 黄羊山.智慧旅游的作用与前景 [N].中国旅游报，2011（11）.

[10] 俞海滨.我国商务旅游市场现状及可持续发展 [J].商业时代，2005（35）：60-61.

[11] 张凌云，等.智慧旅游的基本要领与理论体系 [J].旅游学刊，2012（05）：66-72.

[12] 乔海燕.关于构建旅游公共信息服务系统的思考 [J].中南林业科技大学学报（社会科学版），2012（02）：27-29.

[13] 张凌云.智慧旅游:个性化定制和智能化公共服务时代的来临 [J].旅游学刊，2012（02）：3-4.

[14] 吕和发，张宝敏.澳大利亚的旅游信息服务 [J].桂林旅游高等专科学校学报，2002（13）：80-82.

[15] 刘德谦.关于旅游公共服务的一点认识 [J].旅游学刊，2012（01）：3-4.

[16] 邓立斌.基于 SWOT 分析的森林公园旅游开发研究 [J].中南林业科技大学学报（社会科学版），2012（31）：16-18.

[17] 张莹.智慧旅游的发展意义及策略 [J].智慧城市与旅游，2015（02）：151-152.

[18] 王一琳.浅析"智慧旅游"及其发展策略.探索带，2014（08）.

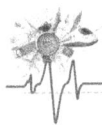

[19] 姚志国，鹿晓龙．智慧旅游——旅游信息化大趋 [M]．旅游教育出版社，2013.

[20] 王辉，金涛，周斌，等．智慧旅游 [M]．清华大学出版社，2012.

[21] 李享．休闲与旅游统计研究 [M]．中国旅游出版社，2008.

[22] 王微．我国智慧旅游发展现状与前景研究 [J]．旅游管理研究，2014（01）：64.

[23] 赵明月，贾雪．智慧旅游开启旅游业"大时代"[J]．中国经济周刊，2014（02）：76-77.

[24] 付业勤，郑向敏．我国智慧旅游的发展现状及对策研究．生态与旅游，2013（04）：62-65.

[25] 吉根宝，王丽娟．国内外智慧旅游研究进展 [J]．生态经济，2015（31）.

[26] 朱珠，张欣．浅谈智慧旅游感知体系和管理平台的构建 [J]．江苏大学学报：社会科学版，2011（06）：97-100.

[27] 周相兵，马洪江，苗放．一种基于云计算的智慧旅游云解决方案 [J]．东南大学学报：自然科学版，2012，42（Z2）：261-264.

[28] 阳佩玲．LBS 在旅游业中的应用探讨 [J]．重庆科技学院学报（社会科学版），2009（01）.

[29] 罗军舟，吴文甲，杨明．移动互联网：终端、网络与服务 [J]．计算机学报，2011（11）:2029-2046.

[30] 朱珠,张欣．浅谈智慧旅游感知体系和管理平台的构建 [J]．江苏大学学报(社会科学版)，2011（06）97-100.

[31] 王亮．SNS 社交网络发展现状及趋势 [J]．现代电信科技，2009（06）:9-13.

[32] 邓贤峰，张晓海．南京市"智慧旅游"总体架构研究 [J]．旅游论坛，2012（05）:72-76.

[33] 陈涛，徐晓林，吴余龙．智慧旅游——物联网背景下的现代旅游业发展之道 [M]．北京：电子工业出版社，2012.

[34] 王凌，张成等．智能旅游交通系统框架研究 [J]．交通标准化，2005.11：150-153.

[35] 林俊，杜军平．智能旅游行程导航系统 [J]．计算机应用，2009（06）：369-371.

[36] 朱珠，张欣．浅谈智慧旅游感知体系和管理平台的构建 [J]．江苏大学学报，2011（06）：97-100.

[37] 乔海燕．关于构建旅游公共信息服务系统的思考——基于智慧旅游视角 [J]．中南林业科技大学学报，2012（02）27-29.

[38] 裴盈盈，袁国宏．智慧旅游浅析 [J]．当代经济，2012（05）：46-47.

[39] 马士玲 . 物联网技术在智慧城市建设中的应用 [J]. 物联网技术，2012. 2 : 71-72.

[40] 夏晓君 . 云计算引领智慧旅游 [J]. 数字技术与应用，2012. 7 : 233.

[41] 王平平 . 智慧旅游云平台需求及总体架构研究 [J]. 电信科学，2014（11）: 61-65.

[42] 基于云平台的智慧旅游系统应用研究 . ComputerEra. 2016.

[43] 刘军林，范云峰 . 智慧旅游的构成、价值与发展趋势 [J]. 重庆社会科学，2011（10）:121-124.

[44] 朱珠，张欣 . 浅谈智慧旅游感知体系和管理平台的构建 [J]. 江苏大学学报，2011（06）: 97-100.

[45] 金卫东 . 智慧旅游与旅游公共服务体系建设 [J]. 旅游学刊，2012（02）:5-6.

[46] 颜敏 . 智慧旅游及其发展——以江苏省南京市为例 [J]. 中国经贸导刊，2012（07）:75-77.

[47] 党安荣，张丹明，陈杨 . 智慧景区的内涵与总体框架研究 [J]. 中国园林，2011（09）:15-19.

[48] 张发友 . 福州高星级酒店智慧化现状及对策研究 [J]. 武夷学院学报，2015（11）:17-22.

[49] 王志毅 . 酒店信息服务视角下的智慧酒店概念探讨 [J]. 当代经济,2017(15): 68-70.

[50] 蔡蓉蓉 . 智慧酒店人才培养机制探讨 [J]. 江苏科技信息，2014（20）:77-79.

[51] 金康玲 ."互联网 +"背景下智慧酒店的建设 [J]. 中小企业管理与科技，2015（31）: 30-31.

[52] 巫宁 .《信息化时代的中国旅游电子商务》[M]. 北京:社会科学文献出版社，2003.

[53] 布哈里斯，马晓秋 .《旅游电子商务》[M]. 北京 : 旅游教育出版社，2004.

[54] 王树银 .《旅游电子商务 : 旅游网站的两种盈利模式》[J]. 经营管理者，2008（13）.

[55] 杨路明，巫宁 . 现代旅游电子商务教程（第二版）[M]. 北京 : 电子工业出版社，2017.

[56] 齐新 . 我国旅游业如何实施电子商务 [J]. 中国商贸，2013（23）.

[57] 梁方方，江金波 . 基于电子商务的中国旅游产业的创新发展探析 [J]. 北京 : 中国电子商务，2013（21）.

[58] 李俊楼,马卫 . 我国旅游业电子商务发展现状及策略分析 [J]. 中国电子商务，2011（02）.

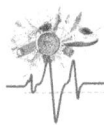

[59] 黄敏学．电子虚拟市场的演进与交易 [M]．武汉：武汉大学出版社，2002．

[60] 湛亚民．旅游电子商务与我国旅游业的发展 [J]．武汉工业学院学报，2000（03）：54-56．

[61] 施仲军，袁峰．信息社会中云南旅游市场营销问题初探 [J]．云南财贸学院学报，2000（06）：67-70．

[62] 王兆良．我国旅游经济与电子商务相结合问题探讨．中南民族大学学报，2002（03）102-104．

[63] 杨丽．中国旅游电子商务发展中的一些问题与对策的研究 [J]．旅游学刊，2001（06）:40-42．

[64] 姚国章．智慧旅游的建设框架探析 [J]．南京邮电大学学报，2012，14（02）：13-16．

[65] 金江军．慧旅游发展对策研究 [J]．中国信息界，2012（231）：22-23．

[66] 丁风琴．我国智慧旅游及其发展对策研究 [J]．城市经济，2012，32-34．

[67] 张凌云．智慧旅游的基本概念与理论体系 [J]．旅游学刊，2012，27（05）：66-73．

[68] 葛成唯．基于智慧旅游的目的地旅游管理体系研究 [J]．中国西部科技，2012，12（01）：73-74．

[69] 李臻，朱劲．智慧酒店——酒店产品升级换代的必然趋势 [J]．镇江高专学报，2013，（01）：31-34．

[70] 黄崎．打造"智慧型酒店" [J]．上海企业，2011，（11）：75-76．

[71] 郑世卿．杭州黄龙：中国最智慧的饭店 [J]．饭店世界，2011，（03）：45-47．

[72] 陈率．体验"全球最智慧的酒店" [J]．浙商，2010，（11）：72-73．

[73] 唐静，周兵琴．智慧旅游背景下旅游 App 营销发展研究 [J]．旅游世界（旅游发展研究），2016，（05）．

[74] 高昂之．智慧旅游背景下旅游市场的营销策略创新 [J]．中小企业管理与科技，2016，（12）:8-9．

[75] 秦艳萍，王南．智慧旅游背景下广西梧州市旅游发展策略研究 [J]．梧州学院学报，2016，（04）:21-26．

[76] 丰硕．基于智慧旅游背景下的智能手机 App 的旅游应用研究 [J]．文艺生活·文艺理论，2016，（11）:278．

[77] 郑荣锋．App 时代的旅行革命：传统环节痛点就是创业方向 [J]．旅行家，2012（06）：76-78．

[78] GomezG，SanchezR．蜂窝网络的端到端服务质量和用户体验质量：概念、架构以及性能优化 [M]．北京：机械工业出版社，2006．

[79] 黄晟．基于用户体验的 App 设计研究 [D]．陕西科技大学硕士学位论文，2012.

[80] 旅游主题 App 类型盘点 [Z]．百度文库．

[81] 徐蕴海．2015 到苏州感受"智慧旅游" [N]．苏州日报，2011 — 07 — 22（A 14）．

[82] 朱珠，张欣．浅谈智慧旅游感知体系和管理平台的构建 [J]．江苏大学学报(社会科学版），2011（09）：97–100.

[83] 张凌云．智慧旅游：个性化定制和智能化公共服务时代的来临 [J]．旅游学刊，2012（02）：3–5.

[84] 唐建荣，童隆俊，邓贤峰．智慧南京：城市发展新模式 [M]．南京：南京师范大学出版社，2011：97.

[85] 刘志军．刍议物联网技术在旅游业中的应用 [J]．普洱学院学报．2013（06）：49–52.

[86] 孙海东．我国智慧旅游的发展现状及对策研究 [J]．工程技术．2013（04）：62–65.

[87] 陈雪晴．数据时代的智慧酒店现状及发展研究 [J]．信息记录材料．2017（02）：18–12.

[88] 蔡蓉蓉，顾婷婷，潘鸿雷．南京智慧酒店现状及发展趋势研究 [J]．对外经贸，2013（10）：62–64.

[89] 张发友．福州高星级酒店智慧化现状及对策研究 [J]．武夷学院学报，2015，34（11）：17–22.

[90] 程善兰．借力大数据助推苏州酒店智慧化发展的研究 [J]．商业经济，2014（12）：49–51.

[91] 潘鸿雷，蔡蓉蓉，顾婷婷．智慧酒店建设与形象识别——以南京为例 [J]．北方经济，2014（11）：74–75.

[92] 杨宏．大数据与智慧酒店管理 [J]．科学创新与应用，2015（19）：259–260.

[93] 卢玉平，魏敏．武夷山"智慧旅游"总体构架研究 [J]．经济研究参考．2013（70）：39–41.

[94] 朱燕辉．乡村智慧旅游建设解决方案探索 [J]．经营管理者．2016（07）:267.

[95] 谢少将．乡村旅游电子商务发展策略初探 [J]．安徽农学通报．2011（23）：165–166.

[96] 张凌云，黎巎，刘敏．智慧旅游的基本概念与理论体系 [J]．旅游学刊，2012（05）：66–73.

[97] 黄忠伟．广西乡村旅游信息化发展研究 [J]．中国市场，2014（03）：143–144.

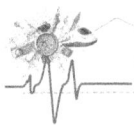

[98] 郭华. 信息化背景下川东地区低碳乡村旅游发展策略研究 [J]. 信息与电脑(理论版), 2014（07）：58-59.

[99] 陈颖杰. 海南乡村旅游电子商务发展策略研究 [J]. 旅游纵览（下半月），2015（06）：117-119.

[100] 马洁, 朱丽. 网络时代乡村旅游信息化建设的思考 [J]. 商业经济, 2015（05）：88-89.

[101] 王兆峰. 信息化与旅游产业发展 [J]. 商业研究, 2011（04）：114-120.

[102] 周静, 陈潇奕. 乡村旅游开启"智慧模式". 新华网. 2017.

[103] 沈梅. 智慧景区发展存在的问题及对策研究 [J]. 赤峰学院学报（自然科学版）. 2015（11）:99-100.

[104] 窦群. 我国智慧景区的进展与展望 [N]. 中国旅游报, 2014.

[105] 张振国. 浅析智慧景区功能与框架的设计 [J]. 电子技术与软件. 2013（09）.

[106] 郭伟, 贾云龙, 邓丽芸. 我国智慧景区发展研究 [J]. 中国集体经济. 2012（25）:132-133.

[107] 马洁. 智慧旅游理念下的乡村旅游信息化发展分析. 商业经济. 2016（10）:79-80.

[108] IBM 全球信息科技服务部. IBM 发布"智慧的酒店"四大解决方案. 饭店现代化. 2011（03）：54-55.

[109] 唐建兵. 智慧饭店建设探讨 [J]. 经济研究导刊. 2014（01）：292-294.